辉煌壮丽的
皇宫王府

胡元斌 编著

中国出版集团　现代出版社

图书在版编目（ＣＩＰ）数据

辉煌壮丽的皇宫王府 / 胡元斌编著. -- 北京 ： 现
代出版社，2017.8
ISBN 978-7-5143-6434-7

Ⅰ．①辉… Ⅱ．①胡… Ⅲ．①宫殿—介绍—中国
Ⅳ．①K928.74

中国版本图书馆CIP数据核字(2017)第211533号

辉煌壮丽的皇宫王府

作　　者：胡元斌
责任编辑：李　鹏
出版发行：现代出版社
通讯地址：北京市定安门外安华里504号
邮政编码：100011
电　　话：010-64267325 64245264（传真）
网　　址：www.1980xd.com
电子邮箱：xiandai@vip.sina.com
印　　刷：天津兴湘印务有限公司
字　　数：380千字
开　　本：710mm×1000mm　1/16
印　　张：30
版　　次：2018年5月第1版　2018年5月第1次印刷
书　　号：ISBN 978-7-5143-6434-7
定　　价：128.00元

　　习近平总书记在党的十九大报告中指出："深入挖掘中华优秀传统文化蕴含的思想观念、人文精神、道德规范，结合时代要求继承创新，让中华文化展现出永久魅力和时代风采。"同时习总书记指出："中国特色社会主义文化，源自于中华民族五千多年文明历史所孕育的中华优秀传统文化，熔铸于党领导人民在革命、建设、改革中创造的革命文化和社会主义先进文化，植根于中国特色社会主义伟大实践。"

　　我国经过改革开放的历程，推进了民族振兴、国家富强、人民幸福的"中国梦"，推进了伟大复兴的历史进程。文化是立国之根，实现"中国梦"也是我国文化实现伟大复兴的过程，并最终体现在文化的发展繁荣。博大精深的中国优秀传统文化是我们在世界文化激荡中站稳脚跟的根基。中华文化源远流长，积淀着中华民族最深层的精神追求，代表着中华民族独特的精神标识，为中华民族生生不息、发展壮大提供了丰厚滋养。我们要认识中华文化的独特创造、价值理念、鲜明特色，增强文化自信和价值自信。

　　如今，我们正处在改革开放攻坚和经济发展的转型时期，面对世界各国形形色色的文化现象，面对各种眼花缭乱的现代传媒，我们要坚持文化自信，古为今用、洋为中用、推陈出新，有鉴别地加以对待，有扬弃地予以继承，传承和升华中华优秀传统文化，发展中国特色社会主义文化，增强国家文化软实力。

　　浩浩历史长河，熊熊文明薪火，中华文化源远流长，滚滚黄河、滔滔长江，是最直接的源头，这两大文化浪涛经过千百年冲刷洗礼和不断交流、融合以及沉淀，最终形成了求同存异、兼收并蓄的辉煌灿烂的中华文明，也是世界上唯一绵延不绝的古老文化，并始终充满生机与活力。

　　中华文化曾是东方文化摇篮，也是推动世界文明不断前行的动力之一。早在五百年前，中华文化的四大发明催生了欧洲文艺复兴运动和地理大发现。中国四大发明先后传到西方，对于促进西方工业社会发展和形成，起到了重要作用。

中华文化的力量，已经深深熔铸到我们的生命力、创造力和凝聚力中，是我们民族的基因。中华民族的精神，业已深深植根于绵延数千年的优秀文化传统之中，是我们的精神家园。

总之，中国文化博大精深，是中华各族人民五千年来创造、传承下来的物质文明和精神文明的总和，其内容包罗万象，浩若星汉，具有很强的文化纵深，蕴含着丰富的宝藏。我们要实现中华文化的伟大复兴，首先要站在传统文化前沿，薪火相传，一脉相承，弘扬和发展五千年来优秀的、光明的、先进的、科学的、文明的和自豪的文化现象，融合古今中外一切文化精华，构建具有中国特色的现代民族文化，向世界和未来展示中华民族的文化力量、文化价值、文化形态与文化风采。

为此，在有关专家指导下，我们收集整理了大量古今资料和最新研究成果，特别编撰了本套大型书系。主要包括巧夺天工的古建杰作、承载历史的文化遗迹、人杰地灵的物华天宝、千年奇观的名胜古迹、天地精华的自然美景、淳朴浓郁的民风习俗、独具特色的语言文字、异彩纷呈的文学艺术、欢乐祥和的歌舞娱乐、生动感人的戏剧表演、辉煌灿烂的科技教育、修身养性的传统保健、至善至美的伦理道德、意蕴深邃的古老哲学、文明悠久的历史形态、群星闪耀的杰出人物等，充分显示了中华民族厚重的文化底蕴和强大的民族凝聚力，具有极强的系统性、广博性和规模性。

本套书系的特点是全景展现，纵横捭阖，内容采取讲故事的方式进行叙述，语言通俗，明白晓畅，图文并茂，形象直观，古风古韵，格调高雅，具有很强的可读性、欣赏性、知识性和延伸性，能够让广大读者全面触摸和感受中国文化的丰富内涵，增强中华儿女民族自尊心和文化自豪感，并能很好地继承和弘扬中国文化，创造具有中国特色的先进民族文化。

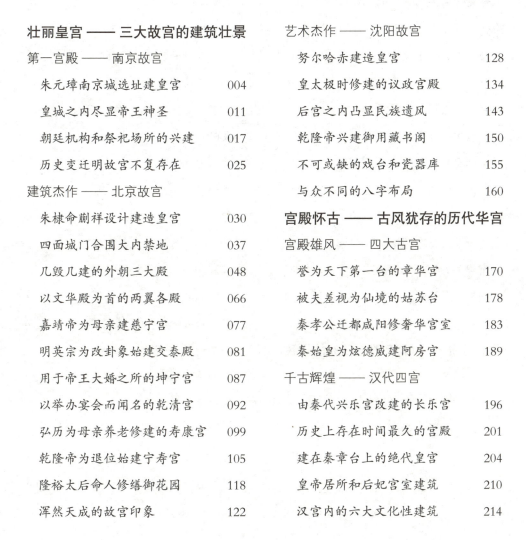

辉煌壮丽的
皇宫王府

壮丽皇宫

三大故宫的建筑壮景

南京故宫

南京故宫，又称明故宫、南京明皇宫、南京紫禁城，它是北京故宫的蓝本，是由明朝开国皇帝朱元璋建立的皇宫。

南京故宫在今南京市中山东路南北两侧，占地面积超过千万平方米。始建于1366年，地址在元集庆城外东北郊，初称"吴王新宫"，后改称"皇城"。

南京故宫因为建筑规模宏大，因此被称为"中世纪世界上最大的宫殿"，有"世界第一宫殿"的美誉。

朱元璋南京城选址建皇宫

1368年，农民皇帝朱元璋终于迎来了属于自己事业的春天。这一年他获得了一个当时人人都梦寐以求的职位，这个职位就是代表着天意的皇帝。

农民出身的朱元璋，让他在思想意识上难有很大的提高，即使他当上了皇帝也不例外。他当上皇帝的第一件事就是盖房子。这个房子可不是一般的房子，那是皇帝住的地方，所以一定要大，一定要讲排场。

朱元璋决定，一定要盖一所

■ 朱元璋（1328—1398），中国明代开国皇帝。他是继汉高祖刘邦以来第二位平民出身的君主，1368—1398年在位，史称明太祖，统治时期被称为"洪武之治"。1398年，朱元璋驾崩于应天皇宫，葬于明孝陵。

超级豪华的大皇宫。

刚开始，朱元璋的想法还是很大胆的，他想以应天府为南都城，开封府为北都城，计划1369年在自己的老家安徽凤阳兴建中都城。

因为人力、物力全被集中于中都城池和宫殿的兴建，因此，南京宫殿的修建工作一度中止。此后数年间只对已有宫殿进行了必要的维修。

005

■ 南京明故宫遗址公园

第一宫殿

南京故宫

估计是因为财政上吃紧，或是他觉得老家并不是适合建立中都的风水宝地，所以，在一系列的实践之后，朱元璋终于决定放弃了中都的修建，他集中全部精力修建自己的南京皇城。

1375年，朱元璋放弃营建中都的计划，集中力量修建南京皇城。现在安徽凤阳还有明中都的许多遗址，著名的有凤阳鼓楼。

朱元璋刚当皇帝的时候，明朝还处于经济恢复时期，对于都城建设，朱元璋多次强调节俭的方针，在改建南京宫殿时曾对大臣说："我盖的皇宫不求奢华，需要实用。因为国家现在百废待兴，各个方面都得用钱，我不能开这个浪费的头。"

明初建筑风格也确实如朱元璋要求的一样比较质朴，注重实用性。其他地方建筑受制度约束更严，谁也不敢超过南京皇宫的等级。

凤阳鼓楼 位于安徽省滁州市凤阳县府城镇花铺廊街鼓楼广场，是中都城重要附属建筑。鼓楼由台基和楼宇两部分组成，是中国最大的鼓楼台基。基上楼宇初建之时，鼓楼一直以其高大雄伟为国内之最。台基正中间开三个门洞，中门略大，中上有朱元璋亲书的"万世根本"四个楷书大字。

朱元璋本人非常迷信，他很相信风水和龙脉这一说法，于是在建造这些宫殿的时候，他也是绞尽脑汁，请了很多术士高人协助，他期待把皇宫建造得"天人合一"。

朱元璋在建都之前，曾派专门官员到长安、洛阳和开封等地，对唐宋以来的宫殿和都城建设进行了考察，以资参考。

因此，南京皇宫无论在布局、坛庙规格、宫门坐落和殿堂结构，以及前朝和大门、宫苑的名称和制度等，都有汉唐以来的依据可循，但在规划原则上则是依照《周礼·考工记》和前朝后寝和左祖右社而制。

可以说，作为古代建筑艺术的皇宫，作为封建社会"上层建筑"的表现形式之一，至明代已经发展到集前朝之大成的地步了。

朱元璋手下有一位鼎鼎大名的军师，叫作刘伯温。在朱元璋没有当皇帝之前，他就认定朱元璋有帝王之相，非得要辅佐朱元璋成就大业。朱元璋果然如刘伯温所说，成为了大明朝的开国之君。

因此，朱元璋对刘伯温言听计从，简直对他有点崇拜了。所以在给自己皇宫选

■ 南京明故宫遗址

■ 刘伯温（1311—1375），字伯温，今属浙江省文成县人。他是元末明初杰出的军事家、政治家及文学家，通经史、晓天文、精兵法。他辅佐朱元璋开创明朝并尽力保持国家的安定，因而驰名天下，被后人比作诸葛武侯。在文学史上，刘基与宋濂、高启并称"明初诗文三大家"。

址的时候，他非要刘伯温来亲自做这件事。

因为在朱元璋看来，刘伯温的玄学造诣早就登峰造极了，由他来选择合适的地址建造皇宫，应该可保大明江山千秋万代不倒。

不过朱元璋生性多疑，在跟刘伯温接触的多年里，他对刘伯温的忠诚度依然存有怀疑。所以他在选址的时候，还是请了刘伯温的师傅黄楚望和张铁冠道人，以及一些没什么名气的风水师来选。

■ 朱元璋与刘伯温蜡像

为了防止作弊，他还让这些人不能互相商量，每个人把修建皇宫的地址写在纸条上给他看。

说来也奇怪，这些人选址的答案却非常惊人，都是出奇的一致，他们都决定在南京城东边的一角来建立皇宫。

朱元璋把宫城建立于城东的

南唐 五代十国时期的诸侯国，定都金陵，历时39年，有先主李昪、中主李璟和后主李煜三位帝王。南唐为中国南方经济开发做出了重大贡献。南唐也因此成为中国历史上重要的政权之一。

皇城 通常指东方国家都城建筑中位于都城与皇帝、皇族所居的宫城之间的区域，由城墙围绕，具有独立的城门。皇城内通常布置宗庙、官衙、内廷服务机构、仓库和防卫等建筑，以及园林等。

■ 朱元璋与大臣同议国事蜡像

钟山南侧，北依钟山的"龙头"富贵山，并以此作为镇守皇宫安宁的靠山。他放弃了平坦的中心地带，也就是放弃了对原南唐宫殿旧址的利用，而采用填湖造宫的办法来建设南京皇宫。

究其原因，除了忌讳原来建立宫殿的王朝短命之外，还有一点是那里地方狭窄，不符合新王朝的要求，而且旧城居民居住密集，又有诸多功臣的府第，大量拆迁也得花一大笔安置补偿金。

加上南京地属丘陵地带，平地非常难找，所以选择依山而建，能让皇宫创造出气势宏伟的效果。

这种选址，在金陵是有先例可遵循的，六朝宫城便是选择在鸡笼山和覆舟山下的一片高河漫滩上，东濒青溪，西达五台，鸡笼山和覆舟山就像天然屏风一样挡在宫城之后。

明朝南京宫城则以富贵山作为依托，并巧用原来的东渠作为皇城西城隍，将午门以北的内五龙桥、承天门以南的外五龙桥和宫城城濠与南京城水系相互连

■ 蜡像：朱元璋察看正在建设中的故宫

通，取得人工和自然相互辉映的效果。

　　不过这种选址是违背中国民间风水学中"择中立宫"的基本准则的。另外，在南京城东面建立皇宫，最大的问题是这里有一片湖水，如果填湖建宫，那更是费时费力。

　　另外，即使湖水被填平，也会导致地基不稳，甚

■ 朱元璋石像

至下陷。这样，皇宫就会前高后低，这在风水学上是大忌。这也就预示着朱元璋的后世子孙不会有人再能超越他了。

　　不过这些问题，朱元璋当时都没考虑到。等他醒过神的时候，皇宫已经修建好了。朱元璋心里很

南京明故宫建筑

难受，总想迁都，可是一直没完成。

以至于到了朱元璋65岁时他突然说：

朕经营天下数十年，事事按古有绪。唯宫城前昂后洼，形势不称。本欲迁都，今朕年老，精力已倦。又天下新定，不欲劳民。且废兴有数，只得听天。唯愿鉴朕此心，福其子孙。

当时的朱元璋已经意识到，王朝的兴衰成败自有天命，他只求老天能念他的一片赤诚之心，造福他的子孙后代。

阅读链接

传说当年朱元璋修建南京皇宫的时候，是填埋南京中山门外北侧的燕雀湖，并以此为地基的。朱元璋为了占据"龙头"并沾上龙气，于是下令调集几十万民工，开始填湖建宫。可是当时的燕雀湖和后来的玄武湖差不多大，而且地势低洼，填湖填了好久都未能填满，那怎么办呢？

当时，传言江宁有个老汉叫田德满。朱元璋听说有人叫"填得满"，就派人去找这个人。老汉被找来以后，开始被当作神一样，还像煞有介事地举行了一些祭祀仪式。而后朱元璋将田德满封为"湖神"，等一切妥当之后，便把他绑了起来，扔到湖里去了。

据说不久燕雀湖还真的被填满了。所以，老南京有一种说法叫作"湖神田德满"。

皇城之内尽显帝王神圣

朱元璋指令下面的人设计南京皇宫的时候，就一个指导思想，那就是一定要庄严神圣。

朱元璋本人是从社会的最底层挣脱出来的，所以他总是希望自己显得高贵一些，神圣一些。于是，朱元璋打着神圣的幌子，自然能让下面的人从内心对自己俯首帖耳。

朱元璋手下的工匠们不敢怠慢，日夜操劳，终于满足了朱元璋的要求。

皇城，是护卫宫城最近的一道城垣，环绕宫城等距而建。永乐年间拓皇城西垣，致使西华门至西安门的距离要比东华门至东安门的距离长一倍左右，平面呈倒"凸"字

南京故宫遗址

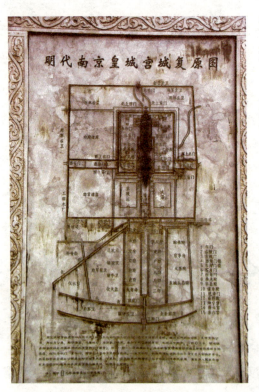

■ 南京故宫遗址复原图

形。皇城与宫城以及所囊括的建筑，合称为"皇宫"。

整个明代皇城区，位于南京城的东部，是以皇城与宫城为主体，这一系列建筑的主旨以突出皇权"神圣"为内容，是明初南京城的核心所在。

宫城又称大内、内宫，俗称紫禁城、紫垣，是朱元璋起居、办理朝政、接受中外使臣朝见以及皇室成员居住之地，位于南京4个城垣最里边的一个，有御河环绕。

宫城是在1366年由精通风水之术的刘伯温占卜后填湖而建，因而地势南高北低。宫城坐北朝南，平面图形似长方形，宫墙主体南北长约950米，东西宽约750米，周长约3.4千米。

在宫城墙体之上，最早开有4座城门，1382年改建有6座城门。

南面正门为午门，午门左右两侧为左掖门和右掖门，西门为西华门，东门为东华门，北门为玄武门。

玄武门，俗称"厚载门"，取自《易经》坤卦："地势坤，君子以厚德载物。"

午门前，是传达圣旨及朝廷发布公告的地方，也是皇帝处罚大臣"廷杖"之地。

《明史·刑法志》曾被著名史学家全祖望赞许为

风水 本为相地之术。相传风水的创始人是九天玄女，比较完善的风水学问起源于战国时代。风水的核心思想是人与大自然的和谐，早期的风水主要关乎宫殿、住宅、村落、墓地的选址、坐向、建设等方法及原则，原意是选择合适的地方的一门学问。

"淋漓痛切，以为后王殷鉴"，其中，主要说的就是廷杖和厂卫这两项明朝独有的制度。

《刑法志》认为，廷杖是明朝的发明：

> 刑法有创之自明，不衷古制者，廷杖、东西厂、锦衣卫、镇抚司狱是已。是数者，杀人至惨，而不丽于法。踵而行之，至末造而极。举朝野命，一听之武夫、宦竖之手，良可叹也。

而明史专家吴晗说：

> 廷杖始于元代，元代中书省长官也有在殿廷被杖的记载。朱元璋较元代实行得更普遍、更厉害，无论多大的官员，只要皇帝一不高兴，立刻就把他拖下去痛打一顿。

紫垣 也叫紫微宫，简称紫宫。紫垣原来是指天上的紫微星，后来传说中天帝的宫殿在紫微星内。再后来，皇帝居住的地方也称之为紫垣，紫禁城的名字也是由此而来。

左掖门 掖，是架着胳膊，扶持的意思。左掖门是指皇宫大门旁边靠左侧的小门。因为不是所有的人都能从大门进出，所以在大门边上设置小门，是出于封建社会礼法的需要。

■ 南京明故宫东华门遗址

辉煌壮丽的皇宫王府

■ 明故宫遗址

最初，执行廷杖的例子并不多。皇帝的本意，也许不过是借此树立威风、叫臣下老实听话罢了。但是由于有了以上的好处，廷杖执行者就更有热情使之"制度化"了。

从午门进入，有宫墙环绕，在午门内的神道尽头，有一座直通陵宫的桥梁，呈一字排列，共5座，又称"五龙桥"。

五龙桥与陵宫处于同一南北中轴线上，桥身做石构单曲拱桥样式。现在仅存中间3座，桥身起券，两侧有散水螭首和护栏望柱。

过了五龙桥，便是奉天门。奉天门左有东角门，右有西角门，门上都有楼阁。

据说当年皇太孙朱允炆被朱元璋立为皇储后，他的几个叔叔不服，皇太孙朱允炆曾与太常寺卿黄子澄在东角门上商讨过对策。

东角门的南边有左顺门，可通文华门入宫城左路到文华殿，也可通东华门；西角门的南边有右顺门，可通武英门入宫城右路到武英殿，也可通西华门。

在宫城的城门中，目前午门的墙体部分遗留了下来，只是门上的五凤楼早已损毁灭失，仅留下石柱础；东华门基本保存完整，西华门已毁。

朱允炆（1377—？）是明朝第二位皇帝，年号"建文"，建文帝即位以后，他对几位儒家师傅言听计从，发起了一些政治上和制度上的改革，他对政府内部的权力进行重新分配，也使自己能实施新政策。看来其意图是大大背离了太祖高皇帝所做的安排，这让他的四叔朱棣找到了造反的借口，在朱棣大军逼近南京的时候，朱允炆下落不明。

过奉天门就是皇宫最重要的三大殿建筑。奉天殿，是三大殿的主体，上面覆盖琉璃金瓦，双檐重脊，雕梁画栋，朱漆描金雕花的门窗，在阳光下发出耀眼的光芒，这就是人们通常所说的"金銮宝殿"。

它是朱元璋举行重大典礼和接受文武百官朝贺的地方。朱元璋的创业之初，励精图治，他是彻头彻尾的工作狂，与历代皇帝不同的是，他在早朝之外还有午朝和晚朝，规定下属各部有185种事件必须当面请示皇帝。

奉天殿旁左边的房子朝向西边的称为"文楼"，右边的房子朝向东边的称为"武楼"。

奉天殿的后面是华盖殿，它像一座亭子，四面出檐，渗金圆顶，殿顶上还缀有硕大的金球一颗。

早朝　据大明会典记载：早朝时，凌晨3时，大臣到达午门外等候。当午门城楼上的鼓敲响时，大臣就要排好队伍，到凌晨5时左右钟声响起，宫门开启。早朝时，只有四品以上的官员才有机会与皇上对话，大臣向皇帝报告政务，皇帝则提出问题或者做出答复。

■ 南京明故宫建筑

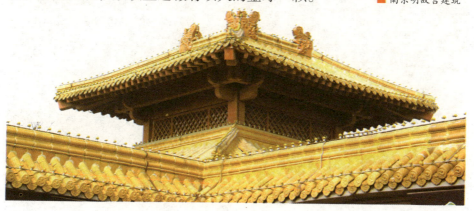

南京明故宫奉天殿

殿旁东有中左门，西有中右门。每逢春节、冬至和朱元璋的生日，朱元璋都要在这里先行接受内阁大臣和宫廷执事人员的参拜，然后才去奉天殿接受百官的朝贺。

再向后去就是谨身殿，其规模仅次于奉天殿，也是一座双重飞檐的大殿。以奉天、华盖、谨身这3座宏伟的建筑为主，构成了宫城办公区的主体部分。

阅读链接

南京皇宫的三大殿到新中国成立前就已不复存在，现在的三大殿遗址台基位于中山东路南大门内。

这些台基用斩假石砌成，各台基均高1.05米，它们虽在原址，但规模比原样小，属示意性物体。

其中，奉天殿长64米，宽37米，面积2368平方米；华盖殿长25米，宽25米，面积625平方米；谨身殿长47米，宽26.5米，面积1245.5平方米。

三大殿遗址上共摆放明皇宫石柱础44个，虽均系从遗址发掘出，因无法考证各石柱础原系何殿、何宫、何楼之物，故摆放位置并非原位。三大殿四周配植黄杨绿篱3圈，示意为须弥座台阶，外围为草坪。

朝廷机构和祭祀场所的兴建

皇城城垣上的7座城门是后来才修建的。皇城的正南门是洪武门，位于京城正阳门内北面。进洪武门后，为南北向的千步廊，两边建有连续的廊屋，由南而北，到承天门前的横街分别转向东西而成为曲尺形。千步廊后面两侧为"五府六部"朝廷官署的所在地。

朝廷一级的官署，基本安置于皇城洪武门内千步廊的两侧。从南向北来看，千步廊东侧为工部、兵部、礼部、户部、吏部、宗人府，千步廊西侧为太常寺、后军都督府、前军都督府、右军都督府、左军都督府、中军都督府，基本是按照文左武右的格局。

《洪武京城图志·序》记载："六卿居左，经纬以文；五府处西，

明代南京皇城宫城复原图

镇静以武。"说的就是这种布局。

在千步廊后面，东侧置有东城兵马司、太医院、詹事府、翰林院；西侧置有钦天监、旗手卫、锦衣卫、通政司。

朱元璋自1368年从"旧内"迁入"新宫"后，原来居住的元御史大夫宅成为应天府署的所在地。当时的南京城一分为二，由江宁县和上元县分管。

江宁县署设在京城聚宝门内镇淮桥西北，上元县署设在城中中正街以西。其他相当数量的朝廷及地方官署，散布于南京城的各个地方。

值得一提的是钦天监。钦天监相当于古代的天文台，在明代南京国子监北面的鸡笼山上，设有明代的"观象台"，由"钦天监"管理，又名"钦天台"，所以鸡笼山在明代也叫"钦天山"。

1385年，朱元璋将观象台扩建为国家天文台，比世界闻名的英国格林尼治天文台还要早290年。明代天文观测仪器浑仪、简仪和圭表现存于紫金山天文台。

在朝廷官署六部中，只有刑部没有设在洪武门内。刑部、都察院和大理寺并称"三法司"，设置在今南京太平门外的太平堤西侧。据称："三法司门往北一带，旧有大墙，总括三法司、京畿道在内。"

辉煌壮丽的皇宫王府

■ 钦天山 位于南京鼓楼的东面，北依台城、玄武湖，西连鼓楼岗，东连覆舟山，因刘宋时期山上建立日观台而得名。古时称为"鸡鸣山"，因形似鸡笼又名"鸡笼山"，明时"国朝于山巅置仪表，以测玄纬，名观象台，更名"钦天山""

■ 南京故宫午朝门遗址

以朱元璋在南京期间建造的大概念来看，这些"大围墙"虽然不能与宫城、皇城、京城以及外郭城墙相比，但其耗用的建材和民工，确实相当可观。

当时朝廷全面负责南京建造的机构是工部，而且作为其首要的任务。具体负责南京建造工程的单位是营缮所，仍归工部管辖。该所位于现在南京通济门大街上。

过了外五龙桥就是承天门，这座城门相当于北京天安门。后来，朱元璋下令改建大内金水桥，在宫城南面正中的午门至皇城南面正中的承天门之间，建端门以及端门和承天门楼各5间。

端门两旁的御道东西两侧，建有南北向的宫墙，把东面的太庙、西面的社稷坛隔在外头，使这条御道更加森严，成为通向宫城的唯一交通线，因而承天门虽是建在皇城的正南，实际上是成为进入宫城的正南

浑仪 是以浑天说为理论基础制造、由相应天球坐标系各基本圈的环规及瞄准器构成的古代天文测量天体的仪器。浑仪是中国古代的一种天文观测仪器。古人认为天是圆的，形状像蛋壳，出现在天上的星星是镶嵌在蛋壳上的弹丸，地球则是蛋黄，人们在这个蛋黄上测量日月星辰位置。

辉煌壮丽的皇宫王府

第一道门。

承天门前南北走向的皇墙上，建有衔接长安街东、西相向的长安左门和长安右门；在皇城主城的东面为东安门，西面为西安门，北面为北安门。

在皇城西南角的皇墙下，为宦官诸监所在地。其他各司、局、库、房、厂等为朝廷服务的机构，有的设置在宫城里，有的设在皇城内。

皇宫内、外的河道上，除了建有内、外五龙桥，还在东长安门外附近建有"青龙桥"，在西长安门外附近建有"白虎桥"，也就是玄学常用的所谓"左青龙，右白虎"之制。

朱元璋在南京时期，虽然一再强调要生活简朴，但迷信风水龙脉的朱元璋，在建造殿堂坛庙时，却完全不是如此。其用心之良苦，建造工艺之考究，令人瞠目。

■ 明故宫遗址内的古桥

■ 明故宫遗址城墙

以祭祀的坛庙为例，朱元璋先后建造、改建过的主要祭祀坛庙有：圆丘、方丘、天地坛，社坛、稷坛、社稷坛，太庙、帝王庙、功臣庙等20多座。

当然，这些建筑现已无存，我们只能通过史料中的文字，来想象当年散布于南京城墙内外的这些建筑的模样和规制。

圆丘建于1367年，是祭天之所。在京城东南正阳门外钟山之南面，仿汉制为坛二层。第一层宽约21米，高约25米，四面有台阶。正南台阶有9级，宽约2.85米；东、西、北三面的台阶也有9级，但是这三面的台阶明显要比正南面的台阶窄很多。从坛的表面直至坛基，全部用琉璃砖垒砌，四面以琉璃栏杆围绕。

第二层周围坛面宽约8米，高约2.5米。正南有9级台阶，宽约3.8米；东、西、北一样是9级台阶，都是

宦官　是中国古代专供皇帝、君主及其家族役使的官员。在先秦和西汉时期并不全都是阉人。自东汉开始，则全为被阉割后失去性能力而成为不男不女的中性人。又称寺人、阉人、阉官、宦者、中官、内官、内臣、内侍、内监等。

明故宫遗址

比正南面的台阶略窄一些，坛面以及栏杆都和第一层一样。

方丘是祭"地"之所。其制式大致与圆丘同。圆丘与方丘，一个祭天，一个祭地，取"天圆地方"之意。

1377年，朱元璋感到"天地犹父母，父母异处，人情有所未安""乃命即圆丘旧址为坛，而以屋覆之，名大祀殿"，也就是后人所称的天地坛。

社稷坛初建于1367年，用于祭祀土神和谷神之所。据史书记载：

在宫城之西南，背北向。社东稷西，各广五丈，高五尺，四出陛，第陛五级。坛用五色土，色各随共方。

早期的社稷坛，实际是"社坛"和"稷坛"两座坛，共用一个地方。直至1377年，才"改建社稷坛于

谷神 是生养之神，可称为是原始的母体。万物都从这原始母体之门产生，可以说他是万物的本根。他绵绵不绝，似亡实存，使他永远不会穷尽。中国有悠久的农耕文明史，崇尚谷神的风俗十分普遍。谷神也就是崇祀植物谷子，实属自然神。

午门之右，共为一坛"。

太庙初建于1367年，祭祀朱元璋一系的祖先之所，位于宫城东南，与社稷坛隔御道相向。不同祖先分居不同的庙宇之内。

史书记载：

皇高祖居中，皇曾祖东第一，皇祖西第一，皇考东第二，皆南向，每座庙中供奉神主，东西两夹室，旁两庑，设三门。

每门皆设戟二十四，外为都官，正门之南，别为斋次。正殿两廊楹室崇深，功臣配享，左有神宫监。

洪武八年，改建太庙，前殿后寝，殿翼皆有两庑，寝殿九间，奉藏神主，为同堂异室之侧。

真武 亦称"玄武"，俗称"真武大帝""玄天上帝"，道教所奉的神。相传古净乐国王太子，生而神猛，遇天神授以宝剑，入湖北武当山修炼，经过42年而功成，白日飞升，威镇北方，号玄武君。宋讳玄字，因称真武。

除了上述这些主要殿堂坛庙之外，明初在南京最集中建造的庙宇，要算设置在鸡鸣山南边山脚下的祭庙。如帝王庙、城隍庙、真武庙、卞壶庙、蒋忠烈庙、刘越王庙、曹武惠王庙、元卫国公庙、功臣庙、五显庙、关羽庙等，号称"十庙"。

这些如此集中排列在鸡鸣

■ 朱元璋塑像

山下的祭庙和所祭祀的对象，显然远远超出了一般庙宇的功能。

洪武年间在南京建造的坛庙还不仅仅这些，如在金川门外设置的龙江坛、定淮门外设置的晏公庙、神策门外设置的无祀鬼神庙、狮子山上设置的徐将军庙等。

应该说，朱元璋建造的这些用于祭祀的殿堂坛庙，实际反映了他因出身卑微而荣登九五之尊后一种文化上和心理上的需求。

同时，也反映了当时民众对这种社会文化的认同程度，为京城的官员和百姓提供了一处处精神寄托的场所，更是朱元璋借庙堂、神明思想以控制民众思想、用以巩固政权的手段而已。

阅读链接

《明实录》记载，1421年初，永乐皇帝下诏将国都由南京迁至北京，于是南京的天地坛就此荒废。

为了保持南京古都的天地坛格局，永乐皇帝又在北京修建了一座天地坛，这就是后来的天坛和地坛，这种合祭天地的做法也是从南京沿袭而来。

至清朝嘉靖皇帝时，南京的天地坛又改建成天坛和地坛的分设。在现存的南京天地坛地址上，还留存有天坛埂、石券等遗迹。

历史变迁明故宫不复存在

　　南京皇宫由于是在明朝修建起来的，所以人们又习惯称它为明故宫，这座宫殿经历了600多年的历史演变，到现在为止，宫殿已经荡然无存，只留下一些令人无限感伤的断壁残垣。

　　那么，如此富丽堂皇的皇宫建筑，又是怎样走向衰败、破落以致毁灭的呢？此事还要从明朝的第三任皇帝说起。

　　1402年，朱元璋的第四个儿子朱棣当上了皇帝，由于他在当上皇帝之前，一直住在北京，为此，在他当上皇帝的10多年后，他便迁都到北京，此后，南京故宫便不再使

■ 朱棣（1360—1424），明朝第三位皇帝，明太祖朱元璋第四子。1402年夺位登基，改年号为永乐。明成祖朱棣即位后5次北征蒙古，缓解其对明朝的威胁；疏通大运河；迁都并营建北京；编撰百科全书《永乐大典》；设立奴儿干都司，以招抚东北少数民族。郑和下西洋沟通了中国同东南亚和印度河沿岸国家。

用，只是作为留都宫殿，委派皇族和内臣管理。

事实上，在朱棣当上皇帝前，南京故宫就曾发生了一次兵变，由于战火，此时的南京故宫已经有了一些损坏。

另外，由于朱棣要迁都北京，所以他又派人在北京修建了一座宫殿。他修宫殿就修宫殿吧，可是，为了使北京的宫殿看上去比南京宫殿更加壮观，这位皇帝又派人在南京故宫内拆卸下许多巨型的石材，劳师动众地运往北京。

辉煌壮丽的皇宫王府

■ 南京故宫遗址上的碌石

经过这么一番折腾，南京故宫当然就显得凌乱不堪了。虽然在以后的明朝，南京还是陪都，但今非昔比了，皇家不在这里，皇宫当然也就无人精心看管。

1449年农历六月，天降雷雨，南京故宫内的谨身殿、华盖殿等宫殿因被雷电击中起火，火灾导致两殿损毁严重。

1522年初秋，一场暴风雨来临，洪水暴涨起来，南京故宫的一些寝殿和城墙难以幸免，都纷纷坍塌。

1644年，福王朱由崧在此即位，一度建立南明政权。此时的明故宫内大多殿宇已经坍毁无存，南京太庙也早已被焚毁，朱由崧进行了一些修复工作，兴建了奉天门、慈禧殿等建筑。

陪都　是指因政治地理原因或其他政治军事形势的原因，朝廷或国家在正式首都之外选择特定地理位置所建立的辅助性首都。陪都现象在中国最早出现于殷商时期，但是比较正规的陪都始于西周。设置陪都是为了加强对全国的统治。

清灭南明后，改南京为江宁，将明皇城改为八旗驻防城，设置将军衙门和都统衙门于明故宫中。

1684年，康熙皇帝首次南巡，到达江宁，见到残破不堪的南京故宫大为感慨，作《过金陵论》一文写道：

道出故宫，荆榛满目，昔者凤阙之巍峨，今则颓垣残壁矣！顷过其城市，间阎巷陌未改旧观，而宫阙无一存者，睹此兴怀，能不有吴宫花草、晋代衣冠之叹耶！

由此可见，此时的明故宫已经是"宫阙无一存者"，变得相当荒凉了。

清朝末年，太平天国之战，使明故宫又经受了一次较大的破坏，除了地下埋藏的石构件基础外，只剩

■ 南京奉天门遗址

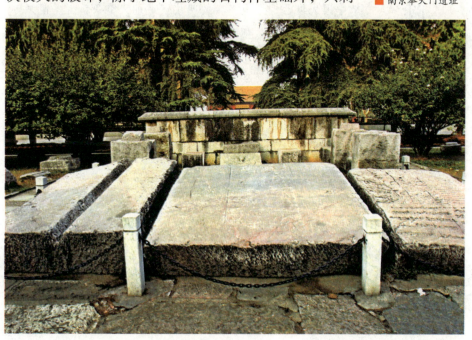

奉天门遗址石刻

下一片残垣碎瓦、蛇鼠出没的废墟。

后来，人们又在此地新建了中山东路和逸仙桥。这样一来，明故宫遗址被从中分为南、北两部分，仅存午朝门与地下石柱础等少量遗迹了。

明故宫虽然被毁了，但它的历史地位不可磨灭。

辉煌壮丽的皇宫王府

阅读链接

新中国成以后，荒寂多年的明故宫遗址又重获新生。南京刚一解放，国家领导人便邀请有关的专家、学者座谈，以征求保护意见。

与会者一致认为，这是中国历史上重要的明朝皇宫遗址，应该予以保护，因此决定将明故宫仅存的约350个石柱础就地深埋，埋入路北侧中轴线及其两侧；将中山东路北侧约60万平方米的地辟为南京军区教练场进行保护。

1956年10月，明故宫遗址被公布为江苏省重点文物保护单位，从而使得文物完好地保存至今。

现存的明故宫遗址公园，不仅有大量的精美石刻遗迹，供人们从中遥想当年这座皇宫的辉煌。另外，随着陆续恢复的东华门、西安门遗址公园，更能让人们从中感受到明初皇气初成的辉煌。

北京故宫

北京故宫位于北京市中心，旧称"紫禁城"，1925年后成为故宫博物院。它是明、清两代的皇宫，是无与伦比的古代宫廷建筑的杰作，也是世界保存下来最大、最完整的木质结构古建筑群。

北京故宫从明初建立，至今已有500多年历史。在这漫长历史中，共有24个皇帝在此治朝理政和起居生活。它经历了多次修缮与扩建，留下了许多沧桑历史，给故宫增添了不少神奇的魅力，具有丰富的文化内涵。

朱棣命蒯祥设计建造皇宫

1402年，朱元璋的第四个儿子朱棣当上了明朝的第三任皇帝。当上皇帝以后，朱棣自然就入住了南京皇宫。

明成祖朱棣画像

可是，这位皇帝在南京城住得并不习惯，这是为什么呢？

原来，在他当上皇帝以前，他一直住在北平，也就是后来的北京，而南京的气候湿热，这和北平的干燥气候比起来，朱棣觉得非常不舒服。

他在南京城委屈地住了4年后，仍然没有适应南方的气候，这让这位皇帝很苦恼。

这时，朱棣的一个大臣丘福看出了朱棣的心思，就对这位皇

■ 紫禁城壁画

帝建议说："皇上，既然您住在南京城不习惯，那就不如去北平重新修建一座宫殿吧！"

朱棣听了这个提议，非常开心，便毫不犹豫地答应了。于是，一场浩大的土木工程拉开了建造北京皇宫的序幕。

朱棣先派人奔赴全国各地去采购名贵木材和石料，然后运送到北平，光是准备工作就持续了整整11年。

修建皇宫需要大量的珍贵木材，珍贵的楠木就是其中一种。楠木多生长在崇山峻岭之中，百姓冒险进山采木，很多人为此丢了性命，后世留下了"入山一千，出山五百"来形容采木所付出的生命代价。

在京东通州有两个地方都叫皇木厂，一个位于张家湾，另一个位于北关立交桥南。

据记载，皇木厂因存储建设北京所用皇家木材而得名。

丘福（1343—1409），今安徽凤阳人，明永乐时将领。早年在燕王府工作。因多年的辛劳，被授予燕山中护卫千户。后爆发靖难之役，他与朱能、张玉一同夺得北平九门。朱棣登基后，被封淇国公。

■ 北京紫禁城微缩模型

据《通州文物志》记载，明永乐年间建北京，自云贵、巴蜀、湖广、浙赣等南方所采办之珍贵木材，自大运河运至张家湾，于此上岸储放，然后经陆路运到各建筑工地。

皇木厂南北约120米，东西约100米。皇木扎乘木排逆水而运，也有用船装载。运河有些河段一天只能行八九千米，从产地运到通州要两三年，有些木排长达3千米。

皇木在明清之际用于建造或修缮北京皇家所用之宫殿，以及王府、衙署、试院、学府、城门、牌楼、园林及陵寝等。通州两处皇木厂所储皇木大都用尽。

皇木厂的木材种类有铁花梨、楠木、硬合欢树、紫檀、红木等名贵木材。

据老工匠估算，以故宫的后三宫之一乾清宫为例，从地面码到顶层，木料大约用了5000立方米，这还只是一个宫殿的用木量。

故宫里面9000多间房子，如此浩大的工程，所需

牌楼 牌楼也叫牌坊，最早见于周朝。是一种有柱门形构筑物，一般较高大。最初用于旌表节孝的纪念物，后来在园林、寺观、宫苑、陵墓和街道均有建造，旧时牌楼主要有木、石、木石、砖木、琉璃几种，多设于要道口。牌楼曾作为多届世博会中国馆的门面建筑，吸引了世人的视线。

木材经年累月，源源不断地通过运河输送到北京，之后才有了"漂来的紫禁城"之说。

在通州北关立交桥南，这里也有皇木厂。据文献记载，在明嘉靖年间，由于紫禁城及皇陵等建筑所需木材甚多，张家湾的皇木厂几近饱和，而南方的木料还在源源不断地运来，因此在此处另建了分厂，储存有铁梨木、大枋木等名贵木种。

开采修建宫殿的石料，同样很艰辛。后来保和殿后那块最大的丹陛石，开采于北京西南的房山。

史书记载了运送它时的情景：数万名劳工在道路两旁每隔500米左右掘一口井，到了寒冬腊月气温足够低时，就从井里打水，把运输的道路泼成冰道，便于石块滑行。即使这样，还是足足用了28天的时间，才送到了宫里。此外，修建故宫还要在苏州烧制专供皇家建筑使用的方砖，同时山东临清也要向北京运送贡砖。

这些各地的材料大部分经由大运河船运而来，因

■ 北京故宫古建筑

辉煌壮丽的皇宫王府

榫卯 主要是在两个木构件上所采用的一种凹凸结合的连接方式。凸出部分叫榫，凹进部分叫卯，这是中国古代建筑和家具及其他木制器械的主要结构方式。

■ 蒯祥（1399—1481)，明代著名的建筑工匠师。他曾参加或主持多项重大的皇室工程，负责建造的主要工程有北京皇宫、皇宫前三殿、长陵、献陵、裕陵、北京西苑、隆福寺等。

此才有了"先有大运河，再有北京城"这句俗语。

材料准备好后，1417年，朱棣开始从南方调集大量能工巧匠，大兴土木，兴建宫城。

整座宫城是严格按照封建宗法礼制设计规划的，前面3个大殿为外朝，是皇帝处理政务的地方；后面的宫殿群则为内廷，住着后宫嫔妃，是皇帝家庭生活之所。

"左祖右社"和传统的阴阳五行学说，在这座建筑中得到广泛运用。

依照中国古代的星象学说，紫微垣是天帝居住之处，天人对应，所以皇帝的宫殿应称为"紫禁城"。"紫禁城"的名称就是这样得来的。

如果说朱棣是北京故宫总设计师的话，那么，实际负责修建北京故宫的人，就是一个叫"蒯祥"的建筑工匠。蒯祥是江苏吴县人，他出身木匠世家，父亲蒯福就是名匠，明洪武年间曾参加南京明宫城的建筑营造。蒯祥从小聪明伶俐，心灵手巧，善于钻研，能举一反三，青年时便有"巧木匠"之称。

在当时，到北京参与故宫修建的工匠中有一个香山帮，都是江苏吴县人或其门徒。他们往往擅长木工，其中，又不乏出色的泥水匠、漆匠、石匠、堆灰匠、雕塑匠和彩绘匠等。蒯祥是香山帮匠人的头领。

1417年，蒯祥接替父亲，担任营缮所丞，设计并直接指挥明宫城的营建工程。

■ 蟠龙石刻

在当时，蒯祥的建筑技艺已达到了炉火纯青和巧夺天工的地步。他精于尺度计算，又擅长榫卯技巧，还能双手握笔同时在一根柱子上绘双龙，"画成合之，双龙如一"，技艺娴熟，出神入化。

在民间一直流传着蒯祥的一个故事。

据说建造皇宫时，缅甸国向明朝进贡了一块巨木，朱棣下令把它做成大殿的门槛，但一个木匠不留神锯错了，短了一尺多。木匠吓得脸色煞白，慌忙报告蒯祥。

蒯祥看了，让那个木匠再锯短一尺多，大家都很惊愕。之后，蒯祥就在门槛的两端雕琢了两个龙头，再在边上各镶上一颗珠子，还搞了创新，让门槛可以装卸。皇帝见了十分高兴，大加赞赏。这就是俗称的"金刚腿"活门槛。

蒯祥很聪明，营建宫殿楼阁时，他只需略加计算，便能画出设计图来，待施工完毕后，建筑与图样大小尺寸分毫不差。蒯祥的建筑造诣，得到了极高评

彩绘　在中国自古有之，被称为丹青。其常用于中国传统建筑上绘制的装饰画。中国建筑彩绘的运用和发明可以追溯到2000多年前的春秋时期。它自隋唐期间开始大范围运用，到了清朝进入鼎盛时期，清朝的建筑物大部分都覆盖了精美复杂的彩绘。

辉煌壮丽的皇宫王府

■ 北京紫禁城景观

价，皇帝每每以"蒯鲁班"称之。

1436年至1449年间，蒯祥又受命营建乾清宫、坤宁宫和重建故宫三大殿工程。后来，蒯祥还参与了十三陵之一的裕陵兴建，被任命为裕陵的总设计师。

蒯祥到了七八十岁的时候，他仍继续发挥夕阳余晖，俸禄从一品，并参加了承天门的建造，承天门也就是天安门。

1481年春天，蒯祥在北京病逝。当时皇帝得到消息后，派人前去安排丧事，并将蒯祥当年的居住地和营造业工匠聚集的那条巷命名为"蒯侍郎胡同"。

从一品 封建社会九品十八级官制中的第二等级。在明朝时期，官职主要有少师、少傅、少保、太子太师、太傅、太保、都督、同知等。

阅读链接

大多数人都认为，故宫是明代杰出匠师蒯祥设计的。然而，也有人提出了不同意见。持这种观点的专家认为，其实蒯祥只是故宫的施工主持人，故宫真正的设计人应该是名不见经传的蔡信。

1417年，紫禁城宫殿开始进入大规模施工高潮，蒯祥随朱棣从南京来到北京，开始主持宫殿的施工。但在此之前，蔡信已主持故宫和北京城的规划、设计和建造了。因此说，蔡信要比蒯祥更早一步成为故宫的设计者。

四面城门合围大内禁地

　　1420年，用了整整14年的时间修建的紫禁城终于完工了，同年冬天，朱棣正式由南京迁都北京，高兴地住了进去。

　　此后，这里成为明清两代的皇宫，先后居住了24位皇帝。

　　紫禁城建成后，因为这里是禁止普通老百姓进入的，所以这座宫

北京紫禁城城门

■ 北京故宫护城河

辉煌壮丽的皇宫王府

殿也被称为"大内"。作为只能皇室成员和文武百官才能踏入的地方，500年来，紫禁城一直是皇帝的居所和政府的所在。

1925年10月10日，紫禁城成为国家级博物馆并正式对外开放。此后，紫禁城被正式称为故宫。

这座始建于明代的古老宫殿，占地约为72万平方米，建筑面积约15万平方米，共有殿宇8707间，都是砖木结构、黄琉璃瓦顶、青白石底座饰以金碧辉煌的彩绘。

宫殿四面环有高10米的城墙，南北长约960米，东西宽约760米，为世界之最。

宫殿的整个建筑被两道坚固的防线围在中间，外围是一条宽52米，深6米，长3800米的护城河环绕，接着就是内围城墙，其周长3000米，墙高近10米，底宽8.62米。

城墙上开有4门，南有午门，北有神武门，东有东华门，西有西华门，城墙四角，还耸立着4座

护城河 也称濠，是中国古时由人工挖凿，环绕整座城、皇宫、寺院等主要建筑的河，具有防御作用，可防止敌人或动物入侵。护城河内沿筑有"壕墙"一道，外逼壕堑，内为夹道，提高了护城河的防御作战能力。中国的护城河，以襄阳护城河宽度为最。

角楼，楼高27米多，有3层屋檐，72个屋脊，玲珑剔透，造型别致，为中国古建筑中的杰作。

其中，午门是故宫的正门，位于紫禁城南北的轴线上。午门居中向阳，位当子午，故名午门。

午门前有端门、天安门、大清门，其后有太和门，左右为东华门和西华门。各门之内，两侧排列整齐的廊庑。整个宫殿以乾清门为界，南半部为前朝或外朝，北半部为内廷。

午门建成于1420年，1647年重修，1801年再修。

故宫内现存的午门通高37.95米，下为高大的砖石墩台，台正面以垛墙围绕，后面砌宇墙。墩台正中有3个门，正面呈长方形，后为券形，墩台上建五凤楼，围以汉白玉精美栏杆。

午门主楼面阔九间，重檐庑殿顶，其余4楼为重檐攒尖顶，金黄色琉璃瓦与绚丽的彩画交相辉映，气

重檐庑殿 中国传统建筑中最高级别的屋顶形式。庑殿顶又叫"四阿顶"。这种殿宇平面呈矩形，面宽大于进深，前后两坡相交处是正脊，左右两坡有4条垂脊，分别交于正脊一端。重檐庑殿顶，是在庑殿顶之下，又有短檐，四角各有一条短垂脊，共9脊。

039

建筑杰作

北京故宫

■ 北京故宫午门

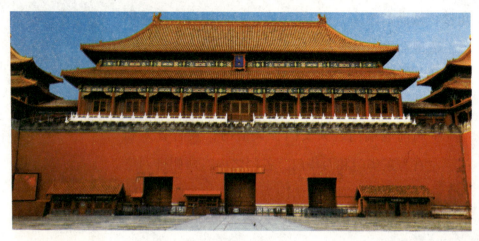

势巍峨，宏伟壮丽。

午门后有5座精巧的汉白玉拱桥通太和门。午门中楼左右有钟鼓亭，每逢皇帝在太和殿主持大典时，钟鼓齐鸣，以示威严。

午门的平面呈"凹"字形，沿袭了唐朝大明宫宽近58米的含元殿以及宋朝宫殿丹凤门的形制，是从汉代的门阙演变而成。

午门分上下两部分，下为墩台，高12米，正中开3座门，两侧各有一座掖门，俗称"明三暗五"。墩台两侧设上下城台的马道。

中开3座门和2座掖门各有用途：中门为皇帝专用，此外只有皇帝大婚时，皇后乘坐的喜轿可以从中门进宫；通过殿试选拔的状元、榜眼、探花，在宣布殿试结果后可从中门出宫。东侧门供文武官员出入。西侧门供宗室王公出入。两座掖门只在举行大型活动时开启。

墩台上正中门楼一座，面阔九间，60.05米，进深5间，25米，重檐庑殿顶。墩台两翼各有廊庑13间，俗

门阙 是塔楼状建筑，置于道路两旁作为城市、宫殿、坛庙、关隘、官署、陵墓等入口的标志。外观大体分为阙座、阙身与阙檐三部分。阙身依数量有单出、双出与三出，形体多带有较大收分。阙檐有层次之别。檐下多以斜撑或斗拱支承，又是重点装饰所在。

称"雁翅楼"。廊庑两端建有重檐攒尖顶的方亭。

正楼两侧有钟鼓亭各3间，每遇皇帝亲临天坛、地坛祭祀则钟鼓齐鸣，到太庙祭祀则击鼓，每遇大型活动则钟鼓齐鸣。

午门整座建筑高低错落，左右呼应，形若朱雀展翅，故又有"五凤楼"之称。

东华门是紫禁城东门，始建于1420年。

东华门东向，与西华门遥相对应。门外设有下马碑石，门内金水河南北流向，上架石桥一座，桥北为3座门。东华门以西是文华殿，迤南为銮仪卫大库。

东华门与西华门形制相同，平面矩形，红色城台，白玉须弥座，当中辟3座券门，券洞外方内圆。城台上建有城楼，黄琉璃瓦重檐庑殿顶，基座围以汉白玉栏杆。

城楼面阔5间，进深3间，四周出廊，梁枋绘有墨线大点金旋子彩画。东面檐下"东华门"匾额原为

廊庑　指"堂下周屋"，即堂下四周的廊屋。廊指房屋前檐伸出的部分，可避风雨，遮太阳。廊子，前廊后厦。庑下，殿下外屋。分别而言，廊无壁，仅为通道；庑则有壁，可以住人。

须弥座　又名"金刚座"或"须弥坛"，源自印度，是用于安置佛像或菩萨像的台座，外表看起来犹如莲花台一样。佛像安置在上面，有吉祥如意的意思。

041

建筑杰作

北京故宫

■ 北京故宫东华门

辉煌壮丽的皇宫王府

满、蒙、汉3种文字，后减为满、汉2种，现在仅存铜质汉字。

东华门门楼自1758年始用于安放阅兵时所用的棉甲，每隔一年抖晾一次。1763年农历三月，皇帝下旨在东华门外护城河边空闲围房中选用70间，设立仓廒，用于存贮太监应领米石，赐名"恩丰仓"。

清初，东华门只准内阁官员出入，乾隆朝中期，特许年事已高的一二品大员出入。清代大行皇帝、皇后、皇太后的灵枢皆由东华门出，民间俗称"鬼门""阴门"。

西华门是紫禁城的西门，它的位置不在紫禁城西侧城墙正中而偏向午门一侧，这样的布局与故宫城总体规划有很大关系。此门始建于1420年。门外设有下马碑石。

西华门与东华门形制基本相同，平面矩形，红色城台，汉白玉须弥座，城台当中辟3座券门，券洞外方内圆。门钉为九纵九横，以为极数，代表皇权至上之意。

■ 北京故宫西华门

北京故宫神武门

城台上建有城楼，黄琉璃瓦重檐庑殿顶，基座围以汉白玉栏杆。

城楼面阔5间，进深3间，四周出廊，梁枋绘墨线大点金旋子彩画。门楼用于安放阅兵所用棉甲及锭钉盔甲。

西面檐下"西华门"匾额原为满、蒙、汉3种文字，后减为满、汉2种，现存同样仅存铜质汉字。

从整体上说，西华门与宫城布局和建筑形成整体呼应的效果。

清时官员进宫办事或觐见出入西华门，须在西华门外下马或下轿步行出入。

神武门是紫禁城的北门，也是故宫博物院的正门。1420年建成，明代时始称"玄武门"。

故宫内现存的神武门总高31米，平面矩形。基部为汉白玉石须弥座，城台辟门洞3座，上建城楼。楼建于汉白玉基座上，面阔5间，进深1间，四周围廊，环以汉白玉石栏杆。

楼前、后檐明间与左、右次间开门，菱花隔扇门。东、西两山设双扇板门，通城墙及左、右马道。

踏踩　古建筑中的台阶，一般用砖或石条砌造，置于台基与室外地面之间，宋称"踏道"。踏踩有垂带踏踩和如意踏踩两种形式。垂带踏踩的台阶下面放置一个称为砚窝石的较长条石，以承托垂带，砚窝石上表面较地面略高或与地面齐平。如意踏踩的条石沿左、中、右三个方向布置，人可沿三个方向上下。

銮仪卫 位于紫禁城东南角楼处，清代为宫廷服务的机构，掌管帝、后车驾仪仗。1644年设，初沿明制称"锦衣卫"，二年改称"銮仪卫"。1654年厘定品级、员额，遂成定制。

漏刻 是中国古代的一种计时工具。漏是指带孔的壶，刻是指附有刻度的浮箭。有泄水型和受水型两种。早期多为泄水型漏刻，水从漏壶孔流出，漏壶中的浮箭随水面下降，浮箭上的刻度指示时间。

四面门前各出踏跺。

城楼为重檐庑殿顶，下层单翘单昂五踩斗拱，上层单翘重昂七踩斗拱，梁枋间饰墨线大点金旋子彩画。上檐悬蓝底镏金铜字满汉文"神武门"华带匾。顶覆黄色琉璃瓦。楼内顶部为金莲水草天花，地面铺满金砖。神武门面对是北京城内的景山公园。

此门是贯穿北京古城长约8千米中轴线上的一座有其独特作用的宫门。据《养吉斋丛录》等书记载，清代"三楼"，即神武门钟楼与地安门北的钟、鼓楼，都由銮仪卫掌管，并由负责天象和历法的钦天监逐日委派漏刻科博士一员，轮值神武门，指示更点。

每至黄昏时候，神武门钟楼先鸣响108声而后再起更。当时，一夜分为五更，也称"五夜"或"五鼓"。

一更约2小时。每到一个"更次"，则由旗鼓手鸣鼓，直至第二天早上，五更已尽，再鸣晨钟，也是108声。地安门北的钟、鼓楼，同样如此，所以古有"晨钟暮鼓"之说。但皇帝住在宫中时，规定神武门不再鸣钟。

玄武为古代四神兽之一，从方位上讲，左青龙，

■ 紫禁城角楼

■ 康熙帝（1654—1722），全名爱新觉罗·玄烨，清朝第四位皇帝、清朝定都北京后第二位皇帝。他8岁登基，在位61年，是中国历史上在位时间最长的皇帝。他是中国统一的多民族国家的捍卫者，奠下了清朝兴盛的根基，开创出康乾盛世的大局面。

右白虎，前朱雀，后玄武，玄武主北方，所以帝王宫殿的北宫门多取名"玄武"之名。清康熙年重修时，因避康熙帝玄烨名讳改称神武门。

神武是宫内日常出入的重要门禁，明清两代皇后行亲蚕礼即由此门出入。清代每3年一次选秀女，备选者经由此偏门入宫候选。

在中国，清代皇帝后妃的来源与历代不同，它创立了具有自己特点的"选秀女制度"，而神武门则是被选看八旗秀女领进和带出宫廷所必经的皇城大门。

这种严格的选秀女活动，由户部主管，每3年举行一次。选看的前一日，各旗的参领、领催等要事先排定车次，然后按顺序鱼贯而进。

每辆车上挑挂双灯，各有标志。傍晚发车，入夜经地安门至神武门外等候启门，再依次下车入宫。所乘车辆，即由神武门夹道出东华门，再由崇文门大街一直向北，绕道仍进地安门回到神武门，估计时间已是次日中午左右。

选看完毕的秀女，再按照既定次序退出神武门，登车各归其家。虽千百辆车，却井然不乱，所以人们称之为"排车"。

四神兽 在上古时代，古人把天分为东、西、南、北四宫，分别以青龙为东方之神；白虎为西方之神；朱雀为南方之神；玄武为北方之神，龟蛇合体。于是，青龙、白虎、朱雀、玄武便成为了镇守天宫的四神。据说，这四神是最令妖邪胆战心惊并且法力无边的神兽。

孝庄皇后

（1613—1688），蒙古科尔沁部贝勒寨桑之次女。清太宗爱新觉罗·皇太极之妃，孝端文皇后的侄女，顺治帝爱新觉罗·福临的生母。是史上有名的贤后，一生培育、辅佐顺治、康熙两代君主，是清初杰出的女政治家。

据说，在中国乾隆年间，选秀女时车马杂沓，先后凌乱，应选者各自争路，车不得进，不仅时有堕珥遗簪的旗女，而且有交通事故发生。自嘉庆间额驸丹巴多尔济提出上述车辆由神武门向东而西绕行的方法，人皆称便，秀女的车辆就不再因抢道而拥挤不堪了。

鉴于选看秀女时，这种车马辐辏、人员麇集的情况，1801年谕旨规定，应选当日，进宫的大臣官员不准走神武门，必须皆由东华门、西华门入内，就连王子也不准由神武门行走。

另外，神武门既是皇后妃嫔及选看秀女出入的主要宫门，所以在顺治初年，参与大政的孝庄皇后就颁有明谕：

有以缠足女子入宫者斩。

■ 北京故宫城墙

这道懿旨在早年便高悬在神武门内。清朝初期，

故宫城墙

满汉分别，极为严格。满族女子本是"天足"，缠足的只有汉族妇女，所以孝庄的谕旨，具体反映了清入关之始强烈的民族观念。

不过，这一切都已成为历史，故宫内现存的神武门正以其崭新的雄姿，作为故宫博物院的主要门户之一，迎接着海内外朋友。

阅读链接

在紫禁城的4个城门中，午门、神武门、西华门的门钉均为纵九横九，而只有东边的东华门门钉为纵九横八，这又是怎么回事呢？

在中国古代的阴阳五行学说中，东、西、南、北、中为五方，东属木，西属金，南属火，北属水，中属土。而相生相克的关系为：木生火，火生土，土生金，金生水，水生木；木克土，土克水，水克火，火克金，金克木。在故宫东、西、南、北、中方位系统中，南北轴线上是火生土、土克水的关系，即外生内、内克外。这样，生进克出为吉宅，而东西轴线是木克土、土生金的关系，即外克内、内生外，这样，克进生出则呈凶宅，而凶象中尤以木克土为甚。

为了辟凶化吉，中国古代建筑师运用阴阳五行相生相克的原理，将门钉数变为纵八横九，共72颗，即把木化为以偶数为主的阴木，因为木能克土，然而阴木未必能克阳土。而横行还是九路，又不失帝王之尊。

几毁几建的外朝三大殿

明成祖朱棣铜像

话说朱棣迁都北京城不久，有一天，城里来了一位非常古怪的客人。

说他古怪，那是因为他对阴阳八卦非常精通，善于用八卦预测没有发生的事情，而且他为人们预测的每一件事情也都变成了事实，因此，京城的人都称他为"神算子"。

这件事很快传到了帝王朱棣的耳朵里，此时，这位皇帝正为自己入住了辉煌的紫禁城而兴奋不已，他想，这人既然能够算出没有发生的事，那么何不让这位

"神算子"算一算这紫禁城的命运？于是，精通阴阳八卦的"神算子"被朱棣请入了紫禁城。

朱棣首先让"神算子"参观了紫禁城最豪华的外朝三大殿：奉天殿、华盖殿和谨身殿，并请这位"神算"预测一下这三大殿的未来。

朱棣满以为这"神算子"会奉承地对他说很多吉言，但让他没想到的是，这"神算子"看了看三大殿后，又是摇头又是叹气。最后，"神算子"遗憾地告诉朱棣，这豪华的三大殿将在第二年的春天被一场大火所烧毁。

这"神算子"的话一说出，立即把朱棣气了个半死，他马上把此人关了起来，想要等到第二年春天看一看此"神算子"预测的真实性。

让朱棣皇帝万万没有想到的是，第二年在三月底四月初时，三大殿被雷电击中，因此烧毁。

朱棣急忙去监狱寻找那个"神算子"，可是，这

■ 朱棣召见"神算子"的场景

建筑杰作
北京故宫

阴阳八卦 阴阳，用现在的介绍方法来说就是，两进制的数字计算模式。比如，磁带的磁性是正、负极的，光碟的光性也是两极的，这些都可成为阴阳。八卦，则是在二进制的基础上出现的更方便、更实用的十六进制计算方法。简单地说，就是古代高端数学代言词。

北京紫禁城内的建筑

"神算子"已经在狱中自杀了。

朱棣认为，这次大火是上天对他修建宫殿造成劳民伤财的惩罚，于是便不再对三大殿进行重建。此后，他就在奉天殿前面的奉天门办公直至驾崩。

那么，这紫禁城的三大殿为什么会被一场大火所毁呢？根据现在的科学推测得出，因为当时这三大殿修得非常高大，同时，当时的人们还不懂得运用避雷针避雷，所以才会遭到雷击。而那位"神算子"只是估计到了北京第二年春天的天气变化无常，才做出了三大殿的毁灭预测。

可怜这位高高在上的朱棣皇帝，到死都没有弄明白自己最得意的宫殿为何会毁于雷火。

关于这段历史，在现存的史书上，仅仅只用了一句话来做了说明："四月庚子，奉天、华盖、谨身三殿灾。"虽然朱棣不愿再去重建这三大殿了，但并不代表他的后代们不重建。

1436年，大明的政权传到了朱棣的重孙明英宗朱祁镇这个9岁的孩子手里。在他当上皇帝之后，他不但让人修建了京城的九门，还在5年后重修了紫禁城的三大殿。

这次的修建时间共用一年半左右，这三大殿修成后，明英宗为它们重新命名为皇极殿、中极殿和建极殿。后来，由于战争，这三大殿到大清朝成立时，再次变成了一片废墟。

1645年，清朝入关后的第一任皇帝顺治帝命人重修紫禁城的三大殿，并改殿名为太和殿、中和殿、保和殿，而且在匾额上也加了满文。

这三大殿修成后，至康熙年间，虽然它们再次遭到了雷火攻击，但凭着康熙大帝的英明神武以及当时国力的强大，很快，这三大殿又被修好，并做了很多防火和防雷的工作。这样一来，紫禁城的三大殿终于完整地保存至现在。

这三大殿在古代时，是皇帝的核心办公地点，也是皇帝们行使权力、举行盛典的地方。它们位于故宫的正门午门后面的奉天门，也就是后来被称为太和门的大门内。

这是故宫中的主要建筑，其高矮造型不同，屋顶形式也不同，显得丰富多样而不呆板。

其中，故宫内现存的太和门就是这三大殿的正门。门外两侧陈设着一对大铜狮，东面为雄性，前右爪踏一绣球；西面的为雌性，前左爪抚一幼狮。这种宫廷中的装饰既代表豪华，又象征皇帝的尊贵和威严。

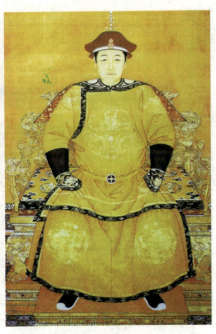

■ 顺治帝（1638—1661），是清爱新觉罗·皇太极太宗文皇帝的第九子。其母即孝庄文皇后。1643年2月承袭父位，时年6岁，由叔父睿亲王多尔衮及郑亲王济尔哈朗辅政。1644年改元顺治。9月自盛京迁都北京，是于顺治元年入关的清朝的第一位皇帝。14岁开始亲政。

在太和门内，便是占地面积为3万多平方米的三大殿宽敞的封闭式庭院。

位于紫禁城南北主轴线显要位置上的，便是被称为"东方三大殿"之一的太和殿。此殿是紫禁城内体量最大、等级最高的建筑物，也是中国现存最大的木结构大殿。

此殿面阔十一间，进深五间，长64米，宽37米，建筑面积2377平方米，高26.92米，连同台基通高35.05米。殿前有宽阔的平台，称为"丹陛"，俗称"月台"。

月台上，有一些皇帝举行典礼时焚烧檀香用的铜香炉，这些香炉一共有18只，代表当时清朝的18个省。

在太和殿殿外的左右两旁，还安放有作为贮水防火之用的4口铜缸，象征"金瓯无缺"。

古人把陈设在殿堂皇屋宇前的大缸，称为"门海"。门海者，盖门前大海之意，古人相信，门前有大海，就不会怕闹火灾了。因此，大缸又称为"吉祥缸"。

辉煌壮丽的皇宫王府

北京故宫太和殿

它既是陈设品，又是消防器材。在科学不发达的古代，宫中没有自来水，更没有消防器材。因此，缸内必须长年储满水以防火灾。

据说，这些大缸，在清代时就有308口，按其质量分类3种，即镏金铜缸、烧古铜缸和铁缸，其中，最珍贵的是镏金铜缸，直至现在，这些大缸仅剩4口。

在殿外台基东西两侧，还各放着一只铜制仙鹤和龟，是长寿的象征。在仙鹤和龟的旁边，还有一个由铅铸造成的器具叫"嘉量"。

■ 北京故宫太和殿里的铜制仙鹤

嘉量是清朝时量的标准器，表示皇帝公平处事，谁半斤，谁八两，心中自然有数。在这嘉量的对面，还有一个石头做成的器具叫日晷，是古代测时的仪器。皇帝的意思是：量和时的基准都在自己手里。

太和殿是五脊四坡大殿，从东到西有一条长脊，前后各有斜行垂脊两条，这样就构成五脊四坡的屋面，建筑术语上叫庑殿式。

檐角有10个走兽，分别为龙、凤、狮子、天马、海马、狻猊、押鱼、獬豸、斗牛、行什，是中国古建筑之特例。

太和殿是紫禁城中最大的殿宇，大殿内外饰以成千上万条金龙纹，屋脊角安设10个脊兽，在现存古建筑中仅此一例。

镏金 古代金属工艺装饰技法之一。亦称"涂金""镀金""度金"，是把金和水银合成的金汞剂，涂在铜器表层，加热使水银蒸发，使金牢固地附在铜器表面不剥落的技术。春秋战国时已经出现。汉代称"金涂"或"黄涂"，近代称"火镀金"。

■ 北京故宫太和殿
内景

和玺彩画 也叫
和玺，主要是用
于宫廷之内的建
筑上。和玺使用
有较多的讲究，
凡画这种彩画
者，在明间是上
蓝下绿，明间两
旁的次间、梢间
则上下互换分
配，次间上绿下
蓝，梢间又上蓝
下绿。画面中象
征皇权的龙凤纹
样占据主导地
位，构图严谨，
图案复杂，大面
积使用沥粉贴金，
花纹绚丽。

　　在中国古建筑的岔脊上，都装饰有一些小兽，这
些小兽排列有着严格的规定，按照建筑等级的高低而
有数量的不同，最多的是故宫太和殿上的装饰，共有
10个，这在中国宫殿建筑史上是独一无二的，显示了
至高无上的重要地位。

　　第一个饰物是一个骑凤仙人，相传原是南朝齐明
王，后修道升仙。仙人之后是10个小兽。

　　这些小兽的使用，是有严格的等级界限的，一般
最多使用9个走兽，只有太和殿才能十样齐全。中和
殿是7个、保和殿是9个。其他殿上的小兽按级递减。
天安门上也只是9个小兽。

　　太和殿殿前台阶三层五出，殿前后有门户40个，
金锁窗16个，整个大殿的装饰十分华丽。檐下施以密
集的斗拱，室内外梁枋上饰以级别最高的和玺彩画。
门窗上部嵌成菱花格纹，下部浮雕云龙图案，接榫处

安有镌刻龙纹的镏金铜叶。

在大殿正门上，还挂有"建极绥猷"的匾额，为乾隆皇帝御笔，为了保护文物，现存的匾额为复制品。

这太和殿也叫金銮殿，为什么这么叫呢？因为大殿内地面共铺约为0.67平方米的方形大金砖4718块。这些金砖铺在地上，平整如镜，光滑细腻，像是洒了一层水，发着幽暗的光。

那么，这些金砖真的含金吗？

其实，这些金砖并不是用黄金制成，而是在苏州特制的砖。其表面为淡黑、油润、光亮、不涩不滑。苏州一带土质好，烧工精，烧成之后达到敲起来有金石之声，所以称作"金砖"。

烧制这种砖的程序极为复杂，一块砖起码要烧制一年。每一块相当于60千克大米的价钱，可见金砖虽不含金，但也确实贵重。

南朝（420—589），是东晋之后建立于南方的四个朝代的总称。自420年东晋王朝灭亡之后，在南方先后出现了宋、齐、梁、陈四个朝代，而它们存在的时间都相对较短。其中最长的不过59年，最短的仅有23年，是中国历史上朝代更迭较快的一段时间。

■ 故宫太和殿龙椅

轩辕 　又名黄帝，轩辕有土德之瑞，尊称黄帝。　为中华民族始祖，人文初祖，中国远古时期部落联盟首领。他播百谷草木，大力发展生产，始制衣冠，建造舟车，创医学等。他以统一中华民族的伟绩而载入史册。

太和殿殿内共有72根大柱支撑其全部重量，其中，顶梁大柱最粗最高，直径为1.06米，高为12.7米。明代用的是采自川、广、云、贵等地的楠木，清代重建后，用的是采自东北三省的深山之中的松木。

殿内朝廷设有2米高的平台，上面摆放着6根雕龙金柱，沥粉贴金。在这些金柱中间，是一座雕有9条金龙的楠木宝座，又称"九龙金漆宝座"。

此宝座是1522年至1566年间制作的，通高1.7米，座高0.49米，座宽1.58米，纵0.79米，下层座长1.62米，宽0.99米，高0.21米。

宝座通体贴金，从上至下每层都装饰着祥龙纹。椅圈上，盘绕着9条形象生动的金龙，椅背正中是一条正龙，它昂首立于椅背的朝廷，后背盘金龙，中格浮雕云纹和火珠，下格透雕卷草纹。高束腰处四面开光，透雕双龙戏珠图案。

透孔处以蓝色绸缎彩地衬托，高束腰上下刻莲瓣纹托腮。中间束腰饰珠花，四面牙板及拱肩均浮雕卷草和兽头，椅面配金黄色绸缎坐垫，富丽堂皇，精美绝伦。

■ 北京故宫太和殿

鎏金漆云龙纹宝座上的雕龙具有明朝雕龙的特点，曾遭受到非常严重的破坏，后经故宫专家的全力修复，才恢复了它的本来面貌。

宝座前面有御案，左右有对称的宝象、角端、仙鹤等陈列品，以及焚香用的香炉、香筒。

■ 太和殿铜狮子

其中，宝象驮宝瓶内装五谷，象征太平景象、五谷丰登，以及国家的安定和政权的巩固。角端是中国古代神话传说中的一种神兽，可"日行一万八千里"，通晓四方语言，只有明君，它才捧书而至，护驾身旁。

宝座上方天花正中有一藻井，是从古代天井和天窗形式演变而来，为中国古代建筑的特色之一。主要设置在尊贵的建筑物上，有"神圣"之意。

在藻井朝廷部位，有一浮雕蟠龙，口衔一球，球为铜胎中空，外涂水银。此球叫"轩辕镜"。

传说是远古时代轩辕黄帝制造的，悬球与藻井蟠龙联在一起，构成游龙戏珠的形式，悬于帝王宝座上方，以示中国历代皇帝都是轩辕的子孙，是黄帝正统继承者。它使殿堂富丽堂皇，雍容华贵，并显示出坐上这个宝座的人是何等的尊贵。

此外，在太和殿的房梁之上，还有一件镇殿之宝，即5座神秘符牌。

藻井 中国特有的建筑结构和装饰手法。中国古代建筑对天花板的装饰很注意，常在天花板中最显眼的位置做一个或多角形，或圆形，或方形的凹陷部分，然后装修斗拱、描绘图案或雕刻花纹。藻井是中国建筑的民族风格在室内装饰上的重要造型手段之一。

■ 雍正帝（1678—1735），康熙第四子，是清朝入关后第三位皇帝，1722—1735年在位，年号雍正，死后葬清西陵之泰陵，庙号世宗。雍正在位时期，置"军机处"加强皇权，实行"火耗归公"与"打击贪腐"等一系列铁腕改革政策，对康乾盛世的连续具有关键性作用。

这5座符牌的供奉极有规律，以太和殿正中悬轩辕镜正上方的藻井平台朝廷所供符牌为中心，东西南北四方分别朝向正中各供奉一座。

由于此符牌雕刻着镇殿神符，所以这些神符又被称为"符板"。正朝廷的一块符牌高约0.37米，宽0.23米，以产于东北的高丽木所制，前置香炉、蜡台、灵芝。

符牌正面由上而下共分为4层，由佛教护持真言、神明和北斗七星图组成，背面由镇殿七十二符组成，可谓是一道镇殿灵符。

据清宫《造办处各作成做活计清档》中记载：1731年，雍正降旨在养心殿安黄铜符板一块，太和殿和乾清宫分别安木符板各一块。据此可知，此处符牌至少有一块应是1731年供奉在太和殿上的。

据说，1731年，正是雍正帝被病魔缠身，让道士为其治病之时。此牌上的佛教经咒中既有汉传佛教经典的经咒，又有藏传佛教的心咒和咒牌，显然是汉藏合一的形式。

很多人认为，太和殿平时是用于上朝的，其实不是。太和殿其实是用来举行各种典礼的场所，实际使用次数很少，明清皇帝上朝的地方主要在太和门或者皇帝召见大臣所在地乾清宫，还有清朝后期垂帘听政的养心殿，并不是平时所说的太和殿。

明清两朝24个皇帝都在太和殿举行盛大典礼，如皇帝登基即位、皇帝大婚、册立皇后、命将出征。

此外，每年万寿节、元旦、冬至三大节，皇帝都会在此接受文武官员的朝贺，并向王公大臣赐宴。清初，还曾在太和殿举行新进士的殿试，1789年开始，改在保和殿举行，但"传胪"仍在太和殿举行。

太和殿后面是故宫三大殿之一的中和殿，是皇帝去太和殿举行大典前，稍事休息和演习礼仪的地方。

这"中和"两字取自《礼记·中庸》"中也者，天下之本也；和也者，天下之道也"之意。为此，殿的正门上，还挂有乾隆御笔"允执厥中"匾。

《书·大禹谟》记载：

人心惟危，道心唯微，唯精唯一，允执厥中。

传胪 在中国古代的科举制度中，殿试以后由皇帝宣布登第进士名次的典礼。古代，上传语告下称为胪，传胪即唱名之意。明代称会试第一为会元，二三甲第一为传胪。至清则专称二甲第一名为传胪。

059

建筑杰作

北京故宫

■ 北京故宫中和殿内景

北京故宫中和殿匾额

辉煌壮丽的皇宫王府

槛墙 是建筑前檐或后檐木装修榻板下的墙体，两端的里外皮砌成八字柱门。做法：一是满用青砖"干摆"或"落堂式"；一是满用琉璃做贴面。其优点是坚固、卫生、美观。此外，在南方园林建筑中，在建筑窗下的木质槛墙处，往往置栏杆及护板，夏季除去护板即可通风。

此殿高27米，平面呈正方形，面阔、进深各为3间，四面出廊，金砖铺地，建筑面积为580平方米，它的面积是故宫三大殿中最小的。

大殿屋顶为黄琉璃瓦单檐四角攒尖顶，正中有镏金宝顶。四脊顶端聚成尖状，上安铜胎镏金球形的宝顶，建筑术语上叫"四角攒尖式"。

中和殿呈四面开门，正面三交六椀隔扇门12扇，东、北、西三面隔扇门各4扇，门前石阶东西各一出，南北3出，中间为浮雕云龙纹御路。

门两边为青砖槛墙，上置琐窗。殿内外檐均饰金龙和玺彩画，天花为沥粉贴金正面龙。殿内设地屏宝座。门窗的形制则取自《大戴礼记》所述的"明堂"，避免了三大殿的雷同。

殿内正中设有宝座，座前左右两侧有两只金质四腿独角异兽。它是想象中的一种神兽，传说日行9000千米，懂得四方语言，通晓远方之事。放在皇帝宝座两旁，寓意君主圣明，同时为烧檀香之用。

宝座两旁还放着两个肩舆，俗称"轿子"，是清代皇帝在宫廷内部使用的交通工具。帝后在什么场合乘坐什么轿子都有严格规定。肩舆是其中的一种。

在中和殿的平台两侧，还各放有一个铜熏炉，是用来生炭火取暖的。清代宫中烧用的是上好木炭，叫"红萝炭"。这种木炭气暖而耐烧，灰白而不爆。

在古代，皇帝在去太和殿之前先在此殿稍作停留，接受内阁大臣和礼部官员的行礼，然后进太和殿举行仪式。

另外，在每年春季的先农坛祭典时，皇帝都会先到中和殿阅读写有祭文的"祝版"，查看亲耕用的农具。在参与天坛、地坛、社稷坛、太庙的类似活动前，皇帝也会在这里阅读祭文。

在清代，各朝帝王每隔7年都会纂修一次皇家家谱。纂修工作完毕后就会在中和殿上举行仪式，送呈皇帝审阅。给皇太后上徽号时，皇帝也要到中和殿阅读拟好的奏折。有时，皇帝还会在这里召见官员或赐食。

故宫的保和殿位于中和殿之后，是故宫三大殿之一。此殿名典出"志不外驰，恬神守志"，意为神志专一，保持宇内和谐，才能福寿安乐，天下太平。

保和殿匾额有"皇建有极"匾，为乾隆御笔。典出：箕子《洪范》"皇建其有极"。此殿殿高29米，平面呈长方形，面阔9间，进深5间，建筑面积1240平方米。

黄琉璃瓦重檐歇山式屋顶。屋顶的正中有一条正脊，前后各有两条垂脊，在各条垂脊的下部再斜出一条岔脊。连同正脊、垂脊和岔脊共9条，建筑术语上叫"歇山式"。

上檐为单翘重昂七踩斗拱，下檐为重昂五踩斗拱。内外檐均为金龙和玺彩画，天花为沥粉贴金正面龙。六架天花梁彩画极其别致，与偏重丹红色的装修和陈

北京故宫中和殿皇帝宝座

清代科举考试图

辉煌壮丽的皇宫王府

设搭配协调，显得非常华贵富丽。

殿内金砖铺地，坐北向南设雕镂金漆宝座。东西两梢间为暖阁，安板门两扇，上加木质浮雕如意云龙浑金毗卢帽。建筑上采用了减柱造做法，将殿内前檐金柱减去六根，使空间宽敞舒适。

在保和殿后阶陛中间，有一块雕刻着云、龙、海水和山崖的御路石，人们称之为云龙石雕。这是紫禁城中最大的一块石雕，长16.57米，宽3.07米，厚1.7米，重为250吨。

此石雕原明代雕刻，清代乾隆时期又重新雕刻。图案是在山崖、海水和流云之中，有9条口戏宝珠的游龙，它们的形象动态十足，生机盎然。

这块石雕的石料产自京西房山大石窝，当时拖运了近一个月，才将这块石头运进京城。

此外，在太和、中和与保和三大殿所在的台基上，还有千余个石雕龙头，是一排排水头。

三殿台基面积约为2500平方米，由大块汉白玉石砌成。每层台基的周围都雕刻有须弥座。并且在须弥座上，还横置着大块的长方石条，名为"地袱"。

地袱之间立有望柱，并且望柱之间安设有栏板。在它们的下面，都凿有排水孔道。每个望柱下面伸出一个石雕龙头，整个"三台"，共有1142个龙头。

除每层台基折角的角顶伸出的龙头外，其他龙头的两唇之间都钻有圆孔，与望柱底下的孔道相通。由于台面的设计是中间高于周边，每当雨天，落在"三台"台面上的雨水自然就都流向地势低的四周，于是便从龙口中排出，形成"千龙吐水"的奇观。

保和殿在明清两代用途均有不同，明代大典前皇帝常在此更衣，册立皇后、太子时，皇帝在此殿受贺。清代每年除夕、正月十五，皇帝在此殿赐宴外藩、王公及一二品大臣，场面十分壮观。

赐额驸之父、官职家属宴及每科殿试等均于保和殿举行。每岁终，宗人府、吏部在保和殿填写宗室满、蒙、汉军以及各省汉职外藩世职黄册。

1646年至1656年，顺治帝福临曾居住保和殿，时称"位育宫"，他的大婚也在此举行。1669年也居在

建筑杰作

北京故宫

吏部 是中国古代官署。掌管全国官吏的任免、考核、升降、调动等事务。西汉尚书有常侍曹，主管丞相，御史，公卿之事。东汉改尚书常侍曹为吏曹，又改为选部，魏晋以后称吏部，置尚书等官。隋唐列为六部之首。长官为吏部尚书，副长官称侍郎。历代相沿。

■ 藏于故宫博物院的科举试卷

探花 是中国古代科举考试中对位列第三的举子的称谓。与第一名状元，第二名榜眼合称为"三鼎甲"。在唐代的科举时就已经出现。探花作为第三名的代称确立于北宋晚期。时至今日，"探花"的称呼仍历久不衰。探花就是一甲及第，是十分难得的荣誉。

保和殿，时称"清宁宫"。清朝的两位皇帝居保和殿时，皆以暂居而改称殿名。

1789年，科举考试时举行的殿试地点由太和殿移到保和殿。

殿试是封建科举制度最高一级考试，由皇帝亲自命题，指定大臣问卷，皇帝还要亲自阅看卷子。

考取第一名的为状元，第二名叫榜眼，第三名称探花，高中者均被赐予进士及第并委以高官。

在举行殿试这天，捧题官及内阁官由内阁经中左门至保和殿，将皇帝钦命之题陈于殿内东旁黄案上。新贡士由鸿胪寺官引导至丹陛两旁排列，按会试中所中名次，单数者列东，双数者列西。

皇帝御殿，作乐鸣鞭，众贡士和王公大臣皆向皇帝行三叩九拜礼。礼毕，皇帝回宫，礼部官员散题，贡士跪受，然后入殿，在殿内两旁试桌答卷。考毕交卷之后，首页由弥封官折叠成筒，密封后加盖关防。其余卷面、卷背及骑缝之处，则加盖礼部之章。

考卷由皇帝任命的8名读卷官评阅。读卷大臣认为答得好的卷子，就在上面画一个圈，最佳试卷就画

北京故宫保和殿

8个圈。试卷以画圈多少排名次。

农历五月二十五，是公布考试结果的日子。新科进士们由午门进入太和殿广场向皇帝行礼，随后，出宫。这时，顺天府尹已为状元准备好伞盖仪仗，给状元披上红带，戴上大红花，并向状元、榜眼、探花各敬酒一杯，扶状元上马，送状元回府第。第二天，礼部设宴款待新科进士们，称为"恩荣宴"或"鹿鸣宴"。

北京故宫里的科举匾额

中国最后一次殿试是1904年，共取过进士150人。从此以后，在中国推行了1000余年的封建科举制度最终被废除了。

阅读链接

在太和殿前，还有一个面积达3万平方米的巨大广场。整个广场无一草一木，空旷宁静，给人以森严肃穆的感觉。正中为御路，左右地面铺的砖横七竖八，共15层，以防有人挖地道进入皇宫。

那么，在皇宫内为什么要建这么大的广场呢？

那是为了让人们感觉到太和殿的雄伟壮观。站在下面向前望去：蓝天之下，黄瓦生辉。层层石台，如同白云，加上香烟缭绕，整个太和殿好像天上仙境一样。

举行大典时，殿内的珐琅仙鹤盘上点上蜡烛，香亭、香炉烧檀香，露台上的铜炉、龟、鹤燃松柏枝，殿前两侧香烟缭绕，全场鸦雀无声。皇帝登上宝座时，鼓乐齐鸣，文武大臣跪伏在广场，仰望着云中楼阁山呼万岁，以显示皇帝无上权威与尊严。

以文华殿为首的两翼各殿

1521年，明朝的第十位皇帝明武宗朱厚照驾崩。由于这位皇帝是单传，他死时又没有留下子嗣，为此，他的母亲张太后与首辅杨廷和经过商议，决定让武宗的堂弟朱厚熜继位。

这位朱厚熜此时只有15岁，住在湖广的安陆，也就是后来的湖北钟祥地区。

朱厚熜接到张太后的懿旨，立即从湖北赶到北京城。由于他尚未登基，大臣们便要求他从东安门进入紫禁城，并在外朝三大殿的东翼殿堂文华殿内居住。

■ 朱厚照（1491—1521），明朝第十位皇帝，在位16年。他一生贪杯、好色、尚兵、无赖，所行之事多荒谬不经，为世人所非议。有人认为他荒淫暴戾、怪诞无耻，是少见的无道昏君。也有人认为他追求个性解放，是极具个性的皇帝。总之，武宗富有戏剧性的一生是难以用只言片语概括的。

朱厚熜住进文华殿以后，感到非常的不满意，这是为什么呢？

原来，这个文华殿一直是明朝太子们居住的地方，而朱厚熜是来紫禁城里做皇帝的，他对这样的安排当然不能满意。

朱厚熜一生气，便拒绝登基，坐上皇帝的宝座。这可急坏了太后和大臣们，因为他们是商议了很久才决定立朱厚熜继承皇位的，更何况，"国不可一日无君"。

于是，大家在这位倔强的少年面前败下阵来，终于同意等朱厚熜正式登基后，便可从文华殿内搬出。

这年农历五月二十七，朱厚熜正式登基，年号嘉靖，也就是后来的明英宗。

在这位皇帝登基的第二天，他便正式进入奉天殿内居住，享受皇帝的待遇规格。

1536年，朱厚熜将文华殿改为皇帝的便殿，用于自己学习时使用。

农历 是中国长时期采用的一种传统历法，以朔望的周期来为定月，用置闰的办法使年的平均长度接近太阳回归年，因这种历法安排了二十四节气以指导农业生产活动，所以称为农历，又叫中历、夏历，俗称阴历。

建筑杰作

北京故宫

■ 故宫文华殿

三交六椀 是清代宫殿建筑门窗榻心花纹装饰之一。它由3根棂子交叉相接,相交点以竹或木钉固定装饰成花心。正交法各夹角均为60度,斜交法中线偏30度相交,可以组成圆形、菱形、三角形等多种图案,形式非常丰富,是中国古建筑外檐装修中的高等级形式。

这座文华殿后来在明末年间毁于战火,至清康熙年才重建起来,故宫内现存的文华殿便是康熙时期流传下来的古迹。

此殿于故宫外朝中轴线的东部,与西面的武英殿形成呼应,一文一武,东西辅翼,护卫着朝廷的外朝三大殿殿区。

故宫内现存的文华殿区是由文华门、前后殿和东西配殿组成的一个独立院落,这里已经辟为故宫博物院陶瓷馆,曾举办过大量陶瓷专题展览。

文华殿主殿为"工"字形平面。前殿即文华殿,南向,面阔五间,进深三间,黄琉璃瓦歇山顶。明间开六扇三交六椀菱花槅扇门,次间、梢间均为槛窗,各开四扇三交六椀菱花隔扇窗。东西山墙各开一方窗。殿前出月台,有甬路直通文华门。

后殿为主敬殿,规制与文华殿略似而进深稍浅。前后殿间以穿廊相连。东西配殿分别是本仁殿、集义殿。

文华殿在建筑布局上,是三大殿的右翼,在功能上,则是外朝三大殿的补充。文华殿前有文华门,后有主敬殿,东西向有配殿。东侧还有跨院称传心殿,是"经筵"前祭祀孔子的地方。院内有一

■ 北京故宫月华门匾额

井名叫大庖井，井水甘甜，名冠京华。

明清两朝，每岁春秋仲月，都要在文华殿举行经筵之礼。清代以大学士、尚书、左都御史、侍郎等人充当经筵讲官，满汉各8人。

每年以满汉各两人分讲"经""书"，皇帝本人则撰写御论，阐发心得，礼毕，赐茶赐座。明清两朝殿试阅卷也在文华殿进行。

明代设有"文华殿大学士"一职，以辅导太子读书。清代逐渐演化形成"三殿三阁"的内阁制度。文华殿大学士的职掌变为辅助皇帝管理政务，统辖百官，权限较明代大为扩展。

当然，作为故宫外朝三大殿的两翼建筑，不仅仅只有文华殿建筑群，在三大殿的东翼还有文渊阁、上驷院、南三所，西翼除了武英殿外，还有内务府等众多的建筑。

■ 北京故宫文华殿正面

穿廊 是指明末的建筑。主要是指将两座建筑物从中间联系起来的廊房。它是厅堂和居室房间的补充，起着内外空间过渡的作用。中国古代北京官府中四合字的通廊常给人以"庭院深深深几许"的感受，就是因为运用了穿廊的格局。

辉
煌
壮
丽
的
皇
宫
王
府

■《四库全书》书影

倒挂楣子 是用于有廊建筑外侧或游廊柱间上部的一种装修，主要起装饰作用。均透空，使建筑立面层次更为丰富。有倒挂楣和坐凳楣子。倒挂楣子安装于檐枋下，楣子下面两端须加透雕的花牙子。坐凳楣子安装于靠近地面部位，楣子上加坐凳板，供人小坐休憩。

　　其中，文渊阁位于故宫东华门内文华殿后。文渊阁坐北面南，阁制仿浙江宁波范氏天一阁构置。外观为上下两层，腰檐之处设有暗层，面阔6间，西尽间设楼梯连通上下。

　　两山墙青砖砌筑直至屋顶，简洁素雅。黑色琉璃瓦顶，绿色琉璃瓦剪边，喻义黑色主水，以水压火，以保护阁内收藏的书籍。

　　阁的前廊设回纹栏杆，檐下倒挂楣子，加之绿色檐柱，清新悦目的苏式彩画，更具园林建筑风格。阁前凿一方池，引金水河水流入，池上架一石桥，石桥和池子四周栏板都雕有水生动物图案，灵秀精美。

　　阁后湖石堆砌成山，势如屏障，其间植以松柏，历时200余年，苍劲挺拔，郁郁葱葱。

　　阁的东侧建有一座碑亭，盝顶黄琉璃瓦，造型独特。亭内立石碑一通，正面镌刻有乾隆皇帝撰写的《文渊阁记》，背面刻有文渊阁赐宴御制诗。

故宫内现存的文渊阁是皇家收藏《四库全书》的图书馆。

《四库全书》是一部汇集历代典籍精粹、囊括传统文化精华的历史上最大规模的丛书，乾隆帝专门为建造在宫廷禁地和皇家园囿的4座藏书阁命名。

除宫中的文渊阁沿袭明代之称外，另三部分别藏于文源阁、文津阁、文溯阁，四阁又称"北四阁"。后又抄三部藏于文宗阁、文汇阁、文澜阁，称"南三阁"。也就是说，以文渊阁为代表的内廷四阁之名，皆取法天一阁，体现了以水克火的理念。

外朝三大殿的东翼建筑南三所位于外朝东路文华殿东北，为一组殿宇的总称。在明朝时，这一带有端敬殿、端本宫，为太子所居。

其中，原有殿名"撷芳殿"，清康熙年间太子胤礽之宫人于此居住。1746年，在撷芳殿原址兴建3座

胤礽（1674—1725），清圣祖玄烨第七子，母为仁孝皇后赫舍里氏。除康熙早殇诸皇子外序齿为皇次子。因其胞兄、嫡长子承祜很小便夭折，所以在胤礽刚满周岁时即被确立为皇太子。他是清代历史上唯一的、也是中国历史上最后一位明立的皇太子。历经两立两废，最终以幽死禁宫收场，被追封为亲王。

071

建筑杰作

北京故宫

■ 北京故宫文渊阁

辉煌壮丽的皇宫王府

■ 紫禁城角楼

院落，作为皇子居所。

　　因其位在宁寿宫以南，故又称"南三所"，也称"阿哥所"或"所儿"，嘉庆朝以后多以"撷芳殿"代称整组建筑。

　　清代的皇子们，只有在幼年的时候可以居住在东西六宫享受父母之爱。到了10岁，就要迁出后宫，暂居紫禁城内廷两翼的毓庆宫或更为偏远的"南三所"，受封亲王后便彻底迁出紫禁城，到父皇赏赐的王府居住。

　　南三所共用宫门一座，面阔三间，进深一间，绿琉璃瓦歇山顶，当中开门，内外设有慢道。门内有一东西窄长的小广场，广场北侧自东向西依次排列三所，每所皆为前后三进。

　　南三所的形制完全相同：南端有琉璃门一座，前殿面阔三间，中殿、后殿皆面阔五间，绿琉璃瓦硬山

慢道 也称"马道"，用砖或石砌成的斜面为锯齿形的升降道，多用于通向城墙顶部的坡道或大门外，以利车马通行。

顶。殿前都有东西配殿各3间,中殿前有井亭一座。

此外,还有耳房、顺山房、值房、膳房、净房等殿宇。整个南三所共有房200余间。后来,三所又各添盖后罩房一座,黑琉璃瓦顶。

南三所位在紫禁城东部,按阴阳五行之说,东方属木,青色,主生长,故屋顶多覆绿琉璃瓦,并安排皇子在此居住。

同时,依封建礼制,南三所建筑的屋顶皆为单檐硬山顶或歇山顶,形制较皇帝所用的殿宇等级稍逊。

南三所建成后,嘉庆皇帝颙琰曾于乾隆四十年至六十年在中所居住,乾隆六十年受封太子后移居毓庆宫。嘉庆年间,皇子幼年时先住在毓庆宫,成婚后移居南三所。

此后,道光皇帝、咸丰皇帝都曾在此居住。宣统年间,这里曾作为摄政王载沣的起居所。

南三所不是某一建筑的名称,而是清宫皇子固定

琉璃 亦作"瑠璃",是指用各种颜色的人造水晶为原料,采用古代的青铜脱蜡铸造法高温脱蜡而成的水晶作品。其色彩流云满彩、精美华丽;其品质晶莹剔透、光彩夺目。琉璃是佛教"七宝"之一、"中国五大名器"之首。中国琉璃生产历史悠久,最早的文字记载可以追溯到唐代。

建筑杰作

北京故宫

■ 北京故宫建筑

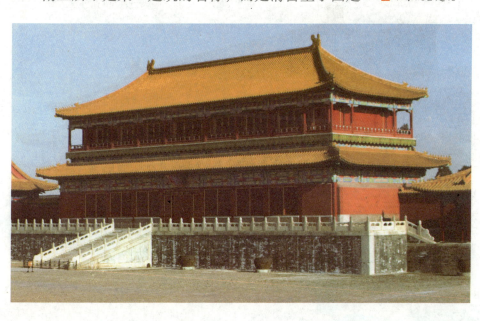

住所的俗称，还包括乾东五所、乾西五所几处。一般来说，皇子成婚封爵之后就要开府，迁出阿哥所，但也有成婚封爵之后仍留在"阿哥所"居住的。

乾东五所在乾清宫之东、千婴门之北。实际上是指五座南向的院落，自西向东分别称东头所、东二所、东三所、东四所、东五所。此区域在明代时就成为皇子的居住之处。乾、嘉、道三朝的多数皇子都曾居住在这里。

乾西五所位于乾清宫之西、百子门之北。与乾东五所一样也称"头所""二所"等。雍正以前的皇子多居于此。乾隆即位后，这里因是"潜龙邸"，乾西五所升格为重华宫、建福宫、敬胜斋等，不再居住皇子。

总的来说，外朝三大殿的东翼建筑南三所实质上就是锻炼皇子尽早自立的地方，具有育人功能。

故宫外朝三大殿的西翼武英殿是外朝中的一个偏殿，位于外朝午门以西，与文华殿相对称，体制相同。不同之处是内金水河从武英殿

北京故宫建筑

门前东流，文华殿则从殿后文渊阁前东流。两殿额名似是文华谈文、武英论武，而实际并不如此。

明代初年皇帝曾以武英殿作为斋戒之所，皇后也曾在此接受命妇的朝贺。但更多的时间是在这里从事文化活动。如皇帝经常召集内阁中书衔的官员中能写善画者在这里编书绘画。

现存的武英殿建筑群落成于明永乐年间，占地约1.2万平方米，主要建筑60余间，6500多平方米。建筑群为前后两重，由武英门、武英殿、敬思殿、凝道殿、焕章殿、恒寿斋、浴德堂诸殿堂以及左右廊房63楹组成。

正殿武英殿南向，面阔五间，进深三间，黄琉璃瓦歇山顶。

须弥座围以汉白玉石栏，前出月台，有甬路直通武英门。

后殿敬思殿与武英殿形制略似，前后殿间以穿廊相连。东西配殿分别是凝道殿、焕章殿，左右共有廊

歇山顶 歇山式屋顶，宋朝称九脊殿、曹殿或厦两头造，清朝改今称，又名九脊顶，为中国古建筑屋顶样式之一，在规格上仅次于庑殿顶。歇山顶共有9条屋脊，即一条正脊、4条垂脊和4条戗脊，因此又称九脊顶。由于其正脊两端到屋檐处中间折断了一次，分为垂脊和戗脊，好像"歇"了一歇，故名歇山顶。

房63间。院落东北有恒寿斋，西北为浴德堂。

同时，武英殿在清代时，还是宫廷的修书之所，是皇室文化事业的核心。在这里修书、编书、校书最多时有上千人。

现存的武英殿正殿书画馆中，既有晋唐宋元的稀世孤本，也有明清各个画派名家的代表作品，可以清晰、系统地反映中国古代书法与绘画艺术发展的脉络，能使人感受经典，分享中国书画艺术的精美绝伦，同时也展示了中华传统文化的博大精深。

武英殿东西配房的典籍馆，多角度展示了清宫廷收藏的大量古籍善本、相关器物、书画等等。

在武英殿展出的书画作品有《洛神赋图》《平复帖》《游春图》《步辇图》《韩熙载夜宴图》《清明上河图》《新岁展庆帖》《诗送四十九侄帖》等。

外朝三大殿的西翼内务府是清朝管理宫廷事务的机构，为清代特有，始设于顺治初年。故宫内现存的内务府建筑群已不复存在。

辉煌壮丽的皇宫王府

阅读链接

在清代，论嫡庶，生下来的如果是男孩，刚坠地，即由保姆把持交给奶妈之手。配与保姆、乳母、针线上人、浆洗上人、灯火上人、锅灶上人。直至断奶，增加谙达，教授语言、饮食、行走等礼节。

6岁时，随众站班当差，教之上学，黎明即起，穿衣戴帽进入乾清门，混杂在诸王队列中，在御前站立；12岁教授满语；14岁教授弓矢骑射；16岁至18岁该结婚了，如果父皇在位，则住在青宫，俗称"阿哥所"。若父皇驾崩，即与他的亲生母亲分府而居，如果其母亲是皇后则例外对待。

为此，清代的皇子们很多都是在南三所内长大的。

嘉靖帝为母亲建慈宁宫

  1521年农历五月的最后一天，是嘉靖帝登基后的第三天。在这一天，嘉靖帝下旨将自己的母亲蒋氏从湖北接到了北京。

  原来，嘉靖帝的父亲兴献王朱祐杬早在两年前就已去世了，他的哥哥也在早年夭折，所以，在当上皇帝前，嘉靖一直和自己的母亲相依为命。

  嘉靖帝是一个孝顺的皇帝，当他当上皇帝以后，他当然也希望自己的母亲能够当上皇太后。可是，现在的皇宫中还住着那位张太后呢，嘉靖帝的母亲来了，

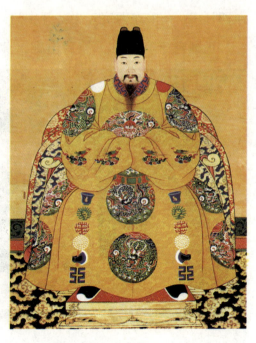

■ 朱祐杬（1476—1519），明宪宗第四子，生母宸妃邵氏。1487年7月30日受封兴王。他的儿子朱厚熜当上皇帝以后，加封他为兴献帝，庙号睿宗。之后，他的陵墓也相应按帝陵规制升级改建，即后来的明显陵。

又应该住在哪里呢？

在这种情况下，嘉靖帝决定为自己的母亲在紫禁城内重新修建一座漂亮的宫殿。

不过，由于这时明英宗刚登基不久，支持他的大臣又不多，所以他的这项计划直至10多年后才得以实现。

1536年，明英宗终于派人为自己的母亲在紫禁城的内廷西部，修建起了一座崭新的宫殿，此殿便是后来的慈宁宫。

这座宫殿是在紫禁城原来的仁寿宫故址上建成的，位于故宫内廷外西路隆宗门西侧。此宫殿修成后，在明万历年间遭到雷火被毁，现存的建筑是清顺治年间重修的。

现存的慈宁宫建筑群由慈宁门、慈宁宫、大佛堂、徽音左门和徽音右门等组成，建筑群大门前有一东西向狭长的广场，两端分别是永康左门、永康右门，南侧为长信门。

慈宁门位于广场北侧，内有高台甬道与正殿慈宁宫相通。院内东西两侧为廊庑，折向南与慈宁门相接，北向直抵后寝殿，即大佛堂之东西耳房。前院东西庑正中各开一门，东曰徽音左门，西曰徽音右门。

正殿慈宁宫居中，前后出廊，黄琉璃瓦重檐歇山顶。此殿面阔7

辉煌壮丽的皇宫王府

北京故宫仁寿宫

■ 北京故宫壮景

间，当中5间各开4扇双交四椀菱花隔扇门。两梢间为砖砌坎墙，各开4扇双交四椀菱花隔扇窗。

殿前出月台，正面出三阶，左右各出一阶，台上陈镏金铜香炉4座。东西两山设卡墙，各开垂花门，可通后院。

再说明英宗为母亲修成慈宁宫后，他的母亲蒋太后在此宫殿内住了两年便过世了。此后，慈宁宫一直作为归天老皇帝的妃嫔们入住。

1653年，清代的孝庄文皇后开始居住在慈宁宫，自此，这里成为太皇太后和皇太后的住所，以及太妃等人的随居。

清朝的前期和中期是慈宁宫的兴盛时期，当时的孝庄文皇后、孝圣宪皇后都先后在这里居住过。顺治、康熙、乾隆三帝以孝出名，为此，慈宁宫经常举行为太后庆寿的大典。

不过，在道光之后，随着清王朝走向没落，国库

双交四椀菱花隔扇 又称格门，是由立向的边挺和横向的抹头组成木构框架。抹头又将隔扇分成隔心、绦环板和裙板三部分。隔心是最主要的部分，占整个隔扇高度的五分之三，由棂条拼成各种图案。棂条分内外两层，中间糊纸、夹纱或安装玻璃。室内的隔扇多采用夹纱做法。

故宫内古树

空虚，当时的孝和睿皇后不得不缩减宫中开支，慈宁宫才逐渐失却往日的辉煌。

此外，慈宁宫主要还是为太后举行重大典礼的殿堂，凡遇皇太后圣寿节、上徽号、进册宝、公主下嫁，均在此处举行庆贺仪式。

特别是太后寿辰时，皇帝亲自率众行礼，并与近支皇戚一同彩衣起舞，礼节十分隆重。

阅读链接

在清代，慈宁宫曾经出现过一段有趣的景象，就是这里成了太后们不敢住的太后宫，这是为什么呢？

原来，清代最有影响的女性之一孝庄皇太后曾在慈宁宫居住至去世。此后的太后、太妃们都觉得自己的身份有点"压"不住这座令人敬畏的太后宫。

孝庄在清代早期威望极高。康熙皇帝极为孝敬自己的祖母，孝庄得病时，这位不信神的皇帝曾祈求上天，让自己减寿换得祖母康复。

孝庄75岁时去世，康熙悲痛欲绝，将棺椁停放于慈宁宫，并想就此将慈宁宫改为孝庄停灵的享殿，只是被众多大臣劝阻，认为没有这样的规制，最终只好作罢。但慈宁宫此后毕竟是鲜有人敢住了。

明英宗为改卦象始建交泰殿

话说，在明英宗嘉靖帝当皇帝期间，他不仅为自己的母亲建成了慈宁宫，还在紫禁城的内廷建成了后三宫之一的交泰殿。

说起这个交泰殿，按照中国古代的风水来说，这座大殿建在紫禁城后廷其实是破坏风水的，为什么这么说呢？因为在交泰殿没有建立

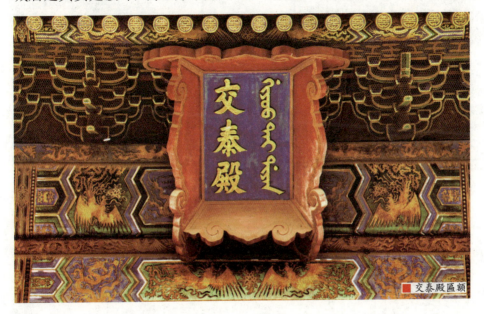

■ 交泰殿匾额

道教 是中国固有的一种宗教，创立于东汉时期，创始人东汉沛国丰邑人张道陵。道教以"道"为最高信仰，以神仙信仰为核心内容，追求自然和谐、国家太平、社会安定、家庭和睦，反映了人们的宗教意识、性格心理和精神生活，是中华民族的精神家园。

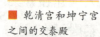
■ 乾清宫和坤宁宫之间的交泰殿

之前，紫禁城的建筑规划完全是按照古代风水学说布局的，城内的前朝都是属阳的，后宫是属阴的。

为此，当时的前朝由以阳数为主的太和殿、中和殿和保和殿等三大殿组成，而后宫则由以偶数为主的乾清宫和坤宁宫两大殿组成。

那么，嘉靖帝又为什么偏偏在乾清宫和坤宁宫之间建成这座交泰殿？据说，这和当时明皇帝信仰道教有关。因为，这位明英宗在中年以后，希望自己长生不老，为此，他崇奉道教。

如果按照道教的周易八卦来说。乾在上坤在下是为否卦。而坤在上乾在下则为泰卦。根据这个卦象，明英宗发现，紫禁城内的乾清宫在前而坤宁宫在后正好是否卦，这在易经八八六十四卦中，否卦是最不好的卦之一。

这样一来，明英宗当然就想把这个否卦纠正过来，怎么办呢？又不能把乾清宫和坤宁宫两座宫殿建

■ 故宫交泰殿内景

筑搬家换位，所以明英宗最后便在乾清宫和坤宁宫之间硬加了一座宫殿进来，这便是交泰殿的来历。这座大殿建成后，由于改变了紫禁城的总体风水，嘉靖帝又把北京城的所有坛庙重新按规制重建了一遍，外城也加了半圈，这样一来，紫禁城就显得更加大了。

与此同时，交泰殿建成后，紫禁城的后廷两宫便变成了后廷三宫。

交泰殿殿名取《易经》中"乾坤交泰"之意而得。故宫内的现存建筑为清嘉庆年间重修。这里是皇帝和后妃们起居生活的地方。

此殿平面为方形，面阔、进深各三间，黄琉璃瓦四角攒尖镏金宝顶，建筑规模小于中和殿。屋顶为单檐四角攒尖顶，铜镀金宝顶，黄琉璃瓦，双昂五踩斗拱，梁枋饰龙凤和玺彩画。

四面明间开门，三交六椀菱花，龙凤裙板隔扇门

《易经》 也称《周易》或《易》，是中国传统思想文化中自然哲学与伦理实践的根源，是中国最古老的占卜术原著，对中国文化产生了巨大的影响。据说是由伏羲氏与周文王根据《河图》《洛书》演绎并加以总结概括而来。

宫殿监 全称为宫殿监办事处，又名敬事房，是皇宫内宦官组织的单位名称。隶属内务府，掌奉行谕旨及内务府文书，管理宫内事务及礼节，收核外库钱粮，甄别调补宦官，并巡查各门启闭、火烛关防。有总管、副总管，皆由宦官充任。

各4扇，南面次间为槛窗，其余三面次间均为墙。

殿中设有宝座，上悬康熙帝御书"无为"匾，两旁红柱上有一副对联：

恒久咸和，迓天休而滋至

关雎麟趾，主王化之始基

宝座后有4扇屏风，上有乾隆御笔《交泰殿铭》。殿顶内正中为盘龙衔珠藻井，地面铺金砖。

在此殿内东次间有一铜壶滴漏，也可称为漏壶，是中国古代的计时器。早在3000年前，中国古代人就发明了用水滴漏的计时方法。

■ 北京故宫交泰殿北侧面

陈列在交泰殿的铜壶滴漏，是1745年制造的，这是中国保存至今仍然完好的漏壶。据说，此漏壶在乾隆年后就已不再使用。

在交泰殿内西次间一侧，还有一座自鸣钟，是中国现存最大的古代座钟。

此钟是嘉庆三年制造的，皇宫里的时间都以此为准。其外壳是仿中国的楼阁式塔形的木柜，通高约为6米，共分上中下3层。

钟楼背面有一小阶梯，

■ 清代双龙钮玉玺

登上阶梯，可以给自鸣钟上弦。自鸣钟走动后，可按时自动打点报刻。到现在为止，这座自鸣钟已经历过200个年头，却仍能正常准确地走动，打点报刻时，声音清脆洪亮。由此可见它的制造工艺非常精良。

此外，在此殿内，还有25方象征皇帝行使权力的玉玺，这些玉玺由内阁掌握，由宫殿监的监正管理，用时须请示皇帝，经许可后方可使用。

这些玉玺是1748年制造的，每方宝玺都有各自的用途。其中，"皇帝之宝"用于颁发诏书、录取进士时公布皇榜；"制法之宝"和"命德之宝"用于谕旨臣僚和奖励官吏；"制驭六师之宝"用于军事。宝玺置于宝盒内，上面覆盖着黄绫。盒仍按原来的位置陈设在交泰殿。

交泰殿为皇后千秋节受庆贺礼的地方，是皇后生日时接受庆贺礼的地方。每年正月，由钦天监选择吉日吉时，设案开封陈宝，皇帝来此拈香行礼。

玉玺 是指皇帝经常所用的玉印。"玉玺"一词，最早由秦始皇提出，他规定只有皇帝使用的大印才能称为玉玺。中国人用印信来表示信用，始于周朝。至秦朝，才有玺和印之分，皇帝用的印叫"玺"，而臣民所用只能称之为"印"。

■ 建筑馆交泰殿外景

清世祖鉴于明代宦官专权的教训，规定宦官不得干预朝政，所立"内宫不许干预政事"的铁牌曾立于此殿。皇帝大婚时，皇后的册立、宝安设殿内左右案上。此外，在每年的春季祀先蚕，皇后还要先一日在交泰殿查阅采桑的用具。

辉煌壮丽的皇宫王府

阅读链接

据说，交泰殿中的清代宝玺本来有29种，1746年，乾隆帝根据《周易·大衍》中《天数二十有五》的记载，希望清朝也能传至第二十五世，因而钦定宝玺为25种，后世就称这25方印章为"二十五宝"。

"二十五宝"的内容及排列顺序是："大清受命之宝""皇帝奉天之宝""大清嗣天子宝"、满文"皇帝之宝"、檀香木"皇帝之宝""天子之宝""皇帝尊亲之宝""皇帝亲亲之宝""皇帝行宝""皇帝信宝""天子行宝""天子信宝""敬天勤民之宝""制诰之宝""命之宝""垂训之宝""命德之宝""钦文之玺""表章经史之宝""巡狩天下之宝""讨罪安民之宝""制驭六师之宝""正万邦之宝""正万民之宝""广运之宝"。这二十五宝集合在一起，代表了皇帝行使国家最高权力的各个方面。

用于帝王大婚之所的坤宁宫

1665年农历九月初八。这一天，紫禁城内的各个大殿门檐内侧，都挂起了漂亮的大红灯笼，大殿正门的木柱上，还挂着很多条红绸带，大门的窗棂上，整齐地贴着红艳艳的喜字。

这是怎么回事呢？

原来，这一天是清朝迁都北京后的第二任皇帝康熙帝大喜的日

北京故宫坤宁宫屋脊

坤宁宫匾额

辉煌壮丽的皇宫王府

匾额 是古建筑的必然组成部分，相当于古建筑的眼睛。匾额中的"匾"字古代作"扁"字。主要是悬挂于门屏上，以作装饰之用，反映建筑物的名称和性质，表达人们义理、情感之类的文学艺术形式即为匾额。但也有一种说法认为，横着的叫匾，竖着的叫额。

子，在这一天，他将要和内大臣噶布拉的女儿，摄政大臣索尼的孙女赫舍里氏结为夫妻。

康熙帝的新房设在紫禁城内廷后三宫坤宁宫东端的两间房子里。这两间房子也称为东暖阁。

故宫内现存的坤宁宫在内廷三宫的最后面位置，它和嘉靖年间修建的文泰殿，以及乾清宫共同组成了故宫的内廷后三宫。

坤宁宫是明清两代皇后的中宫。明代皇帝住在乾清宫，所以坤宁宫便是皇后的正寝宫殿。

此殿始建于1420年，1514年、1596年两次毁于火灾，1605年重建。现存的建筑重修于顺治年间。

乾清宫代表阳性，坤宁宫代表阴性，以表示阴阳结合，天地合璧之意。

坤宁宫坐北朝南，面阔连廊9间，进深3间，黄琉璃瓦重檐庑殿顶，明代是皇后的寝宫。清代改建后，为萨满教祭神的主要场所。

此殿仿盛京清宁宫，改原明间开门为东次间开门，原隔扇门改为双扇板门，其余各间的棂花隔扇窗均改为直棂吊搭式窗。室内东侧两间隔出为暖阁，作为居住的寝室，门的西侧四间设南、北、西三面炕，作为祭神的场所。

与门相对后檐设锅灶，作为杀牲煮肉之用。由于是皇家所用，灶间设棂花扇门，浑金毗卢罩，装饰考究华丽。

坤宁宫的东端两间是皇帝大婚时的洞房。房内墙壁饰以红漆，顶棚高悬双喜宫灯。洞房有东、西两门，西门里和东门外的木影壁内外，都饰以金漆双喜大字，有出门见喜之意。

洞房西北角设龙凤喜床，床铺前挂的帐子和床铺上放的被子，都是江南精工织绣，上面各绣神态各异的100个顽童，称作"百子帐"和"百子被"，五彩缤纷，鲜艳夺目。

皇帝大婚时要在这里住两天，之后再另住其他宫殿。如果先结婚后当皇帝的，就不能享受这种待遇了。所以清代只有年幼登基的康熙

北京故宫石狮

帝、同治帝、光绪帝3个皇帝用过这个洞房。

东暖阁为敞两间，前檐通连大炕一铺，后檐落地罩木炕每间一铺，落地罩上面仙楼两间。据康熙四年礼部奏折，内有"……今奉太皇太后懿旨，中间合卺与神幔甚近。首间次间虽然间隔尚是中宫之正间内北炕吉"，显然，中间即指正中有"坤宁宫"匾额的一间，首间即指有煮肉锅灶的一间，次间的北炕，是指东暖阁靠西边的落地罩炕而言。

在这个炕的范围内，有紫檀雕龙凤炕几两张，紫檀雕龙凤双喜字桌灯两对，红呢炕罩一件，黄毡氆炕垫一件等物品。

前檐大炕东西墙上，还有两幅清朝画家蒋廷锡和顾铨的画、案上的白玉盘、珐琅炉瓶盒、紫檀木嵌玉如意、案下的潮州扇、玻璃四方容镜、雕漆痰盒、竹帚，以及墙上挂的钥匙口袋等。自道光帝至宣统帝，一直是这些摆设，它们都是乾隆年间制品。

在炕沿鼻柱的大铜钉上，还挂着一份弓箭撒袋，虽然不是为了实用，但和坤宁宫的很多从生活实用品变成的象征性陈设品是协调统一的，因而还是摆了上去。

辉煌壮丽的皇宫王府

北京故宫坤宁宫东暖阁康熙帝新房

雍正帝以后，皇帝移住养心殿，皇后也不再住坤宁宫，坤宁宫实际上已作为专供萨满教祭神的场所。

清朝皇室每年都要举行大大小小的祭祀。这也是皇帝皇后的重要职责之一。在这些祭祀中，有一些是要皇后进行的，而且地点就在坤宁宫中。

满族的居住设计有着不同于汉族的特色，根据满族传统风俗，住房一般为西、中、东3间，大门朝南开，

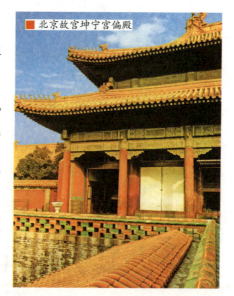
北京故宫坤宁宫偏殿

西间称西上屋，中间称堂屋，东间称东下屋。西上屋设南、西、北三面炕，西炕为贵，北炕为大，南炕为小。

由于满族人以西为上，故西墙供神或祖宗牌位。西炕一般不住人，南北炕以南炕为大，长辈住南炕，晚辈住北炕。

由于以上原因，在顺治十二年，清朝对坤宁宫进行了改建，除东西两头的两间通道外，按满族的习俗把坤宁宫西端四间改造为祭神的场所。从东数第三间开门，并改成两扇对开的门。进门对面设大锅3口，为祭神煮肉用。自此以后，坤宁宫就成了专门的祭祀场所。

阅读链接

在明代，坤宁宫是皇后的寝宫。面阔九间，原来是正面中间开门，有东西暖阁。李自成农民起义军打进北京时，崇祯皇帝的皇后周氏就是在坤宁宫自缢身亡的。

清代重建时，除东西两头的两间通道以外，均按照满族的习俗，将正门开在偏东的一间，改菱花格窗为直条格窗，殿内西部改为三面环形的大炕，这样就使坤宁宫的内外装修都不同于其他宫殿。

以举办宴会而闻名的乾清宫

1722年，康熙帝69岁了，为了预庆自己即将满70岁，这年正月，他在紫禁城的乾清宫前庭院举办了一场空前盛大的宴会。

因宴会人数太多，所以此次宴会分两场举行：

乾清宫的乾清门

第一场是在正月初二，八旗满洲、蒙古、汉军文武大臣官员，在职的、离退休的、退斥的，年龄在65岁以上者，共680人，在乾清宫前宴会。康熙帝请来了各地诸侯、贝勒、贝子、公及闲散宗室成员出来为老人们授爵劝饮，分发食物。

第二场是在正月初五，汉文武大臣官员，在职的、退离休的、退斥的，年龄在65岁以上者，共340人，在乾清宫前宴会。

■ 乾隆帝（1711—1799），原名爱新觉罗·弘历，清朝第六位皇帝，定都北京后第四位皇帝。在位60年，退位后当了3年太上皇，实际掌握最高权力长达63年4个月，是中国历史上执政时间最长、年寿最高的皇帝。

以上两场共有1020人参加盛宴。在第二场宴会上，康熙帝赋七言律诗一首，并命参与宴会的满汉大臣官员作诗相和，以诗来纪念这场宴会，题名为《千叟宴诗》。

因此，后人们又把这次宴会称作"千叟宴"。这首御制的《千叟宴诗》如下：

百里山川积素妍，古稀白发会琼筵。
还须尚齿勿尊爵，且向长眉拜瑞年。
莫讶君臣同健壮，愿偕亿兆共昌延。
万机惟我无休暇，七十衰龄未歇肩。

在康熙帝举行这次千叟宴时，他12岁的小孙子弘历作为皇孙也参加了这次宴会。千叟宴宏大的场面给幼小的弘历留下了深刻印象。

成年后的弘历成为了清朝的第六任皇帝，也就是乾隆帝。乾隆帝继位后，也想要和自己的祖父一样，办一场盛大的宴会，于是，在他年满75岁时，为了纪念他继位50周年，他也在紫禁城的乾清宫前院举行了一次规模宏大的千叟宴。

这样一来，这个由两位帝王举行宴会的地址乾清

七言律诗 是律诗的一种。律诗是中国近体诗的一种，因其格律严密，故名。起源于南北朝，成熟于唐初。八句，四韵或五韵，中间两联必须对仗。第二句、第四句、第六句、第八句押韵，首句可押可不押，通常押平声。分五言、七言两体。七字的称七言律诗，简称七律。

■ 故宫乾清宫

宫由于得到了帝王们多次青睐而显得重要起来。

那么，这乾清宫到底在紫禁城内的什么地方？它又是一座什么样的建筑呢？

其实，这里是皇帝的正寝居所，它和紫禁城内的另外两座建筑交泰殿和坤宁宫共同组成了故宫建筑的后三宫。这三宫是皇帝及嫔妃生活娱乐的地方，它们在建筑风格上明显不同于故宫内的外朝三殿。

故宫内现存的后三宫位于外朝前三殿后的中轴线上，是故宫内廷的中心建筑。此建筑区域以门庑相围，平面呈矩形，南北长约220米，东西宽约120米，占地面积2.6万平方米，房屋420余间。

整个后三宫区南起乾清门前的广场，门内高2米的台基上南北依次排列乾清宫、交泰殿、坤宁宫，后庑正中为通往御花园的坤宁门。

这里的乾清门广场是紫禁城前朝与内廷的分界，南面接三台，北面是第二大宫门乾清门，东面的景运门与西面的隆宗门是进入内廷的重要门禁。门内广场两侧设有军机处、蒙古王公值房、九卿房以及侍卫值

房等。

乾清门内就是后三宫区的第一个院落乾清宫。此殿于明代永乐年间建成，后来曾数次遭焚和重建。现存的建筑是清嘉庆帝在1798年重建的。

乾清宫是皇帝处理日常政务，批阅各种奏章的地方，后来还在这里接见外国使节。

此殿为黄琉璃瓦重檐庑殿顶，坐落在单层汉白玉石台基之上，连廊面阔9间，进深5间，建筑面积1400平方米，自台面至正脊高20余米，檐角置脊兽9个，檐下上层单翘双昂七踩斗拱，下层单翘单昂五踩斗拱，饰金龙和玺彩画，三交六菱花隔扇门窗。

殿内明间、东西次间相通，明间前檐减去金柱，梁架结构为减柱造形式，以扩大室内空间。后檐两金柱间设屏，屏前设宝座，东西两梢间为暖阁，后檐设仙楼，两尽间为穿堂，可通交泰殿、坤宁宫。

殿内铺满金砖。殿前宽敞的月台上，左右分别有铜龟、铜鹤、日晷、嘉量，前设镏金香炉4座，正中出丹陛，接高台甬路与乾清门相连。

乾清宫建筑规模为内廷之首，明朝的14个皇帝和清朝的顺治帝、康熙帝两个皇帝，都以乾清宫为寝宫，在这里居住，平时也在这处理日常政务。

在现存的乾清宫正殿内，有一张皇帝的宝座。宝

■ 故宫乾清宫铜狮

五踩斗拱 斗拱形式之一。里外各出两拽架的斗拱，单翘单昂、重昂或重翘品字斗拱皆为五踩斗拱。斗拱组合有头翘一件，头昂后带翘头一件，二昂后带六分头一件，蚂蚱头后带菊花头一件，外拽用单材瓜拱、单材万拱、厢拱各一件，正心瓜拱、正心万拱各一件。

座上方悬着由清代顺治帝御笔亲书的"正大光明"匾，这个匾的背后藏有密建皇储的"建储匣"。

在清朝，皇子之间夺取皇位的明争暗斗相当激烈。为了缓和这种矛盾，自雍正朝开始采取秘密建储的办法，即皇帝生前不公开立皇太子，而是秘密写出所选皇位继承人的文书，一份放在皇帝身边，另一份封在"建储匣"内，放到"正大光明"匾的背后。

皇帝死后，由顾命大臣共同取下"建储匣"，和皇帝密藏在身边的一份对照验看，经核实后宣布皇位的继承人。

据说，乾隆帝、嘉庆帝、道光帝、咸丰四帝，都是按此制度登上黄帝宝座的。至清代后期，由于咸丰帝只有一个儿子，同治帝和光绪帝没有儿子，这种秘密立储的办法便失去了其意义。

此外，在清代时，乾清宫还是皇帝死后停放灵柩的地方。也就是说，即使皇帝死在其他地方，也要先把他的灵柩运往乾清宫停放几天，再转至景山内的观德殿，最后正式出殡。

在乾清宫的东西两侧为昭仁和弘德两座便殿，它们是围绕乾清宫院落的庑房，在这里设有管理御膳、御茶、御药、御用衣冠、御用文

故宫金銮殿内景

■ 道光帝（1782—1850），清宣宗皇帝，名爱新觉罗·绵宁，后改为爱新觉罗·旻宁。嘉庆帝病死后继位，是清入关后的第六个皇帝，是清代唯一以嫡长子身份即位的皇帝。在位30年。病死，终年69岁，葬于今河北省易县西部墓陵。

具等各类机构。在清代，康熙帝也曾将书房设这里。

在故宫的后三宫区域，除了乾清宫、交泰殿和坤宁宫这3座主要大殿院落，后三宫的两翼还有养心殿、东六宫、西六宫、斋宫、毓庆宫，后有御花园。这些建筑是封建帝王与后妃居住、游玩之所。

其中，东六宫区位于中轴线上后三宫区的东面，包括景仁宫、承乾宫、钟粹宫、景阳宫、永和宫、延禧宫6座宫殿院落。

东六宫的总体格局十分规整，每一宫殿都是两进院落，前殿举行仪礼，后殿用于起居。前后院落正殿的东西两侧各设配殿和耳房，后院西南角有井亭一座，这是六宫规整一致的布局。

在东六宫区中，只有东北角的景阳宫形制是三开间的庑殿顶，与其他5座宫殿五开间的歇山顶不同，这与西六宫区西北角的咸阳宫形成呼应。

另外，延禧宫院内殿宇后来在清道光年间经火灾烧毁后一直未能复建，直至清末宣统年，光绪帝的皇后想要在其中修建一座西洋风格的水殿，后被迫停建，只存留下铁铸构架与汉白玉石基。

顾命大臣　是指代替皇帝掌管朝政的人，他可能是太后、皇后，也可能是摄政王、外戚权臣、辅政大臣，其权势应在当朝皇帝之上，甚至可以决定皇帝的废立。能被选中做"顾命大臣"的人，才能、品德一般都是文官中的翘楚，再加上没有裙带关系做后台，他们一般都比较小心谨慎，整体表现远强于外戚。

西六宫区位处中轴线后三宫西侧，包括永寿宫、翊坤宫、储秀宫、太极殿、长春宫、咸福宫等宫院，是明、清两代后妃们的居所。

西六宫区原与东六宫格局相同，总体上六座院落的划分十分规整。但至晚清时期，紫禁城的主人们开始改造某些宫殿，主要是将长春宫与太极殿两宫前后贯通，翊坤宫与储秀宫两宫贯通，形成了两座四进大院落，这两座宫院在清末都曾被慈禧太后使用过。

西六宫区只有永寿宫与咸福宫还保留着最初的格局，明、清皇帝有时也使用这两座宫殿。

因为清末慈禧太后的大规模改建和修缮，西六宫区是故宫中原状保存较好的院落，再现了许多清末皇家陈列的情景。

辉煌壮丽的皇宫王府

阅读链接

据说，康熙帝在60岁生日的时候，第一次举行了"千叟宴"。当时，举行宴会的地址在圆明园南的畅春园内，宴会共分3天举行。

第一天，汉族大臣、官员及士庶年90岁以上者33人，80岁以上者538人，70岁以上者1823人，65岁以上者1846人。诸皇子、皇孙、宗室子孙年纪在10岁以上、20岁以下者均出席为老人们执爵敬酒、分发食品，扶80岁以上老人到康熙帝面前亲视饮酒，以示恩宠，并赏给外省老人银两不等。

第二天，康熙帝在畅春园正门前，又重设酒筵招待八旗大臣、官兵及闲散人年90岁以上者7人，80岁以上192人，70岁以上1394人，65人以上1012人，其他礼遇如前。

第三天，康熙帝在畅春园皇太后宫门前，又宴请了70岁以上的八旗老妇，90岁以上者就席宫门内，80岁以上者就席丹墀下，其余都在宫门外。

这次参加宴会的满汉耆老多达6600余人，加上人数不详的八旗老妇，约为7000人，其盛况情景被传为佳话。

弘历为母亲养老修建的寿康宫

1735年，清朝的第五位皇帝雍正帝去世，他的儿子爱新觉罗·弘历继承了皇位，改年号为乾隆。

弘历当上皇帝后，他的母亲钮祜禄氏自然就成为了皇太后，这时，紫禁城内的太后宫区主要由慈宁宫和咸安宫组成。而当时的慈宁宫自孝庄以后，除了举行一些典礼仪式外，几十年没住过人了。

咸安宫又被雍正帝改成了"宫学"，其他一些殿宇又有年老的妃嫔们居住。那么，贵为皇太后的钮祜禄氏又该住在哪里呢？

经过多方面的考虑，乾隆帝把慈宁宫西侧的宫墙拆掉，建一座新宫殿。

■ 孝圣太后（1693—1777），钮祜禄氏，满洲镶黄旗人，四品典仪官凌柱之女。13岁时入侍雍和宫邸，号格格，为雍王胤禛藩邸格格。1711年生下儿子弘历，母以子贵，封为侧福晋，1735年儿子弘历即位，尊为圣母皇太后、崇庆皇太后。

后罩房 是指四合院中正房后面和正房平行的一排房屋。它是在四合院中最后一进的院子里。后罩房和正房朝向一致，坐北朝南，其间数一般是和倒座房相同，以尽量添满住宅基地的宽度。后罩房的等级低于正房和厢房，一般是女儿和女佣等女眷居住之地。

1736年，也就是弘历当上皇帝的第二年，位于紫禁城内廷外西路，慈宁宫西侧处，一座崭新的宫殿圆满竣工。乾隆帝为此宫殿取名为"寿康宫"。

故宫内现存的寿康宫主宫区呈南北方向的长方形，南北长148米，东西宽57米，周围有红墙环绕，占地约8436平方米。宫内建筑包括宫门、正殿、后殿、东西配殿、东西围房等。

此宫殿由南北三进院组成，院墙外东、西、北三面均有夹道，西夹道外有房数间。院落南端寿康门为琉璃门，门前为一个封闭的小广场，广场东侧是徽音右门，可通慈宁宫。

寿康门内正殿即为寿康宫。宫殿坐北朝南，面阔5间，进深3间。

黄琉璃瓦歇山顶，前出廊，明间、次间各安三交六椀枕菱花扇门四扇，梢间为三交椀六菱花隔扇槛窗各四扇，后檐明间与前檐明间相同，其余开窗。

殿内悬挂着乾隆皇帝御书的"慈寿凝禧"匾额，

■ 寿康宫和玺彩画

东西梢间辟为暖阁，东暖阁是皇太后日常礼佛的佛堂。殿前出月台，台前出三阶，中设御路石，月台左右亦各出一阶。

寿康宫的东西配殿面阔各3间，黄琉璃瓦硬山顶，前出廊。东配殿明间安扇门，西配殿明间扇、风门为后来改装。次间均为槛窗，每间用间柱分为两组，窗棂均为一抹三件式。两配殿南设耳房，北为连檐通脊庑房，与后罩房相接。

寿康宫以北是第二进院，后殿为寿康宫的寝殿，门额上写着"长乐敷华"几个大字，有甬道与寿康宫相连。

此殿面阔5间，进深3间，黄琉璃瓦歇山顶。前檐出廊，明间安步步锦扇、玻璃风门，次、梢间安窗，上为步步锦窗格，下为玻璃方窗。室内以锦扇分为5间。后檐明间开扇门，接叠落式穿堂，直达后罩房。

此外，寿康宫内的彩画按形制绘制为"龙凤和玺"，画面中象征皇权的龙凤纹样占据主导地位，构

■ 北京故宫寿康宫匾额

风门 古建筑门的一种。在居住建筑外门做出双层门，靠外一层门即称风门。风门既可做在单扇房门外边，也可做在隔扇门外边。高宽尺寸随隔扇的边框尺寸而定。风门一般朝外开，常与帘架配合使用，用以遮蔽风尘。

步步锦 中国古建筑门窗常用的棂条组合形式。其做法是用棂条拼成一个个长方形，上下左右对称排列。棂条交接处做成尖榫，用胶粘牢。

图严谨，图案复杂，大面积使用沥粉贴金。这种和玺彩画仅用于皇家宫殿、坛庙的主殿及堂、门等重要建筑上，是彩画中等级最高的形式。

寿康宫在嘉庆和光绪两朝曾重修。在紫禁城建筑中，寿康宫规模不算宏大，但结构完整，设施齐备，是比较重要的一组建筑。

在清代，这里是太后、太妃们的养老之地，道光朝的孝和睿太后、咸丰朝康慈皇太后等都曾在此颐养天年，慈禧太后晚年也曾在此小住。这里的三宫、四所等宫殿供太妃太嫔等居住。寿康宫常驻大夫，备有常见药材，有厨师和卫士。

清代皇太后身边宫女为12人，太后每年可得20两黄金、2000两白银、124条名贵兽皮、400个银纽扣等，这是后宫中的最高待遇。

再说清朝的这位乾隆皇帝，他可是有名的孝子。据史料记载，孝圣太后在寿康宫居住的时候，乾隆

■ 寿康宫斗拱彩画

帝几乎每天都来问安。他在寿康左门下轿，步行进入寿康宫。到了太后居住的暖阁后，乾隆要跪在地上问候起居。

■ 故宫寿康宫建筑和玺彩画

正因如此，所以乾隆帝不仅为母亲修建了寿康宫，还为母亲在紫禁城内改建了一座花园，名为慈宁宫花园。

此花园位于故宫内廷外西路慈宁宫的西南，始建于明代，本来是明清太皇太后、皇太后及太妃嫔们游憩、礼佛之处。花园中原有临溪观、咸若亭等建筑，1583年改名为"临溪亭""咸若馆"。

1769年进行大规模改建，此后虽"颇有更动"，但花园总的规模和布局始终没有大的变化。

故宫内现存的慈宁宫花园南北长约130米，东西宽50米，总占地面积6800平方米。园中仅有建筑11座，占地不到总面积的五分之一。集中于花园北部，

光绪帝 （1871—1908），清德宗爱新觉罗·载湉，清朝第十一位皇帝，也是清朝入主中原之后的第九位皇帝。他4岁登基，由慈安太后、慈禧太后两宫太后垂帘听政至18岁。此后虽名义上归政于光绪帝，但实际上大权仍旧掌握在慈禧太后手中。

故宫寿康宫和玺彩绘

南部则地势平坦开阔，莳花种树，叠石垒池，意在使太后、太妃嫔们不费跋涉之劳便可欣赏到山林的美景。

除此之外，在孝圣太后60岁寿辰时，乾隆又改建了紫禁城内廷的咸安宫为寿安宫，为母亲的生日献礼。至此，以慈宁宫、寿康宫、寿安宫为主的故宫太后宫区基本成型。

故宫内现存的寿安宫前后分为三进院落，东西各有跨院。正门寿安门为随墙琉璃门三座，当中门内设四扇木屏门照壁，上面覆盖有黄色琉璃瓦顶。中院正殿寿安宫面阔5间，进深3间，黄琉璃瓦歇山顶。

1773年，孝圣太后80岁了，由于她年事已高，乾隆帝又命人将慈宁宫重新"装修"，将屋顶的"单檐"结构升级为规制更高的"重檐"，让母亲移居到了慈宁宫。

4年后，孝圣太后在慈宁宫去世，此后，慈宁宫再没住过人，即使是后来的慈禧太后，也觉得自己难与此宫相匹，仅在寿康宫小住。

阅读链接

紫禁城内的寿安宫是太后寿宴的重要举办场所，孝子乾隆帝一共在这为太后办过3次隆重的大寿。寿典规模之宏大，在整个清朝历史上也属罕见。

太后大寿时，从寿安宫到京西畅春园，一路张灯结彩，每数十步建一座戏台。乾隆帝身着龙袍、衮服，骑着高头大马为前导，率王公大臣和妃嫔亲自躬请跪迎，场面极为壮观。为博母亲一笑，他命人打造可照出无数人像的奇巧镜面，下令仿江南式样建造苏州街。由此可见，乾隆帝对母亲是非常重视的。

乾隆帝为退位始建宁寿宫

　　1795年，是弘历当上清朝皇帝的第六十年，此时，他已经是一个85岁的老人了，为了不逾越自己的祖父康熙帝在位61年的纪录，他决定将皇位禅让给第十五子颙琰，自己当上了太上皇。

　　这位颙琰皇子便是清朝的第七位皇帝嘉庆帝，在他当上皇帝的第四天，他的父亲乾隆帝便在紫禁城内廷的

　　■ 嘉庆帝（1760—1820），全名爱新觉罗·颙琰，清朝第七位皇帝，乾隆帝第十五子，年号嘉庆，1795—1820年在位。在位前4年是太上皇乾隆帝发号施令，嘉庆帝并无实权。乾隆帝死后才独掌大权。

宁寿宫皇极殿内再次举办了一次"千叟宴"。

这时，乾隆已是80多岁的老人了，他觉得，那些60岁的老人与他已有26岁的年龄差距，因此，在这次的"千叟宴"上，他要求参宴老人的年龄由60岁改为70岁以上。

这天，宁寿宫皇极殿的场面异常庄严、宏大。皇极殿檐下，陈设着中和韶乐；宁寿门内，陈设着丹陛大乐。殿内，陈设王公、一二品大臣席位；殿廊下，布设朝鲜等藩属国使臣席位；殿外阶下，是参与千叟宴的老人的席位。

宴会开始，中和韶乐奏响，在嘉庆帝的侍奉下，太上皇乾隆帝坐上了皇极殿的宝座。嘉庆帝亲自率领3056名银须白发的耄耋老人山呼万岁，为太上皇祝寿。面对着天下耆老为自己祝寿的场景，太上皇乾隆帝心满意得。

在宴会的过程中，从内心生发出来的喜悦使平时严厉的乾隆帝充满了温情。他召请王公一品大臣与宴会中90岁以上的老叟到御座前，亲自赐给他们御酒。

他又命自己的皇子、皇孙、皇曾孙、皇玄孙等，给殿内王公大臣行酒；皇宫侍卫负责给殿外的与宴者行酒。

在老人席位中，有两位分别为106岁和100岁的老人熊国沛和邱成龙也参加了这次宴会，乾隆帝称他们为"百岁寿民""升平人瑞"，并赏给他们六品顶戴。

老人中，还有很多年满90岁的，乾隆帝赏给他们七品顶戴，以表示自己对老人们的尊敬。

宴会结束后，乾隆帝又与宴会人员即席赋诗，这是中国古来君臣宴会上的传统，在清代达到极致。这次宴会后结集的诗作共有3497首。

这次千叟宴结束后，乾隆帝正式以太上皇身份入住宁寿宫。

紫禁城内的宁寿宫建筑群，是专门为乾隆帝退位后养老而修建的，它位于紫禁城内廷东部，是在顺治帝时期修建，于1772年改建而成的，共由东、西、中三路建筑群组成。

其中，中路建筑群由九龙壁、皇极门、宁寿门、皇极殿、宁寿宫、养性门、养性殿、乐寿堂、颐和轩和景祺阁等组成。

西路建筑群由衍祺门、古华轩、矩亭、抑斋、遂

■ 北京故宫建筑

北京故宫养性门

初堂、旭辉庭、碧螺亭、云光楼、三友轩、符望阁、倦勤斋和珍妃井等组成。

东路建筑群由畅音阁、扮戏楼、阅是楼、庆寿堂、寻沿书屋、景福宫、佛日楼和梵华楼等组成。

宁寿宫建筑群内的九龙壁，位于宁寿宫内的皇极门外。壁长29.4米，高3.5米，厚0.45米，是一座背倚宫墙而建的单面琉璃影壁，为1772年改建宁寿宫时烧造。

壁上部为黄琉璃瓦庑殿式顶，檐下为仿木结构的椽、檩、斗拱。壁面以云水为底纹，分饰蓝、绿两色，烘托出水天相连的磅礴气势。下部为汉白玉石须弥座，端庄凝重。

壁上9条龙以高浮雕手法制成，最高部位高出壁面0.2米，形成很强的立体感。

从九龙壁进入，便是宁寿宫建筑群的皇极门，这是故宫内廷外东路宁寿宫区的正门，建于1771年。

皇极门前有东西狭长的小广场，其西侧为锡庆门，西出不远即景运门，东侧为敛禧门，东出即南北

高浮雕 指所雕刻的图案花纹高凸出底面的刻法，多见于笔筒、香筒，寿山石雕刻中也有采用高浮雕。高浮雕的因材施艺、因色取巧，在创作过程中至关重要。高浮雕是介于圆雕和薄意之间的技艺特性。高浮雕技法起位较高、较厚，形体压缩程度较小，因此其空间构造和塑造特征更接近于圆雕。

十三排，正南方向便是九龙壁。

皇极门北与宁寿宫内的宁寿门相对，过宁寿门为皇极殿，皇极殿后是宁寿宫，这种门殿交错的独特布局是1772年改建宁寿宫时形成的。

皇极门形制独特，制作精美，兼有门的形式与壁的特色，恰到好处地承转了南面九龙壁和北面宁寿门的建筑风格，堪称"紫禁城内琉璃门"之冠。

宁寿门是宁寿宫建筑群的第二道宫门。这一区域原为明代一号殿旧址，1772年改建宁寿宫建筑群时，成为宁寿宫区宫门。

宁寿门建于汉白玉石台基上，中设丹陛，三出阶，左右置有镏金铜狮各一只。此门为屋宇式建筑，黄琉璃瓦歇山顶，面阔5间，进深3间。

前檐正中三间建为敞厅，两梢间下砌槛墙，上置三交六椀菱花槛窗各四扇，中安方格风窗。两侧山墙接八字影壁。后檐以金柱为界，明间和左、右次间设门，两梢间以墙封堵，墙为素面饰砂绿边。门内设高台甬路与后面的皇极殿相连，周围饰有栏板。

明 间 建筑名词。即外间。一般比里间大而敞亮。建筑正中一间称明间，宋代称当心间。其左、右侧的称次间，再外的称梢间、最外的称尽间，9间以上的建筑增加次间数。

歇山式 常见古建筑屋顶的构造方式之一。由前后两个大坡檐，两侧两个小坡檐及两个垂直的等腰三角形墙面组成。即前后左右四个坡面，在左右坡面上各有一个垂直面，故而交出九个脊，又称九脊殿，多用在建筑性质较为重要的建筑上。

109

建筑杰作

北京故宫

■ 北京故宫宁寿宫大门

雀替 是中国古建筑特色构件之一。宋代称为角替，清代称为雀替，又称为插角或托木。通常被置于建筑的横材梁、枋与竖材柱相交处，是缩短梁枋的净跨度从而增强梁枋的荷载力；减少梁与柱相接处的向下剪力；防止横竖构材间的角度倾斜。木建筑上用木雀替，石建筑上用石雀替。

皇极殿为宁寿宫区内的主体建筑，始建于1689年，初名宁寿宫。此殿原为工字殿。1771年将其前殿改建为皇极殿，原有匾额移至后殿，并改称后殿为宁寿宫，并在宁寿宫区最南端添建皇极门。

皇极殿位于宁寿宫区的中轴线前部，与后殿宁寿宫前后排列于单层石台基之上，其造型与乾清宫大体相仿。大殿坐北朝南，面阔9间，进深5间，取帝尊九五之制。

黄琉璃瓦重檐庑殿顶，前檐出廊，枋下浑金雕龙雀替。明间，左、右次间都设有殿门，余各次间下砌槛墙。后檐明、次间辟为殿后门，可达宁寿宫，余各间砌墙。

殿中4根沥粉贴金蟠龙柱，顶置八角浑金蟠龙藻井，下设宝座，品级仅次于太和殿。殿内左置铜壶滴漏，右置大自鸣钟，制作考究。

这里是乾隆帝退位后临朝受贺之地。

皇极殿丹陛左右分置日晷、嘉量，这是体现皇权

■ 北京故宫皇极殿大门

的重要陈设。御道两侧各有六方须弥座一个，座上置重檐六角亭，亭身每面镌篆体寿字各三。

石座中心有铸铁胆，每年腊月二十三至正月十五，则改立灯杆于其中，是古代多用途基座实例，现在这里仅存其基座。

大殿建于青白石须弥座上，前出月台。御路与甬道相接，直贯宁寿门，四周通饰汉白玉石栏板。月台左右及甬道两侧各设台阶。殿两侧为垂花门、看墙，分别与东、西庑房相接，将院落隔为前后两进。庑中开门，东为凝祺门，西为昌泽门。

皇极殿后面的宁寿宫建于单层石台基之上，台基与皇极殿相接，四周以黄绿琉璃砖围砌透风灯笼矮墙。宫殿面阔7间，进深3间，单檐歇山顶。

檐廊柱枋间为镂空云龙套环，枋下为云龙雀替，皆饰浑金，堂皇富丽。内外檐装修及室内间隔、陈设皆仿坤宁宫。东次间开门，置光面板门两扇，上为双交四椀亮子，门左右下砌槛墙，上安直棂吊搭窗。

余各间均为槛墙、直棂吊搭窗。每间上部各安双

镂空 指在物体上雕刻出穿透物体的花纹或文字。它是一种雕刻技术。外面看起来是完整的图案，但里面是空的或者里面又镶嵌小的镂空物件。这种雕刻技术还被广泛应用于石雕、玉雕、木雕、象牙雕等艺术雕刻领域，甚至果雕、面粉雕也大量采用了这种雕刻技法。

■ 北京故宫养性门前的镏金铜狮

苏式彩画 是一大类彩画的总称，它有相对固定的格式，一般用于园林中的小型建筑，如亭、台、廊、榭以及四合院住宅、垂花门的额枋上。此画源于江南苏杭地区民间传统做法，故名，俗称"苏州片"。故宫内苏式彩画多用于花园、内廷等处，大都为乾隆、同治或光绪时期的作品。

交四椀横披窗三扇。后檐明、次间为门，每道门双交四椀菱花四扇，余各间砌墙。室内吊顶镟花蝙蝠圆寿字天花。

迎门一间后檐设有一间小室，内置煮肉锅灶。西侧3间敞通，安木榻大炕，设有萨满教神位及跳神用法器，为祭祀之所。东侧两间相连为卧室，后檐设仙楼，东山墙辟门，可通庑房。

宁寿宫两侧建庑房及南转角与东西两庑相连，两庑各9间，均于南数第三间、第六间开门。殿后左右各有一座砖砌的方形烟囱，上安铜顶，为宁寿宫灶房及室内烟道所用。改建后的宁寿宫成为紫禁城内除坤宁宫以外的另一处体现满族风俗的重要建筑。

宁寿宫后面的养性门为宁寿宫区的养性殿、乐寿堂、颐和轩三进宫殿的正门，门内各殿是乾隆退位后的休养之地。

养性门面阔5间，黄琉璃瓦，单檐歇山顶，中3间开门，前有汉白玉石栏杆，金龙和玺彩画，慈禧太后居住宁寿宫时，改为苏式彩画，现存的为修复后的金龙和玺彩画。门外有镏金铜狮两座。大门两侧背后有绿色琉璃照壁和角门。

养性门的造型与乾清门、宁寿门、慈宁门相仿，但体积略小，台基较低。

养性门内的养性殿为宁寿宫建筑群后寝主体建筑之一，始建于1772年，主要是仿制紫禁城内廷的养心殿而建造的。

此殿为黄琉璃瓦歇山顶，面阔3间，每间以方柱支撑，隔为9间，前接卷棚抱厦4间。明间、次间开门，原为三交六椀菱花隔扇，现为玻璃门窗，明间4扇，余各两扇。进深4间，室内隔为小室数间，曲折回环。

明间前后开门，中设宝座，顶置八角浑金蟠龙藻井，片金升降龙天花。左右置板墙与东西次间相隔，墙各辟门，对称而设，门楣之上置毗卢帽。东暖阁分为前后两组空间，前曰明窗，后曰随安室，室东悬"俨若思"匾，皆为乾隆帝御笔。

■ 北京故宫养性殿
八角浑金蟠龙藻井

■ 慈禧太后（1835—1908），孝钦显皇后，叶赫那拉氏，名杏贞，出身于满洲镶蓝旗的一个官宦世家，咸丰帝的妃子，同治帝的生母。以皇太后身份垂帘听政取得朝政的实际控制权，成为清朝"无冕女皇"。

养性殿作为太上皇乾隆帝的寝宫，四面墙壁上原为和玺彩画。此殿在光绪十七年重修后，除墨云室仍为和玺彩画外，其他均改为苏式彩画。

宁寿宫建筑群的乐寿堂在养性殿之后，是乾隆帝以此为退位后的寝宫，殿门前的左右木柱上有御题"座右图书娱画景"联句。此堂亦称宁寿宫的读书堂，始建于1772年，现存建筑是1891年重修。1894年，慈禧太后曾居住，以西暖阁为寝室。

乐寿堂面阔7间，进深3间，周围廊。通面阔36.15米，通进深23.20米，建筑面积839平方米。单檐歇山顶，覆黄色琉璃瓦，自地面至正脊高18.7米。"乐寿堂"的匾额高悬于室内北部大厅北檐。

■ 乐寿堂前古建筑

■ 北京故宫乐寿堂

在乐寿堂后面，还有和其在同一时期内修建的颐和轩和景祺阁，它们是紫禁城宁寿宫建筑群中路的最里面建筑。

其中，颐和轩面阔7间，进深1间，为单檐歇山式建筑。景祺阁为二层楼阁式建筑，面阔7间，进深3间，为黄琉璃瓦歇山顶。

现存故宫内宁寿宫西路建筑群也被称为宁寿宫花园或乾隆花园，建于1771年至1776年，总共花费了6年的时间才完成。

花园南北长160米，东西宽37米，占地面积5920平方米，建筑布局精巧，组合得体，是宫廷花园的典范之作。

花园分为四进院落，结构紧凑、灵活，空间转换，曲直相间，气氛各异。花园的结构主要由三部分组成。

第一部分是古华亭，取这个名字的原因是这里有

正脊 又叫大脊、平脊，位于屋顶前后两坡相交处，是屋顶最高处的水平屋脊，正脊两端有吻兽或望兽，中间可以有宝瓶等装饰物。庑殿顶、歇山顶、悬山顶、硬山顶均有正脊，卷棚顶、攒尖顶、盝顶没有正脊，十字脊顶则为两条正脊垂直相交，盝顶则由4条正脊围成一个平面。

一棵古楸树。这树到现在为止，已是第四代了，老树枯死而复生，绵亘了四代。为了欣赏这棵树，乾隆帝在树的前面盖了个"古华亭"，还自题楹联：

明月清风无处藏，

长楸古柏是佳朋。

穿过古华亭，便可进入乾隆花园的第二部分。这是个三合院，正厅叫遂初堂。

乾隆帝从25岁登基，做了60年的皇帝，至85岁退位，89岁死去。历代帝王中在位这么长久的皇帝没有几个人，这促使他更加致力于自己的享受，于是他用了很长时间修建这座花园。

当时正当乾隆盛世，他踌躇满志，就给庭院取了"遂初堂""符望阁"等这些显示封建帝王雄才大略的名字。

从三合院退出来，打开旁门，走完一条狭长的甬道，就进入乾隆花园的第三部分。这里有耸秀亭、延趣楼、翠赏楼、符望阁等古老的建筑。

特别引人注意的是假山顶上那座小亭子，亭子的5根柱子呈梅花形，亭顶的藻井、栏杆上的浮雕都是梅花图案，亭顶用紫酱、孔雀蓝两色琉璃瓦筑成，虽然有些褪色，看上去还是素雅别致。

亭顶上还有个石绿色的宝顶，上面画的还是梅花。小亭正门的匾额上还有乾隆御笔亲题的"碧螺"字样。

乾隆花园共有建筑物20多座，类型丰富，大小相衬，因地制宜，在平面和立面上采用了非对称的处理，在制度严谨的禁宫之中，尤其显得灵巧、新颖。因此，可以说，此花园是"宫中苑"或"内廷园林"的精品。

在现存的宁寿宫建筑群内，除了中西路建筑外，东路还有畅音阁、扮戏楼、阅是楼和庆寿堂建筑，这些建筑群体共同构成了紫禁城内廷东部的建筑群，它们的建成为老年的乾隆帝带来了诸多乐趣。

清嘉庆初年，退位后的乾隆帝以太上皇身份住在宁寿宫，他在这里继续掌控朝政3年，直至驾崩。从此，清朝正式结束了乾隆时代，中国历史上的"康乾盛世"也终于画上了一个圆满的句号。

阅读链接

在乾隆花园的小亭子匾额上，乾隆为什么会题写"碧螺"的字样呢？

原来，当年康熙帝南巡至太湖，巡抚宋荦把洞庭东山碧螺峰产的野茶贡给皇帝喝，康熙帝为茶叶取了个文雅的名字："碧螺春"。乾隆帝以继承自己祖父的事业为己任的，将小亭子取"碧螺"这个名字既有纪念他祖父的意思，又有取自江南名胜的意思。

另外，"碧螺"是春天的名词，梅花报春，取这个名字，既有皇帝对未来充满希望的遐想，也有园林专家模仿南方园林胜趣巧妙的构思。

隆裕太后命人修缮御花园

1908年11月14日、15日，清朝第十一位皇帝光绪帝和垂帘听政的慈禧太后相继死去。按照慈禧太后生前的安排，光绪帝的五弟载沣3岁的儿子溥仪继承了皇位，光绪帝的皇后静芬做了皇太后，即隆裕太后。

隆裕太后坐上太后的宝座以后，她为紫禁城的修建做了一件大事，这便是对紫禁城御花园的修建。

鸟瞰御花园

■ 御花园内的钦安殿

御花园位于紫禁城中轴线上，坤宁宫后方，明代称为"宫后苑"，清代称御花园，始建于1420年。以后曾有修缮，现仍保留初建时的基本格局。

全园南北纵80米，东西宽140米，占地面积1.2万平方米。园内主体建筑钦安殿为重檐盝顶式，坐落于紫禁城的南北中轴线上，以其为中心，向前方及两侧铺展亭台楼阁。

御花园主体建筑钦安殿左右有4座亭子：北边的浮碧亭和澄瑞亭，都是一式方亭，跨于水池之上，只在朝南的一面伸出抱厦；南边的万春亭和千秋亭，为四出抱厦组成十字折角平面的多角亭，屋顶是天圆地方的重檐攒尖，造型纤巧，十分精美。两座对亭造型纤巧秀丽，为御花园增色不少。

依北宫墙用太湖石叠筑的石山"堆秀"，山势险峻，磴道陡峭，叠石手法甚为新颖。山上的御景亭是

重檐盝顶式 盝顶的特点是顶部是平的，有4条正脊围成平顶，下接庑殿顶。用于殿阁的顶部就是封顶的，但用于仓库的、井亭的就不用封顶，而是露天的。盝顶在金、元时期比较常用，元大都的建筑中很多房屋都是盝顶，明、清两代也有很多盝顶建筑。

帝、后重阳节登高去处。园中奇石罗布，佳木葱茏，其古柏藤萝，皆数百年物，将花园点缀得情趣盎然。

御花园甬道原先的制作工艺十分讲究。先用筛净的黄土垫底，再用细瓦条砌出图案轮廓，然后用桐油调制石灰等材料作为填充剂，镶入五彩卵石，用木砖拍平，晾干定型。

彩石路面，古朴别致。以不同颜色的卵石精心铺砌而成，组成900余幅不同的图案，有人物、花卉、景物、戏剧、典故等，沿路观赏，妙趣无穷。

御花园是一处以精巧建筑和紧凑布局取胜的宫廷园林。御花园的面积并不大，但古柏老槐与奇花异草，以及星罗棋布的亭台殿阁和纵横交错的花石子路，使整个花园既古雅幽静，又不失宫廷大气。这里是帝后茶余饭后休息游乐的地方。另外，每年登高、赏月活动也在这里进行。

■ 御花园的甬道

御花园建筑布局对称而不呆板，舒展而不零散。无论是依墙而建还是亭台独立，均玲珑别致，疏密合度。其中以浮碧亭和澄瑞亭、万春亭和千秋亭最具特色。

两对亭子东西对称排列，浮碧和澄瑞为横跨于水池之上的方亭，朝南一侧伸出抱厦，万春亭和千秋亭为上圆下方、四面出抱厦，组成十字形平面的多角亭，体现了"天圆地方"的传统观念。两座对亭造型纤巧秀丽，为御花园增色不少。

园中奇石罗布，佳木葱茏，其古柏藤萝，皆数百年物，将花园点缀得情趣盎然。园内现存古树160余棵，散布园内各处。那些参天古树孤独而苍凉地矗立着，任时间的利刃在身上刻下深深的印记。千回百转的时光交错中，留下的是那曾经的沧桑。

园中放置的各色山石盆景，千奇百怪。如绛雪轩前摆放的一段木化石做成的盆景，乍看似一段久经曝晒的朽木，敲之却铿然有声，确为石质，尤显珍贵。

御花园原为帝王后妃休息、游赏而建，但也有祭祀、颐养、藏书、读书等用途。

■ 御花园内的古树

阅读链接

在御花园内，有一棵被封为"遮阴侯"的古柏，它在园中名气最大。此树高7.8米，胸径0.9米。它虽貌不出众，所在的位置也不显赫，但怎么会得此殊荣呢？

相传有一年，乾隆帝下江南，天气很热，随从人等个个汗流浃背，唯有乾隆爽身惬意。回朝后，乾隆帝在园中游玩来到此树前，一太监奉承道：皇上去江南时此树枯萎。皇上一回来此树又茂盛起来了，看来是此树随皇上一同去了江南。

乾隆帝一想，去江南的路上别人大汗淋漓，而自己却很凉爽，再听太监这么一说，想必此树暗中为我遮阴，不禁心中大喜，便赐封此古柏为"遮阴侯"。后来还为它题写了《古栝行》刻在碑上，碑就在树旁的摘藻堂西墙上。

浑然天成的故宫印象

北京故宫建成后，至1911年清帝退位约500年间，历经了明、清两朝24位皇帝。

新中国成立后，北京故宫迎来了新生。故宫成为中国明清两代仅存下来的皇家宫殿。1961年，国务院宣布故宫为第一批全国重点文物保护单位。1987年，故宫被联合国教科文组织列为世界文化遗产。

北京故宫鸟瞰

■ 北京故宫建筑

　　现存的故宫建筑在布局上的主要特点可以概括为：前朝后寝，三朝五门，左祖右神，中轴对称，前宫后苑。

　　整个故宫长960米，宽760米，占地72万平方米，周边环绕城墙和护城河，四周四门为午门、神武门、东华门、西华门。

　　故宫的宫城中轴线上有五个主要的门，依次为天安门、端门、午门、乾清门、神武门，其左右为东华门和西华门。整个宫殿以乾清门为界，南半部为前朝，北半部为内廷。

　　故宫的外朝部分，组成为太和门庭院，太和殿、中和殿、保和殿三大殿，文华殿以及武英殿。

　　故宫的内廷部分，分三路。中路包括由乾清宫、交泰宫、坤宁宫组成的后三宫，嫔妃住所的东西六宫，皇帝的住所养心殿。西路包括慈宁宫、慈宁花园、寿安宫、寿康宫。

神武门 紫禁城北门。建于1420年，初名玄武门，取古代"四神"中的玄武，代表北方之意，后因避康熙帝玄烨名讳改名神武门。城台开有三门，帝后走中间正门，嫔妃、官吏、侍卫、太监及工匠等均由两侧的门出入。清代选秀女，将嫔妃迎入宫中均走此门。1924年，逊帝溥仪被驱逐出宫即由此门离去。

■ 北京故宫建筑

辉煌壮丽的皇宫王府

东路包括皇极殿、宁寿宫、养性殿、乾隆花园。此外还有斋宫、东五所、西五所、南五所等。

故宫占据了整个北京最重要的黄金地段，从总体的布局上体现了择中立宫的思想。

故宫在利用建筑群烘托皇帝的崇高与神圣方面达到了登峰造极的地步，主要是在1.6千米的轴线上，用连续、对称的封闭空间，逐步展开的建筑序列来衬托出三大殿的庄严崇高与宏伟。

在建筑的整体中突出了重点，即太和殿。故宫的建筑群由南向北延伸，随着空间和形体的变化，在太和殿形成高潮。从总的布局看，深、宽、高都集中在太和殿。

故宫建筑在形体、空间、色彩等方面采用了一系列的对比手法，造成了一种多样的统一。

一是大与小的对比。在宏伟的天安门城楼下，巧妙地安置了两间火柴盒子似的小屋，这小屋除了它特有

午门 是紫禁城的正门，位于紫禁城南北轴线。此门居中向阳，位当子午，故名"午门"。明代皇帝处罚大臣的"廷杖"也在午门举行。每逢重大典礼及重要节日，都要在这里陈设体现皇帝威严的仪仗。

用处外，在艺术上起到了对天安门的烘云托月作用。

二是高与低的对比。为烘托太和殿的崇高，周围采用了低矮连续的回廊。这让太和殿在低矮回廊之间更显示出高大的身姿。

三是宽与窄的对比。这是一种欲放先收的手法。从正阳门到太和殿所形成的狭长空间与太和殿前广阔的空间形成强烈的空间对比。

四是明与暗的对比。故宫在色彩上给人的强烈印象是金碧辉煌。金黄色的琉璃瓦与青绿色为基调的檐饰相对比，在蓝天、白云辉映下显得非常辉煌。

五是繁与简的对比。雕梁画栋，错彩镂金，这就是繁。这与殿外单色调红墙和黄色琉璃瓦屋顶形成一种繁简对比。

六是方与圆、曲与直对比。如天安门、端门门洞是圆形，午门的门洞是方形。又如笔直的中轴线与弧

■ 故宫金水河

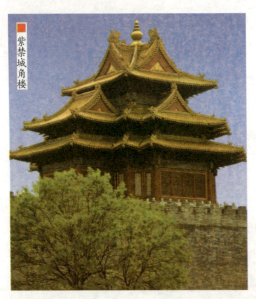
紫禁城角楼

形的金水桥形成曲与直的对比。

七是动与静的对比。建筑本身是静止的，但由于空间与形体变化却呈现出流动的节奏感，有序曲，有高潮，有尾声。如果说正阳门是序曲，那么太和殿则是高潮，景山公园就是尾声。

建筑学家们认为故宫的设计与建筑，是一个无与伦比的杰作，它的平面布局，立体效果，以及形式上的雄伟、堂皇、庄严、和谐，建筑气势雄伟、豪华壮丽，是中国古代建筑艺术的精华。

辉煌壮丽的皇宫王府

阅读链接

北京故宫之所以能保存完整下来，要非常感谢一个人，就是江苏省无锡人、前文化部部长陆定一。

在20世纪60年代初，曾有人提出故宫"地广人稀，封建落后"，要对它进行改造。改造方案，是在故宫内部建设一条东西向的马路，并将文华殿、武英殿改造成娱乐场所。

后来的"整改方案"是：在太和殿前竖立两座大标语牌，一东一西，高度超过38米高的太和殿，用它压倒"王气"；太和殿宝座要扳倒，加封条；在宝座台上塑持枪农民的像，枪口对准被推翻的皇帝。把中和殿改建为"人民休息室"，把一切代表封建意识的宫殿、门额全部拆掉。

陆定一得知消息，拍案大怒，在他据理力争之下，这个荒唐的改造方案没有得以实施，才让后来的人们有幸目睹故宫昔日的风采。

沈阳故宫

　　沈阳故宫，又称"盛京皇宫"、陪都宫殿或留都宫殿等。它始建于1625年，后经康熙帝、乾隆帝不断地改建、增建，形成了今日的宫殿规模。这是清王朝亲手缔造的第一座大气庄严的帝王宫殿建筑群，其浓郁的满族民族风格和中国东北地方特色，是北京明清故宫所无法比拟的。

　　作为满汉民族建筑艺术融合的范例，沈阳故宫既是中国著名的历史古迹和旅游胜地之一，也是当之无愧的优秀世界文化遗产。

努尔哈赤建造皇宫

　　沈阳故宫作为清王朝初始时期历史的实物见证，也是世上仅存的中国少数民族地方政权宫殿。谁设计并建造了沈阳故宫？

　　对于这个问题的答案，历史上至今已有各种版本，虽各有依据，但至今没人能够确认。

　　历史把我们带回到1621年。这一年，清太祖努尔哈赤统率女真族部队占领了辽宁省的沈阳和辽阳之后，为了巩固其统治政权，由新宾县迁都于辽阳，并在辽阳建立了东京城。

■ 努尔哈赤（1559—1626），1559年出生于建州左卫苏克素护部赫图阿拉城，是后金政权的建立者，清王朝的奠基人和主要缔造者。努尔哈赤制定了厚待功臣的重要国策，对开国元勋给予特别礼遇和优待。

■ 沈阳故宫匾额

这对于当时的后金政权来说，无异于是一个重大的喜讯。因为有了自家的根据地，进可攻退可守，就算是与当时的明朝政府抗衡也不是没有可能，就算是不抢夺大明的江山，也可以跟大明朝的皇帝谈谈议和条件，至少可以用马匹、皮草之类的当地特产换一些粮食或者衣服之类的生活用品。

侯振举作为一个已经归顺努尔哈赤旗下的一分子，为汗王努尔哈赤取得如此高的成就而感到高兴。

侯振举是今山西省介休市人，因为善于烧制陶瓷制品而深受汗王努尔哈赤的喜爱。为了表示忠心，侯振举精心烧制了一批琉璃制品，专程进献给努尔哈赤。

努尔哈赤虽贵为汗王，但是也没见过这些精美的

女真族 中国古代生活于东北地区的古老民族，6—7世纪称"黑水靺鞨"，9世纪起始更名女真。直至17世纪初建州女真满洲部逐渐强大，其首领努尔哈赤建立后金政权，至皇太极时统一女真各部，改女真族号为满洲，后来满洲人又容纳了蒙古、汉、朝鲜等民族，逐渐形成了今天的满族。

■ 沈阳故宫石狮子

琉璃碗、琉璃盘，他高兴地说："你进献来的这些琉璃碗、盘是非常好的东西，是对我们的发展有好处的东西。这些东西比金银还值钱。"

他又接着说："金银有什么用，饿了也不能当饭吃，冷了也不能当衣服穿。还是你这个工匠烧制的东西有用，这些东西才是真正的宝贝。来人啊，给侯振举升官，赏银20两。"

侯振举一下子成了努尔哈赤眼中的红人，他再接再厉，继续为汗王努尔哈赤敬献琉璃碗、琉璃盘以及绿釉烧制的瓦和盆。

1622年，侯振举负责的缸窑岭琉璃窑被努尔哈赤封为"御窑"。由此，侯振举的民窑便更名为皇瓦窑，成了汗王御用官窑。

1625年春天，努尔哈赤突然决定把都城从辽阳迁往沈阳。并且，他们几乎是在一夜之间就完成了这项不可思议的任务。

努尔哈赤为何如此"仓促迁都"，民间一直流传着一些说法。

传说，努尔哈赤深信"传统风水学"，他按照风水先生的指点，在当时的东京城西南角修建娘娘庙，在东门里修建弥陀寺，在风岭山下修建千佛寺，想用3座庙把神龙压住，以保龙脉的王气。

又因为浑河古称沈水，风水中有关阴阳的规定为：山的南面为阳、北面为阴，水的南边为阴、北边为阳，因为这座城位于沈水北面，所以根据风水学说法，又把这座城命名为"沈阳"。

沈阳是明朝的辽东重镇。在努尔哈赤选沈阳作为新都城的时候，它已经在女真人的掌握之中。沈阳地势较平坦，人也不多，是中等城市，主要是地理位置优越，有着重要的军事根据地的作用。

所以除了风水原因之外，沈阳的战略地

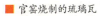
■ 官窑烧制的琉璃瓦

辉煌壮丽的皇宫王府

汗王 亦作"可汗""可寒""合罕"。古代柔然、突厥、回纥、蒙古等族最高统治者的称号。3世纪时鲜卑族中已有此称，但作为最高统治者的称号，始于公元402年柔然首领社仑称丘豆伐可汗。女真（满洲）人称之为hán（汗）。在女真（满洲）人的观念中，hán（汗）作为国家最高统治者的称号，犹如汉语之皇帝，两者的区别仅仅在于语言文字之不同。

■ 努尔哈赤雕像

位，在努尔哈赤看来也是必须选择为都城的一个因素。

长城之南，北京城里有明朝皇宫紫禁城，努尔哈赤看着眼红，因为自己贵为汗王，还没有属于自己的大型宫殿，这样于颜面上也说不过去。

于是，努尔哈赤决定自己也在沈阳城内修建一所属于自己的皇宫紫禁城。

当努尔哈赤做出这个决定的时候，首先想到的人就是曾经给自己进献琉璃缸、绿釉碗的侯振举。

侯振举是能工巧匠，他烧制的琉璃制品天下一绝，于是侯振举就作为沈阳故宫的设计者和建造者同众多工匠一起开始努力地工作起来。

可惜努尔哈赤寿禄不够长，刚刚决定盖房子，就撒手人寰，1626年的秋天，努尔哈赤死去。他的死因也成为历史上的一大谜案。

■ 皇太极（1592—1643），清太祖努尔哈赤第八子，母为侧福晋叶赫那拉氏。1626年，继位后金可汗，改年号为天聪，史称"天聪汗"。他是第一位当大清皇帝的人，这是他个人权势的升华，也是他父亲努尔哈赤创建后金国以来的划时代飞跃。

努尔哈赤死后，他的儿子皇太极成为汗王的继承人。皇太极为了完成父亲的遗愿，继续修建沈阳故宫。沈阳故宫修建共用11年时间才完成。

沈阳故宫建成于1636年，至1644年农历八月年仅6岁的福临决定迁都北京，这座昔日皇家宫殿才成为陪都的宫殿。

阅读链接

侯振举到底是不是沈阳故宫的真正设计建造者是有争议的。因为在当时的年代，工匠之类的人属于下等人，并不会被收录到历史文献中。

不过在清朝乾隆年间，乾隆帝曾经下令为侯振举的后人修家谱。从这一点就可以看出侯振举这一家绝对不是寻常百姓可比拟的。

之所以说侯振举是沈阳故宫的设计者，也是因为侯振举给沈阳故宫提供了琉璃瓦。他曾经参与施工，或许当时的后金政权还没有想过盖个房子还需要什么设计，因为我们现在看沈阳故宫的样式，几乎和当地的房子式样类似，只不过是红墙黄瓦、描金镶宝，多加了些修饰罢了。或许根本不需要真正意义上的设计师来设计。

皇太极时修建的议政宫殿

　　沈阳故宫中宫殿数量极多，在这些金碧辉煌的宫殿中，最为重要的也是皇上使用最多的宫殿，就是他们商议国家大事的宫殿——大政殿，也就是皇上处理政务的地方。

　　大政殿建于1625年，设计之初是作为努尔哈赤的金銮殿来使用的，最早称为"大衙门"，俗称"八角殿"，1636年定名为"笃恭

沈阳故宫大政殿

大政殿位于东路院落正北居中，为八角形尖顶的建筑，屋顶覆盖黄色琉璃绿色瓦饰，在殿身内部使用一圈柱列与斗拱，从空间的使用性质说是使建筑内部空间形成内、外两部分，形成回字形的槽形空间。

沿殿前台阶而上，首先映入眼帘的便是两条蟠柱金龙。金龙翘首扬爪、盘旋直上、呼之欲出。大殿内，地坪正中为木雕金漆宝座，背倚巨大的木雕金漆屏风。殿内顶棚朝廷，雕刻降龙藻井，四周则配以木雕垂莲、福、禄、寿、喜字天花和梵文。

内柱柱头之间全部用透雕花板连接。殿内还高悬乾隆帝、道光帝等皇帝东巡盛京时题的匾联。尤其令人感叹的是，这座金碧辉煌、雄伟巍峨的大殿，从里到外竟然没有用一根铁钉子。

八面殿身均设隔扇门，每面六扇。殿身坐落在每边长 9 米、高 7 米的须弥座台基上，从地面算起，殿总高21米。台基东、南、西、北四出踏跺，东西各9

梵文　梵文为印度雅利安语的早期名称，印度教经典《吠陀经》即用梵文写成，其语法和发音均被当作一种宗教礼仪而分毫不差地保存下来。19世纪时梵语成为重构印欧诸语言的关键语种。

攒尖顶 即攒尖式屋顶，宋朝时称"撮尖""斗尖"，清朝时称"攒尖"，是中国、日本、朝鲜古代建筑的一种屋顶样式，其特点是屋顶为锥形，没有正脊，顶部集中于一点，也就是宝顶，该顶常用于亭、榭、阁和塔等建筑。

级，北为12级，正南两组15级踏跺，正中有御路夹云龙石雕，通向阶下月台。

设计者没有采用满族传统的硬山建筑形式，而是打破常规选择了八角重檐攒尖顶的亭式建筑，这种独特的建筑造型在皇家的主要议政建筑上是很少见的。

大政殿宫殿尚未建成使用，努尔哈赤就病逝了，因此它并未发挥设计之初的功用。

皇太极时期才将大政殿修建完好，但其作用却发生了变化，而将其作为议会、集会等重大活动最庄严、最神圣的地方，诸如皇帝继位、宣布重大军事活动的进军令、颁布大赦令等重要政令、迎接凯旋将士、举行国宴等重要仪式都要在此举行。

十王亭作为东路努尔哈赤时期"诸王议政之所"，是由左右翼王亭和八旗亭组成，分别按照八旗的等级方位分布在大政殿前广场的两侧。

■ 沈阳故宫十王亭

■ 沈阳故宫万字炕

十王亭说是"亭"实际上也是10座"宫殿"建筑。10座宫殿的规模、形制、样式比较类似但是大小略有不同。十王亭为歇山卷棚顶周围廊亭式建筑，青砖青瓦，红柱红门，外廊四角各3根柱子。室内仅一间见方，没有柱子支撑。

十王亭即是努尔哈赤修建，左右翼王亭就不说了，因为翻遍清史也没有关于左右翼王的记载，究竟这两座亭子是不是摆设也未可知。

单说八旗王亭，努尔哈赤其实是以亲疏以及自己宠溺来定排序的，左右两边的第一层次由北向南，以北为上是自己亲统的镶黄和正黄。

两边的第二层次是正白和正红，正白是皇太极的，这是努尔哈赤最为中意的接班人，正红旗是代善的，这是他嘱咐持国的次子。

第三层次是努尔哈赤的两个孙子，长子长孙多铎的镶白旗和代善长子的镶红旗；第四层次则是自己最

多铎（1614—1649），全名爱新觉罗·多铎，清初传奇名将。清太祖努尔哈赤第十五子，他为镶白旗主，时人通称十王。清太宗皇太极时，屡有战功，他与哥哥多尔衮都是覆灭明朝的元勋。

■ 代善 （1583— 1648），为努尔哈赤的次子，也是清代一位杰出的政治家和军事家，初封大贝勒，与阿敏、莽古尔泰、皇太极，并称四大贝勒。勇武善战，多有战功。他对清朝的建立做出了重大贡献。

爱 新 觉 罗·莽古尔 泰 （1587— 1632），清太祖努尔哈赤第五子，努尔哈赤第二位福晋富察氏所生，后金的四大贝勒之一。他骁勇善战，在后金与明朝的战争中发挥了重要作用，后因涉嫌谋反被处死。

不喜欢的五子莽古尔泰的正蓝旗，和被他宰掉的兄弟舒尔哈齐的儿子阿敏。

十王亭由北向南，亭子的规模是越来越小的，由此可见一斑。努尔哈赤定十王亭尊卑时，确是以自己亲疏喜好排列建造的。

当年十王坐殿办公的时候可以坐在面向广场的炕上，这也是不同于其他议政建筑的特点。另外十王亭这种实用性的室内空间布局的特点，是与其建筑的使用方式分不开的。

崇政殿坐落在沈阳故宫的中路，是皇太极时期的"金銮殿"，也是沈阳故宫的正殿，是沈阳故宫的标志性建筑之一。

崇政殿为五间九檩硬山式建筑，建在1米高的台基上。南北均为红色隔扇门，前后辟有檐廊和台阶，并有精美的石雕栏杆装点，古朴秀丽。

殿顶为黄色琉璃瓦，绿色剪边，在正脊、垂脊、博风、山花等部位，设有黄、绿、蓝色的琉璃构件，上面雕有行龙、宝珠、瑞草等图案，将殿檐打扮得绚丽多彩，好像为殿檐镶嵌上了彩色的花链。

殿顶四角装饰着多种颜色的羊、狮、龙、海马等脊兽，栩栩如生，充满活力。山墙的墀头装饰着彩色的飞龙、麒麟等琉璃图案，更加彰显了皇家建筑的华丽与尊贵的气概。

最引人注目的是，在前后檐廊上各有6根红色的方形檐柱，柱顶部分各有一龙头和前爪探出廊外，目视远方，龙身和后爪则在廊内，而龙尾却留在了殿内。整体看去，仿佛是12条巨龙从殿内飞出。那雄姿让人赞叹，那气势使人震撼。

在殿前的石阶下，连着宽敞的白石青砖月台，和崇政殿形成了一个有机的整体。月台的东南角立有日晷，西南角设有嘉量亭，均为大理石雕造而成。日晷为古代计时器，嘉量为古代计量器，两种物件象征着皇权主张的公平和正义。

崇政殿的外观，纯朴华丽，精美紧凑不失壮观的景色，其多彩的视觉与其建筑外形和谐相映，既体现了宫廷的高贵，又透露出浓郁的地方民间气息，充分展示了满族的建筑风格和特色，在中国宫殿建筑中可以说是独树一帜。

脊兽　是中国古代建筑屋顶的屋脊上所安放的兽件。它们按类别分为跑兽、垂兽、"仙人"及鸱吻，合称"脊兽"。其中，正脊上安放吻兽或望兽，垂脊上安放垂兽，戗脊上安放戗兽，另在屋脊边缘处安放仙人走兽。

■ 沈阳故宫崇政殿匾额

■ 沈阳故宫崇政殿全景

　　崇政殿的里面，更是秀丽迷人，肃穆威严。殿堂内五间贯通，不设隔断，没有吊棚，上上下下横竖交错的殿柱梁架一览无余，所有的木架构都装饰着彩绘或雕刻，形成了一处彩云飘逸、百花吐艳、龙飞凤舞的多样空间。

　　你能看见那大大小小的梁架如同一道道腾空飞舞的彩带，粗壮的殿柱携带着盘龙拔地而起，椽间望板上的万朵浮云托起了蓝色的天空。身临其处，仿佛是来到了美丽的仙境。

　　在清军入关后，康熙帝、乾隆帝、嘉庆帝、道光帝几位皇帝东巡盛京期间，都曾在崇政殿接受群臣的朝贺典礼，庆祝自己祭陵大典成功。为了表达对崇政殿的敬仰，从乾隆时起，皇帝把一些相关的题咏诗章手迹制成匾联悬挂在殿内，成为后人永久的记忆。

　　崇政殿见证了皇太极时期的辉煌。大清建立以后，八旗军不断取得胜利，崇政殿也跟着热闹非常。元旦、万寿节、太祖实录告成、皇子娶妻、公主下嫁、明朝重要官员的归降等仪式，以及接待外邦宾客来盛京进贡、朝觐等都是在崇政殿隆重举行。

　　崇政殿是在后金政权建立不到20年的时间里，就按照本民族所喜爱的火爆热烈和淳朴自然的审美习俗，建造了大清国的第一座"金銮殿"，并以此开辟了大清的历史征程，从而充分反映出崇政殿的功德与价值。

迪光殿是一座三间歇山前后廊式建筑，建于1746年至1748年间，为清帝东巡期间驻跸时处理国家军政要务之所。

迪光殿之名为乾隆帝钦定。迪，语出《尚书》太上篇，有"启迪"之意；光，语自《易经》的坤卦，"含弘光大，品物咸享"。迪光，即"欲迪""祖宗谟烈"之光。

迪光殿屏风上刻嘉庆帝《御制瑞树歌》，共269字，用以警示皇帝本人时刻不忘祖宗创业的艰辛。屏风前的宝座雕漆精妙，开光处刻画着太平有象、万方来朝，用以显示八方归顺，天下一统的美好寓意。

宝座左右各摆设云石面方几一架，上面各有一尊碧玉雕成的驮宝瓶，寓意着江山永固，天下太平。宝座前方两侧各陈设一只瑞兽。

中国古代传说，这种神异瑞兽，能日行一万八千里，通晓四夷语言。殿内设瑞兽，用来显示帝王开张圣听之贤德。

迪光殿东西间的东西墙上，各悬漆制挂屏一面，其下条案上陈设着青花贯耳瓶、青花双耳瓶和青花葫芦瓶、霁红瓶。

另外，东西两侧各设插屏式大型门厅镜一面，它们除了有屏风的功能外，还告诫皇帝

141

艺术杰作

沈阳故宫

■ 沈阳故宫崇政殿内景

沈阳故宫迪光殿的内景

要正身廉直，不忘反省言行的得失。

迪光殿前是东西配殿；殿后是保极宫、继思斋、崇谟阁和七间殿，由前后长廊相连。

迪光殿的整组建筑极其精制，包括殿宫、轩榭、门廊等，各个细部在内的建筑造型和宫内陈设，都仔细推敲，穷尽曲径通幽之妙，富贵华丽。

辉煌壮丽的皇宫王府

阅读链接

传说努尔哈赤定都沈阳、建了大政殿以后，从里至外怎么看怎么漂亮，只有一件事觉得不称心，就是殿内缺少一块大匾。于是努尔哈赤传下旨意，命在各处张贴告示，向天下读书人征集匾文。

有一天，努尔哈赤从各地献来的匾文中，看到有一份写了这样四句："木多一撇，正少一横，一点不见，两点全欠。"

努尔哈赤想了很久也没有明白上面的意思，后来，写这份匾文的书生告诉努尔哈赤，这是"移步视钦"的意思。其意思是提醒努尔哈赤身为一国之君，坐在龙庭宝座上要时时以国事为重，别忘了老百姓，要经常到下面体察民情，那样才能治理好一个国家，才能使国家繁荣昌盛。

努尔哈赤觉得书生说得很有道理，便命书生把这4个大字写在匾上，高高地挂在了大政殿内正面。

后宫之内凸显民族遗风

　　皇帝是无论如何也离不开女人的，皇宫中女人人数众多，她们的住所也是非常华丽美观的。如果说皇帝是皇宫中的一把手，那么皇太后的身份地位，让皇帝这个一把手也会畏惧三分。

　　如何安置好皇太后，也是清朝皇帝要花心思考虑的问题。

沈阳故宫颐和殿

辉煌壮丽的皇宫王府

颐和殿就是这样一个安置皇太后的"别墅"。颐和殿位于东所内的第二进院内。这里是皇太后居此期间接受朝贺之处，殿内设有宝座屏风，西墙上原有乾隆帝御书联：

福凝东海增芝算，
祥拥西池长鹤龄。

表达对母亲多福多寿的祝愿。东所的"所"，是清代宫廷中对一些较小规模独立居住院落的一种命名习惯。

当皇太后于此居住之际，东所里要有礼仪活动，最重要一项是皇帝于崇政殿接受群臣朝贺。

■ 沈阳故宫颐和殿内景

庆祝祭祀祖陵大礼告成的当天早上，皇帝要先率诸王公来到东所，太后升坐颐和殿内宝座，皇帝等上殿行三跪九叩头礼，众文武官员则在大清门外排班，在司礼官的导引下同时行礼，礼毕之后，太后回介祉宫，皇帝也回到西所。

这时候，众王公官员在崇政殿前重新排班站位，再举行朝贺皇帝的典礼，由此也可知皇太后地位的重要性。这也是我们千百年来提倡孝道的必然要求，即使身为皇帝也不能例外。

此外，在此居住期间，皇帝和随驾前来的诸后妃、皇子皇孙，早晨和晚上都要到此给太后请安，有时还要陪着进膳，皇太后的尊贵地位可见一斑。

颐和殿建成后，有两位皇太后来过此处：一位是乾隆帝的母亲钮祜禄氏，于1755年随皇帝东巡；另一位是道光朝的太后，也姓钮祜禄氏，是嘉庆帝皇后，但不是道光帝的生母。

因为皇帝东巡在盛京宫殿内住几日就回北京，所以东所建成至清朝末年，皇太后在东所居住总共也没超过半月。

介祉宫位于故宫中路东所的第三重院落中，建于1746年间，是供随驾东巡的皇太后驻跸的寝宫。

介祉宫宽五间进深七架房梁那么多，前后廊硬山式建筑，屋顶覆黄色琉璃瓦加饰绿色剪边。前后檐墙明间设隔扇门，次间和梢间均设

支摘窗 也称和合窗，即上部可以支起，下部可以摘下之窗。其内亦有一层，上下均固定，但上部可依天气变化用纱、用纸糊饰，下部安装玻璃，以利室内采光。外层窗心多用灯笼锦、步步锦格心。故宫内支摘窗多用于内廷居住建筑及配房、值房等。

灯笼锦的支摘窗，台阶南北明间处各一出踏跺。

室内中堂有乾隆御题的"式训徽音嗣，颐神景福绥"。西侧四间为敞间，各间之间由雕花落地罩进行分隔，西梢间沿山墙设炕，为皇太后休息和接受皇帝等人的问安之处。

介祉宫从建成到清末，这里只有乾隆十九年和道光九年随驾而来的两位皇太后居住，总计居住时间十余天，其利用率远低于西所。

凤凰楼的地位和作用很特殊。凤凰楼原名叫"翔凤楼"，位于中路议政建筑崇政殿之后，坐落在后宫区的高台之上，是进出台上五宫的主要门户，为皇太极时期营建的早期建筑之一，其作用是皇太极休息、宴会和读书之所。

凤凰楼建在近4米高的青砖台基上，建筑为三层三滴水歇山顶楼阁式样，屋顶覆以黄琉璃瓦绿剪边。平面正方形，楼身面阔、进深各3间，周围出廊。

■ 沈阳故宫介祉宫

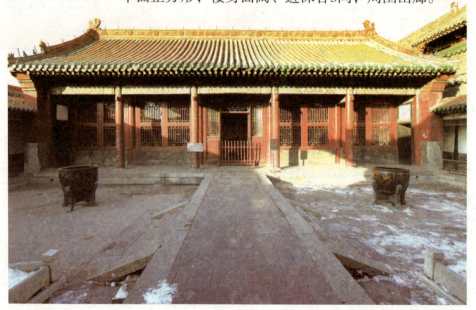

■ 沈阳故宫凤凰楼
匾额

底层明间前后开设板门，作为进出台上五宫的主要出入口，南侧有20多级的台阶通往台下地面。二、三层建筑四周设置围廊勾栏，外檐由较通透的直棂支摘窗构成，仅南向明间开设四扇看起来像斧头眼的孔隙的隔扇门。

此楼的楼梯并未设于室内，而是设于东西两侧的周围廊内，由高台院内可以直接登上楼阁，不需要打开凤凰楼的北门进入室内再登楼。

楼阁各层角柱内收，外形轻盈、挺拔，各层的黄绿两色琉璃瓦与红漆柱、窗、栏杆相映衬，颇为美丽壮观。檐下的兽面柱头、宽厚雀替和直棂马三箭的窗棂式样等仍保持与早期古朴的建筑装饰风格一致。

凤凰楼位于后宫高台上的南端，其功用之一是作为后宫的大门。由于建造凤凰楼时皇太极刚即位，与中原的征战尚未平息，自我防范的意识体现在建筑

隔扇门 是指装于建筑的金柱或檐柱间带格心的门，也称格扇门。中国古代建筑最常用的门扇形式，唐代这种门已经出现，宋代以后大量采用，一般用于民间的装修。整排使用，通常为四扇、六扇和八扇。隔扇主要由隔心、绦环板、裙板三部分组成。

辉煌壮丽的皇宫王府

■ 沈阳故宫凤凰楼全貌

万字炕 或称
"转圈炕""拐
子炕""蔓枝炕"
等。满族的火炕
有自己的特点:
环室为炕。卧室
内南北对起通
炕,西边砌一窄
炕,也有的西炕
与南、北炕同宽
的,与南、北炕
相连,构成了
"冖"形。烟囱
通过墙壁通到外
面。炕既是起居
的地方,又是坐
卧的地方。

中,形成了具有防卫、眺望功能的门楼形式。

　　加上高台四周设置的高墙和用以巡逻的更道,以及凤凰楼底层设置封闭性很强的实墙和厚厚的板门,这些都增强了建筑的防卫作用。

　　台上五宫之所以叫"台上五宫"是因为沈阳故宫的整个后宫建在高台之上,并高于前朝的宫殿,这种"宫高殿低"的特色反映了满族的传统和习惯。

　　沈阳故宫台上五宫建筑指的是位于中路中轴线上崇政殿和凤凰楼之后的寝宫部分,包括正房清宁宫和东宫关雎宫、西宫麟趾宫、次东宫衍庆宫以及次西宫永福宫,五宫共同围合成合院式的院落布局。

　　此外,清宁宫东西墙外靠北侧还有两座小配宫,为没有名号的侍妾和宫女居住的宫殿。

　　四座配宫分别位于清宁宫前东、西两侧,是崇德元年皇太极改元称帝后晋封的4位皇妃的寝宫。

东宫关雎宫住宸妃，西宫麟趾宫住贵妃，淑妃居住在东次宫衍庆宫，庄妃居住在西次宫永福宫。四配宫均为五间前后廊硬山式建筑，黄琉璃绿剪边屋顶。

不同于清宁宫结构的是，这些后宫建筑明间开门，室内为外三间里两间的格局，即正门内明间搭设锅灶，和南侧两间相连，设有连通两间的万字炕。北侧两间内设有暖阁用于居住，外间则是接待客人和用餐等日常活动之处。

清朝初年，后宫的建制并没有后来规定的那样完善，皇帝的主要妃子也就只有四五个。所以，后宫的建筑规模并不是特别壮观，不过尽管如此，东北风情浓厚的万字炕，确实是其他皇宫中少有的特色。

阅读链接

介祉宫位于崇政殿之东，也就是沈阳故宫的东所内第三个进院，是乾隆年间所建，供东巡期间皇太后钮钴禄氏使用的行宫，皇太后每天都会在这里接受乾隆帝率妃嫔到此请安。

钮钴禄氏是雍正帝的妾室，雍王登基为雍正帝，先封钮祜禄氏为熹妃，进而晋为熹贵妃。她生了个好儿子——乾隆帝。雍正帝对弘历从小就宠爱有加，弘历25岁即帝位，根据雍正帝遗命，母以子为贵，封熹贵妃为皇太后。自此以后，钮钴禄氏因儿得福。

但民间也有野史说，乾隆帝并不是皇太后的亲生儿子，是皇太后身边的婢女为解王妃忧虑，设计将乾隆帝"调了包"。但这种说法无论是从史书记载来看，还是当时皇族生子的严格规矩来看，都是无稽之谈。

乾隆帝兴建御用藏书阁

沈阳故宫文溯阁内景

作为皇帝，必须有很强的学习能力，只有自身的各方面知识充裕，才能有足够的经验和能力去处理国内纷繁的政务。文溯阁就是在这个需求之下建立的皇帝御用图书馆。

文溯阁建于1781年至1783年，为西路建筑中的主体建筑，是仿照明代浙江宁波大藏书家范钦的"天一阁"修建的，专门收藏乾隆时期

■ 沈阳故宫文溯阁

编撰的大型图书《四库全书》，也是全国存放《四库全书》的著名七阁之一。

阁名是乾隆帝钦定的，取"溯洄求本"之意，以示自己身处盛世仍不忘祖先开基创业之艰难，兢兢业业治理国家，因此取名为"文溯阁"。

文溯阁的建筑颇为奇特。它是在故宫的西路增建的。故宫西路的宫殿百余间，主要布局却是分为两区，由南至北前部是嘉荫堂、戏台，后面是文溯阁。

文溯阁的色彩与其他宫殿截然不同。一般宫殿殿顶都采用黄琉璃瓦绿剪边及五彩饰件，而文溯阁用的则是黑色琉璃瓦绿剪边。这在沈阳故宫建筑中是独一无二的。

所有的门、窗、柱都漆成绿色，外檐彩画也以蓝、绿、白相间的冷色调为主，这与其他宫殿红金为主的外檐彩饰迥然不同。

天一阁 位于浙江省宁波市区，是中国现存最早的私家藏书楼，也是亚洲现有最古老的图书馆和世界最早的三大家族图书馆之一。天一阁占地面积2.6万平方米，建于明朝中期，由当时退隐的兵部右侍郎范钦主持建造。

■ 沈阳故宫文溯阁
内景

其彩绘题材也不用宫殿中常见的行龙飞凤，而是以"白马献书""翰墨卷册"等与藏书楼功用相谐的图案，给人以古雅清新之感。

它之所以采用黑色琉璃瓦为顶，是根据五行八卦之说，黑代表水，书最忌火，以黑瓦为顶象征以水克火之意。

文溯阁的东侧建有一座碑亭，碑亭顶为黄琉璃瓦，造型独特。亭内立石碑一通，碑亭内石碑背面刻有乾隆帝撰写的《宋孝宗论》。碑文详细记录了建阁经过和《四库全书》的收藏情况。

《四库全书》是清乾隆时期主持编撰的百科全书。它的内容是十分丰富的。按照内容分类分经、史、子、集4部分，部下有类，类下有属。全书共4部44类66属。

《四库全书》结构严谨，是中国古典文献中的珍贵遗产，对于弘扬和传播民族文化具有重要意义。因此，为了保留下这样一部伟大的著作，所以才专门修建文溯阁来收藏此书。

因为文溯阁里的藏书数量很多，不太方便皇帝随时取用阅读，所以皇帝就特别修建了仰熙斋作为自己的御书房，这个地方还是皇帝读书吟诗的场所。

仰熙斋与文溯阁的功能关系比较紧密，在布局上通过高于院落的御阶和院周的抄手游廊将仰熙斋与文溯阁相连，形成了西路围合的又一组院落。

仰熙斋为面阔7间前后廊硬山顶式建筑，屋顶覆黄琉璃瓦绿剪边。仅明间前后各开四扇隔扇门，其余6间均设支摘窗。建筑通面阔约23米，室内进深很小。仰熙斋的东西两侧还建有耳房两间，作为侍从候传之处。

东耳房与仰熙斋通过东尽间南向的小隔扇门联系，西耳房则通过仰熙斋东山墙上的旁门之间联系，通过院两侧的抄手游廊取用书籍很是方便，即便在阴雨天也不会影响书籍的取阅。

清朝的皇帝对汉文化是很推崇的，所以他们很愿意多花时间读汉学著作，对于儒家文化的吸收和传播，满

抄手游廊 其名字是根据游廊线路的形状而得名的。一般抄手游廊是进门后先向两侧，再向前延伸，到下一个门之前又从两侧回到中间。在院落中，抄手游廊都是沿着院落的外缘而布置的，形似人抄手时，胳膊和手形成的环的形状，所以叫抄手游廊。

■ 文溯阁里的藏书

■ 文溯阁匾额

汉文化的融合等方面，清朝的皇帝做得相当出色，皇帝对汉文化的认可在很大程度上缓解了民族矛盾。

　　所以清朝的江山维持了200多年。有了这样的成绩，估计也是和这两所提供图书阅读的文溯阁和仰熙斋有着密切关系。

阅读链接

　　乾隆帝为什么会修《四库全书》呢？很多人觉得乾隆帝是好大喜功，觉得自己的江山治理得还算不错，想着著书立说，给自己歌功颂德。

　　其实真正的原因并不是这样的。清王朝作为少数民族统治者，时刻担心自己的统治地位不稳固，所以要借修《四库全书》之名来彻查当时知识分子的思想对朝廷是否有异心。

　　在所有搜罗来的书籍中，凡是对统治者不利的一律销毁。对于其中有异心的知识分子实施杀戮。这才是修《四库全书》的真正目的。

不可或缺的戏台和瓷器库

　　清朝的皇帝一般都有几个爱好，读书、看戏、收藏古董、把玩瓷器，这些都是比较常见的爱好。

　　嘉荫堂是皇帝和后妃们赏戏和筵宴的地方。嘉荫堂和戏台位于沈阳故宫西路的南半部，由南至北依次为扮戏房5间、戏台一座、东、西

沈阳故宫嘉荫堂戏台

辉煌壮丽的皇宫王府

■ 沈阳故宫崇政殿
内景

直廊各13间，嘉荫堂5间。

嘉荫堂主要是作为清帝东巡驻跸盛京行宫时举办宴会和赏戏的御临之处。而嘉荫堂正前方庭中即是戏台，为青瓦券棚顶式建筑，半米高的台基座上共有圆柱12根围成一戏台，面积约为30平方米。戏台周围嘉荫堂、直廊和扮戏房构成了一个四面封闭的空间，具有相当好的音响效果。

扮戏房，就是演戏时的"后台"，室内北墙原有通往戏台的上下场门；右边一般为上场用，所以名为上场门，常在门上有"出将"两字；左边一般为下场用，所以名叫下场门，常在门上有"入相"两字。

九龙口是靠舞台的右后方中心点。演员出场迈几步到这个位置总要停一下做个亮相。大概由于这是个重要的位置所以叫作"九龙口"。

而靠舞台左后方与九龙口相对称的一个位置，演

盛京 后金都城，即今辽宁省沈阳市。1625年清太祖把都城从辽阳迁到沈阳，并在沈阳城内着手修建皇宫。1634年清太宗皇太极改称沈阳为"盛京"。1644年清朝迁都北京后，沈阳为陪都。1657年清朝以"奉天承运"之意在沈阳设奉天府，沈阳又名"奉天"。

员常在下场前到这个位子，再变换一个动作下场，有称为"白虎口"，但这个名称渐渐被人们淡忘了。

扮戏房两侧以北各有直廊13间，东侧西向，西侧东向，直廊南北分别与扮戏房、嘉荫堂的两山墙相接，此乃清代皇帝赐宴赏戏之时王公大臣坐座处。

据史料记载，清朝宫中看戏之风盛行，在北京故宫、承德避暑山庄以及皇家园林颐和园等处都建有戏台。

因为当时宫廷内的娱乐休闲活动实在是太少了，皇上和后宫妃嫔们闲来无事，只有找一些戏班子进宫唱戏来打发时间。

清嘉庆帝两次东巡盛京，曾在嘉荫堂及戏台举行宴会，与文武百官共同赏戏。

清代的皇帝很喜欢中国的传统文化，很多皇帝都喜欢收藏古玩字画，这就需要有专门的地方来储存和保管这些宝贝。

在崇政殿前院落东西两侧，对称布置一座式样相同的二层楼房，东为飞龙阁，西为翔凤阁，是1746年至1748年，在原来的西侧银库和东侧库房的位置重建而来。两阁是沈阳故宫最重要的藏珍贮宝之处。

两阁均为面阔五间，进深四间九架椽，青瓦硬山顶二层楼房，设

■ 嘉荫堂侧面

檩枋 又称檐枋（宋称阑额）。额，匾额。枋，两柱之间起连接作用的横木，断面一般为矩形。有些额枋是上下两层重叠的，在上的称为大额枋，在下的称为小额枋。大额枋和小额枋之间夹垫板，称为由额垫板。额枋上置平板枋。

前后廊，一层后檐廊被实墙围入室内，仅明间设隔扇门，前檐明、次间设隔扇门，梢间设槛窗；二层殿身前后均设门窗，隔心式样为斧头眼。

建筑檐下檩枋上饰以蓝绿色调的旋子与和玺混合型彩画。阁身位于低矮的四级台基上，阁前台基三出踏跺，阁后明间一出踏跺。

从檐下的装饰彩画和槛窗的形式以及隔心的斧头眼式样，我们可以看出，虽然是储藏类的次要建筑，但因其所处的位置以及贮存物品的重要性，在建筑的装饰上也运用了些许体现等级的手法。

在飞龙阁和翔凤阁之后，各有一座面阔七间前檐廊二层硬山顶建筑，是由乾隆帝主持修建的，这些房子是皇帝专门储存瓷器的瓷器库，也叫"七间楼"。

乾隆帝在增建东、西所行宫时，在原来两座楼基础上改建而成对称布局的。建筑装饰风格比较朴素，青砖青瓦，板门方窗，窗棂与栏杆均直棂无变化，

■ 沈阳故宫飞龙阁

沈阳故宫清宁宫内部景观

而且没有彩画和雕刻装饰。

东西七间楼内存放的物品，虽不像飞龙阁、翔凤阁所贮那样种类繁多，价值珍贵，但也都是皇帝东巡期间使用或由北京专门送往这里的宫廷文物。东七间楼的主要藏品是大约10万件清宫瓷器。

其运来沈阳故宫的时间是1779年。当时因为北京宫殿瓷器库存过多，而且品种比较单调，所以皇帝命将库存的瓷器移送热河行宫。这批瓷器到达沈阳后，便存放在东七间楼中，直至清末。所以从那时起，这座楼也被称为"瓷器库"。

阅读链接

清朝时期，宫廷之内的皇帝和妃嫔们喜好看戏，是因为当时的环境造成的。因为皇宫就那么大的地方，后妃们每天的生活乏味至极。

很多人会因为心情郁闷而患病。为了保证后宫的妃嫔们有好心情伺候皇上，看戏这项必不可少的娱乐活动就非常热门。皇宫之内，隔三岔五就会请戏班子来宫内唱戏。

乾隆帝生辰的时候，徽班进京，经过一番改进京剧才由此诞生。可以说，清朝的统治者对于京剧这项国粹的发展和推动作用是非常巨大的。

与众不同的八字布局

　　作为大清第一所皇家宫殿，沈阳故宫的修建在当时并没有花费过多白银。因为当时努尔哈赤建立的后金政权尚不稳固，国库资金也很有限，修建沈阳故宫时，他召集了很多能工巧匠，给他们一定数额的工钱才把这所皇宫建成了。

沈阳故宫内的建筑

■ 沈阳故宫花园

因为资金短缺，有传言说当时努尔哈赤下令拆掉了一些原来在辽阳的宫殿的东西，把这些"二手货"用在了沈阳故宫身上，并且与之完美结合，让人丝毫都发觉不了。

尽管花费不多，沈阳故宫建筑艺术成就可绝不是随便糊弄的。因为沈阳故宫的八字形布局标志了中国悠久的文化传统，显示了300多年前匠师们在建筑上的卓越成就。

沈阳故宫和北京故宫的布局不一样。北京故宫采用的是对称型的布局，而沈阳故宫采用的是八字空间的布局。这是古代少有的开放式的空间布局，对于闭关锁国的清政府来说，这样的开放式宫殿和他们的封闭政策形成鲜明对比。

沈阳故宫是分为东路、中路和西路三部分修建的。这三部分的特点鲜明，其平面的布局方式、建筑

后金（1616—1636），或称后金汗国，是出身建州女真的努尔哈赤在明朝东北部建立的政权，为清朝的前身。1583年，努尔哈赤率军征服东海女真，统一了分散在东北地区的女真各部。1616年，努尔哈赤在赫图阿拉称汗，建立大金，史称后金，改元天命。1636年，皇太极改国号为"大清"，年号崇德，"大金"国号停止使用。

■ 沈阳故宫大政殿
前的石狮子

的形制、装修装饰的特点等都充分显示了浓郁独特的满族早期建筑文化。

东路布局以沈阳故宫轴线中心的大政殿为整个空间的中心，两侧十座王亭呈"八"字形对称排列。东西两侧的10座王亭以点的形式线形排列，在空间之中形成了两条隐含着的线，进而划分确定出一个明确的空间领域。

站在空间的起点处，你能够感受到在中心的大政殿控制下的，与两侧十王亭拱抱形成的巨大专属空间。而整个空间又是敞开、相互连通的。

在大政殿的近距离范围内，空间中出现了更进一步的小尺度空间元素。在左翼王亭和右翼王亭之间，大政殿前出现了一个月台，月台的南侧东西两端各立有一个石狮。

沈阳故宫中路建筑在整个的群体布局当中，是中间的核心部分，起到了联系和组织东、西两路的枢纽作用。

同时，因其自身的统一性、完整性与地方性特点，也使它成为沈阳故宫的代表建筑群。

与东路大政殿建筑群单一的朝政功能不同的是，中路建筑群符合中国传统宫殿建筑群的前朝后寝的布

大政殿 俗称八角殿，始建于1625年，是清太祖努尔哈赤营建的重要宫殿，是盛京皇宫内最庄严最神圣的地方。初称大衙门，1636定名笃恭殿，后改大政殿。此殿为清太宗皇太极举行重大典礼及重要政治活动的场所。

局方式，通过一系列的牌坊、殿门、院落、大殿、楼阁等建筑元素，有机地将两大功能排列组合到一起，形成了一系列的空间组合模式。

中路建筑群共由五层院落组成。第一层院落为今沈阳路南侧的影壁与大清门之间的一组建筑，还包括东西两侧的朝房，位于沈阳路上的文德和武功牌坊。

作为整个中路建筑群的起始点，第一层院落有效地把故宫的建筑空间从城市中分离出来。从功能方面讲，沈阳路上的文德和武功牌坊起到了地标性建筑的作用。同时，又由于牌坊的开放性，使沈阳路的空间增加了层次感。

沈阳故宫中，其整个建筑尺度、规模以及空间围合的完整程度与北京故宫有较大的差别，所构成的宏大效果显得较弱，但是在心理的暗示、空间气氛的营造方面仍有着异曲同工的作用。

阁　一种架空的小楼房，中国传统建筑物的一种。其特点是通常四周设隔扇或栏杆回廊，供远眺、游憩、藏书和供佛之用。汉时有"天禄阁""石渠阁"，清时有"文津阁""文汇阁"，指供佛的地方，如文渊阁、佛香阁、阁斋、阁本等。

■ 沈阳故宫文德坊牌坊

辉煌壮丽的皇宫王府

在沈阳故宫中，首先要经过沈阳路东西方向的行走，直至大清门前后，才出现了90度的轴线转折，这一点是两座故宫在这一空间序列部分最大的不同。

在这里，沈阳路上的两个牌坊、大清门、沈阳路南侧的影壁与其所形成的广场共同作用，使中心广场得到扩大化的效果，在整个中路的空间序列当中，起到了转折、缓冲的调节作用。

第二层院落是中路朝政空间的核心，是这个序列的高潮部分，也是皇帝常朝的空间。

这重院落主要由大清门到北部的崇政殿、东西两侧的飞龙阁、翔凤阁构成。另外还包括飞龙阁后的东七间楼、翔凤阁后的西七间楼、紧临崇政殿的东翊门、西翊门、崇政殿前月台等。

中路的第三层院落现存有崇政殿、高台上与之同处中轴线上的凤凰楼、分立院落两侧对称布局的师善斋与协斋、日华楼与霞绮楼。根据原来满族王府的形制，这重院落应该是原来皇太极王府的第一重院落，是整个王府空间的开端。

第四层院落也称为"台上五宫"，是沈阳故宫中与前朝空间相对的"寝宫空间"，建于近4米的高台之上。高台上的正门是凤凰楼，院内一间正房4间厢房，它们分别是中宫清宁宫、东宫关雎宫、西宫麟趾宫、次东宫衍庆宫、次西宫永福宫。

在清宁宫的东西两山墙外还有东西配宫。高台庭院东南角有索伦神杆。与中路前面的三进院落相比，台上五宫的院落空间尺度大大缩小，建筑形体趋于简单，建筑的尺度也更加得宜人，以适应居住功能的需要。

第五层的院落与前面的四层重院落之间的差别是非常明显的，可从两个方面反映出来。首先，在功能方面，第五层院落主要是专为后宫的帝后供应御膳之用，属于生活空间的配套附属功能，在空间序列中的地位显然不是很重要的角色。其次，由于这重院落是配套附属功能的院子，与中轴线上前四重院落的联系并不密切。

第五层院落及其北部区域有御膳房、磨房、碾房、28间粮仓等。

沈阳故宫内的建筑

沈阳故宫一角

各房间在皇太极时期就已修建，在康、乾时期又对其进行了重修。在修建过程当中，尽量遵照原有建筑的式样建造。此后，经过历史的风雨洗礼，后来的院落格局、功能与旧制有了很大的改变，除28间粮仓的位置基本保持原址外，其余建筑都已荡然无存。

　　西路建筑与中路的东、西所皆属于沈阳故宫中的晚期建筑，是乾隆帝又一次大兴土木留下的成果。该建筑群位于中路的西侧，包括文化娱乐性质的斋堂殿阁160余间。

　　西路布局始建于1781年，兴建速度极快，至1783年，就全部建成。整个西路组群分为两大部分，一部分是由嘉荫堂、戏台、扮戏房、转角房组成的观演部分；另一部分是由文溯阁、仰熙斋、碑亭和九间殿等组成的书院部分。两部分南北并置，中间有一条路与中路西所相连。

阅读链接

　　沈阳故宫自1625年创建，作为清政权初建时的皇宫和定都北京后的陪都宫殿，使用287年，它不仅是清王朝历史的真实见证，而且也是中华民族优秀的建筑文化遗产。

　　新中国成立后，沈阳故宫受到了重点保护，1955年，成立了沈阳故宫博物馆。1961年中华人民共和国国务院将沈阳故宫列为全国重点文物保护单位。1986年，沈阳故宫博物馆改名为沈阳故宫博物院。2004年7月1日，联合国教科文组织第二十八届世界遗产委员会批准了中国沈阳故宫作为明清皇宫文化遗产扩展项目列入《世界遗产名录》。

辉煌壮丽的
皇宫王府

宫殿怀古

古风犹存的历代华宫

章华台位于湖北省潜江龙湾，是楚灵王于公元前535年主持修建的离宫。当时，这座宏大的建筑被誉为"天下第一台"。

姑苏台在苏州城外西南隅的姑苏山上。公元前492年，吴王夫差战胜越国后修建。

咸阳宫位于陕西省咸阳市东。公元前350年，秦孝公迁都咸阳，开始营建宫室。

阿房宫是秦朝宫殿，始建于公元前212年。阿房宫宫殿之多、建筑面积之广、规模之宏大，在当时都是世界之最。

四大古宫

誉为天下第一台的章华宫

在西汉史学家、文学家司马迁所著的《史记》中有一篇《廉颇蔺相如列传》，文中记载："秦王坐章台见相如。相如奉璧奏秦王。"其中"章台"，就是"章台宫"。

古时章台宫一带，最初是王孙公子等纨绔子弟游赏取乐的地方。后来，由"章台宫"延伸出了"章台""章台路"和"章台街"等称谓。

在《汉书·张敞传》中就有"走马过章台街"的记载。唐代著名诗人

■ 司马迁（公元前145年或前135—不可考），字子长，西汉时期伟大的史学家、文学家，被后人尊为"史圣"。他最大的贡献是创作了中国第一部纪传体通史《史记》。《史记》被列为"二十五史"之首。

■ 楚国文化公园

李商隐在《对雪》中有："梅花大庾岭头发，柳絮章台街里飞。"

宋代文学家欧阳修在《蝶恋花》中也有关于章台的记载："玉勒雕鞍游冶处，楼高不见章台路。"在中国其他的文史中，此类记载不胜枚举。

被誉为"天下第一宫"的章华宫，始建于春秋时期楚灵王继位的当年。整个工程历时5年，于公元前535年宣告落成。楚灵王不惜耗费人力和物力，大兴土木，建造了这座豪华壮丽的宫殿园林，可见其国力的强盛。

在春秋后期，楚国日臻强盛，开始虎视中原。为了炫耀国力，威镇诸侯，楚灵王"穷土木之技，殚珍府之宝"，费时数年，建造了章华宫这座宏伟壮观的离宫。

据说，章华宫落成之后，楚灵王邀请天下诸侯前

诸侯　古代中央政权所分封的各国国君的统称。周朝分公、侯、伯、子、男五等，汉朝分王、侯二等。周朝制度，诸侯名义上需服从王室政令，向王室朝贡、述职、服役，以及出兵勤王等。汉时诸侯国由皇帝派相或长吏治理，王、侯仅食赋税。

来游乐，可是只有鲁昭公一人应邀而来。以后到楚国访问的国君和使者，大都到过章华宫。

处于偏远北方的狄国使者访问楚国时，也在章华宫受到了楚灵王的热情款待。这位使者在登临章华宫时，中途休息了3次，因此，人们又称章华宫为"三休台"。由此可以想象出，这巍巍矗立的章华宫的确是高耸入云了。

离宫建成之后，楚灵王搜罗天下的细腰美女藏于宫中，离宫又名"细腰宫"。

楚灵王为了让美女们保持细腰而令她们节食，不少女子因饥饿而死，故有"楚王好细腰，国人多饿死"的说法。

当楚灵王在章华宫中沉迷于享乐之时，一场宫廷

辉煌壮丽的皇宫王府

离宫 在国都之外为皇帝修建的永久性居住的宫殿，皇帝一般在固定的时间都要去居住。离宫也泛指皇帝出巡时的住所。

楚灵王 初名围。公元前541年，他的侄子楚郏敖生病卧床，于是借口入宫探病之时，他用来冠的长缨将侄子勒死，而后自立为楚国国君，更名为虔。他继位时，正是楚国与晋国平分霸权的时候。

政变正在向他逼近。当初遭到他迫害而被迫逃离楚国的3个弟弟暗中串通，在其他两国的帮助下，返回了郢都，杀死了灵王的两个儿子，并宣布废掉灵王，另立新王。

事成之后，3个弟弟派人迅速赶到灵王的另一所大型游宫，即乾溪宫去通报废立结果。同时，还向群臣宣布，先回郢都者保留职位和家产，若不回去则依法严惩。

楚灵王本来早已失去人心，大臣们一听到这个消息，就立刻弃灵王而去了。

成为孤家寡人的楚灵王独自西行，途中听说两位皇子被杀，他痛哭流涕地说道："寡人杀别人的儿子杀得太多，没想到今天竟也落得如此下场啊！"

又累又饿的楚灵王倒在路边昏睡过去了，梦中灵王又依稀回到了那座象征他权力和欲望的章华宫。亭台楼榭，歌舞升平，美酒佳肴，群臣恭立。

饥肠辘辘的楚灵王飞快地冲到香气扑鼻的美食跟前，准备饕餮一

颓废的楚国君王塑像

顿时，不料扑了个空，从台上跌落了下来。他醒来一看，哪里有什么富丽堂皇的章华宫呢，连一个人影也没有啊！穷途末路的楚灵王只好在绝望中自缢身亡。

随着楚国的衰亡，楚王和章华宫也随之被毁，一代名胜，仅存遗址。但它所显示出的荆楚古人卓绝的智慧和才干却足以令后人感到骄傲和自豪。

后来，东汉的开国大将马援曾在此修建了百洲寺，唐代开国功臣尉迟恭又加以扩建，并让人绘制"章台晓霁"悬于寺内。现代古画仍存，供文人墨客吊古吟诗。

随着历史的远去，章华宫已经灰飞烟灭。它却足以警示后人：为政之首要得民心，得民心者得天下。

后来，随着考古发掘的深入，这座沉睡于地下2000多年的豪华宫殿遗址又重新展现在世人眼前，它就坐落在湖北潜江西南的龙湾镇。其显露的1号宫殿基址为大型城台建筑，台基分为3层。

一层台基的东侧有一条贝壳路，已显露部分贝口朝下，背向上，互相扣接，砌在路基的细泥中，贝壳排列紧密整齐，呈横"人"字纹。

城台建筑的南面和西面均有1米宽的贝壳路，贝

辉煌壮丽的皇宫王府

荆楚　特指湖北，湖北古代称为荆楚。荆楚因楚国和楚人而得名，楚人借天时、地利融汇了中原文化和南方土著文化，开创了独具异彩的楚文化，是周朝至春秋时期在江汉流域兴起的一种地域文化。荆楚文化是中华民族文化的重要组成部分，其源远流长，博大精深，具有鲜明的地域特色和巨大的经济文化开发价值。

壳大部分被火烧毁。高台建筑的南面有东、西两个大台阶，大小一样，台阶为土木结构建筑，台阶的四周均用方木垒砌，中间填土。

二层台的南侧也有长廊式建筑，台上分布有两排柱洞。长廊式建筑的西边有地下排水设施，3条陶制的排水管道通向水坑。

排水管的东面有一条南北向的墙及台阶通向回廊，回字形回廊上面两排柱洞排列井然。

二层台北面与回廊之间有一堵墙，墙的中部安有双合门，墙的北侧为立柱和台阶，南侧为门框的安门的门斗。二层台高约1米，面积约60平方米。

三层台呈曲字形，台周边分布有30个半明暗的大型台柱洞，每个柱洞的宽度有1.5米左右。台内埋设有纵横交错的埋地梁的地沟和柱洞。地梁均为固定周边台柱和方木墙带而设置，柱洞为锁住地梁和台上建筑

■ 荆楚建筑

门斗　在建筑物出入口设置的起分隔、挡风、御寒等作用的建筑过渡空间。冬季时在门外加建一个临时方形小屋，用它来挡住寒风，这叫作门斗。门斗是汉族在东北居住的民居，在房门前安设的一种防寒设施。每到严冬，人们就将门斗安装在正房门前，与外门连接，用它来挡住寒风吹入屋中，这是一种保暖的方式。

175

宫殿雄风

四大古宫

夯土 古代建筑的一种材料。中国古代建筑材料以木为主角，土为辅助，石、砖、瓦为配角。古代的城墙和台基往往是夯筑的。夯土是一层层夯实的，结构紧密，一般比生土还要坚硬，而土色不像生土那样一致，并含有古代的遗物。

■ 湖北楚园塑像

而埋设。

夯土台基为板块夯筑而成，夯土有灰褐色和灰黄之分。宫殿毁于大火，建筑遗迹清晰可见。

根据这些已显露的建筑遗迹和四次大规模勘探提供的情况，考古工作者初步推测1号宫殿基址的建筑总体布局是：台基东部为3层台建筑，台北为亭廊环绕的园林式建筑，台周曲廊环绕，台内曲廊穿梭于一、二、三层之间，台东有大河奔流，台西有湖水漾波，堪称人间休闲胜地。

放鹰台1号宫殿基址在建筑方面的主要特点是规模宏大。该基址占地面积1300平方米，高出地面5—6米，是建筑规格高，土木结构的高台建筑。大型台柱，台内地梁、台护壁的设置和贝壳路等，属中国建筑史上的首次发现。

放鹰台建筑布局风格奇特，东西高低错落，亭廊

出土的楚国铜车马

环绕，庭院与园林相间，广场的设置等，在中国东周列国建筑史上十分罕见，为东周时期楚国王室成员活动的中心区域。

　　龙湾遗址西部黄罗岗遗址周围分布着众多东周时期的文物遗存，此为春秋楚城。龙湾遗址是中国迄今发现的面积最大、规格最高、保存最好和时代最早的楚文化遗址。

阅读链接

关于章华宫的遗址有四种说法：

其一，在今湖北省监利县西北，后有人认为春秋时楚灵王所建章华宫就在这里，称为"华容之章华"。

其二，在今安徽省亳州市东南方向，说楚灵王章华宫就在这里。

其三，在今河南省汝南东，战国楚襄王为秦将白起所逼，逃跑到此地而兴建的，并沿用旧名，即"汝阳之章华"。

其四，在今湖北省沙市，后人附会为灵王所筑，即豫章台。

被夫差视为仙境的姑苏台

　　姑苏台，又名姑胥台，位于江苏省苏州城外西南隅的姑苏山上。姑苏台遗址就是后来的灵岩山。

　　姑苏台西依上方山，东濒石湖，山水相映，景致绝佳。春秋时

■ 姑苏台外景

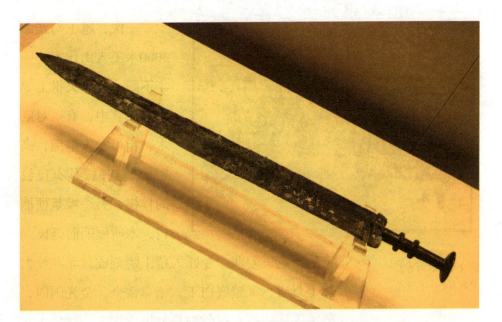

■越王勾践剑

期，这里曾是吴国的苑囿。南宋时期，是著名的田园诗人范成大在乡间的居憩地。

姑苏台曾是吴王夫差的行宫。在公元前492年，夫差战胜越国之后，便在吴中称王称霸，他得意忘形，骄傲起来。他在国内大兴土木，到处建造宫室和亭台楼阁，作为他享乐无度的"蓬莱仙境"和长生逍遥之地。

越王勾践深知吴王夫差嗜好修建宫室，兴建亭台楼阁，便运用辅国大夫文种的"伐吴计谋"，用重金财物献给吴国君王与臣下，使他们财迷心窍，对越国失去警惕。同时又送去美女以消磨吴王意志，送去能工巧匠和建筑良材，让吴国大造宫殿、高台，耗其资财，乏其民力。

越王勾践就是用这些法术，以计取胜，不花大力气去打硬仗，使吴王夫差不知不觉进入他所设计的圈套，越陷越深。

越王勾践 春秋末越国国君，公元前496至公元前465年在位。因为是大禹的后代，所以姓姒，名勾践，又名菼执。曾败于吴，屈服求和。后卧薪尝胆，发愤图强，终成强国，于公元前473年灭吴。

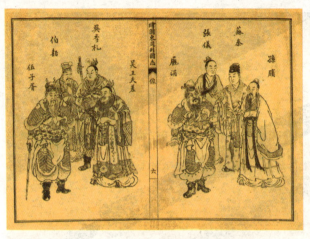

辉煌壮丽的皇宫王府

《东周列国志》中吴王等画像

一次，越王勾践命3000木工入山伐木，一年不归，伐掉大批上等木材。其中，有一对巨木，粗可20人抱围，高120米。一棵是有斑纹的梓树，另一棵是梗楠树，木质硬朗而挺拔。

于是，越王勾践命令匠人精工雕刻成盘龙花纹大柱，抹上丹青，又镶嵌白玉，错彩镂金，金光闪闪，光怪陆离。还将所有采伐的良材进行加工，然后派文种大夫献给吴王夫差，建造富丽堂皇的宫殿与高台。

吴王夫差见到这些雕刻精美的木材，龙心大悦，他不听贤臣伍子胥的劝阻，立刻照单全收了这批良材。当时，这批来自会稽的粗大木材，把山下所有的河道、沟渠都塞满了，"木渎"因而得名。

据史书记载："为修造姑苏台材料历经三年才积聚，五年方造成。"

阖闾在世时曾在山上筑烽火高台，观察、预防外来的敌人，而吴王夫差却饰以铜钩玉槛，改建成规模宏大的馆娃宫殿、响屉廊、玩花池、琴台、山顶凿吴王井等。

姑苏台高900米，宽252米，有九曲路拾级而上，登上巍巍高台可饱览方圆50千米范围内湖光山色和田园风光，其景冠绝江南，闻名于天下。

高台四周还栽上四季之花，八节之果，横亘2.5

会稽 古地名，位于浙江绍兴。会稽因绍兴会稽山得名。会稽山是中华九大名山之首，具有非凡的历史地位。公元前2060年，夏禹大会诸侯于此，成立中国第一个朝代"夏"，会稽从此名震华夏，成为中华文明象征。春秋时期，会稽是越国的都城。

千米，还建了灵馆、挖天池、开河、造龙舟、围猎场，以供吴王逍遥享乐。

吴王夫差在那里终日花天酒地，不理朝政，他到哪里，哪里便有亭台楼阁，住到哪里，哪里就有妃嫔、女仆侍奉左右。

夫差为了建造姑苏台，不知耗费了多少黎民百姓的血汗，搜刮了多少百姓的资财。据《吴越春秋》卷九中的《勾践阴谋外传》记载："它使道路常有死者，街巷哭声不绝，百姓困乏，军士痛苦……"

当吴王夫差与美女们沉浸在欢乐逍遥、穷奢极欲之时，越国便展开了对吴国的进攻。在公元前475至公元前473年，越国前后用3年时间把吴国城池团团围困，使吴国城中断粮断炊，百姓饥荒，士兵无力作

伍子胥 吴国大夫、军事家。公元前483年，夫差派伍子胥出使齐国。有人诬陷伍子胥阴谋倚托齐国反吴。夫差听信谗言，将其赐死。伍子胥死前说：请将我的眼睛挖出置于东门之上，我要看着吴国灭亡。在他死后9年，吴国果然被越国所灭。

■ 复原后吴王宫殿

吴王夫差雕像

■ 夫差（前？—前473），吴国第二十五任君主。为了洗雪其父阖闾败给越王勾践的耻辱，夫差打败越王勾践。连年的兴师动众，造成国力空虚。而勾践卧薪尝胆，迅速恢复越国国力，图谋报复。后勾践乘虚而入，杀死吴太子，最后夫差自杀身亡。

战，不堪一击，越兵轻易而入，很快就占领了吴国城池。

就在越兵进攻之时，吴王夫差带领亲信狼狈逃窜至姑苏山上，当他们在苟延残喘之际，被追赶的越兵围困山中，上天无路，入地无门，吴王夫差命手下去求和未成。

吴王夫差仰天叹息，后悔当初未听伍子胥的忠告，使自己陷入这等地步，于是用大巾盖脸，自刎而死。

吴王夫差用了8年心血建成的姑苏台，被越兵付之一炬，成了一片废墟。姑苏台的辉煌与兵燹，表明了吴国的兴衰，历史记载着过去，启示着未来。

阅读链接

据史书记载，吴王营建姑苏台的目的：一是"望太湖"，监视越兵动向，以防敌人偷袭；二是"中窥百姓"，即暗中窥测境内百姓的动静，以防民众聚众起事。

从而反映出吴国到了阖闾统治的后期，不仅与邻国越国关系十分紧张，已到了剑拔弩张的地步。而且，国内的矛盾也已十分尖锐，大有一触即发之势。

秦孝公迁都咸阳修奢华宫室

公元前350年，秦孝公在仰观天象和俯察地理之后，毅然把都城从临潼的栎阳迁到了山之南水之北的咸阳。选择咸阳作为未来的国都，是秦朝历史的重要转折点。

■古都咸阳模型

咸阳四面环山易守难攻，同时处于关中四通八达的交通枢纽，最重要的是咸阳所在的关中地区雄居黄河中游，地势西高东低，可以形成对黄河下游各个诸侯国居高临下之势。统治地位优越，选择咸阳透露出的是秦王的雄心和抱负。

　　秦王定都咸阳后，就开始筑冀阙，修宫室，由此拉开了营建秦代咸阳宫的序幕。

　　咸阳宫的修建首先是用黄土层层夯打垒起一个6米高的夯土台，夯台的最高点是处理政务的主体殿堂，殿堂东西长60米，南北宽45米，周围有回廊环绕。

　　殿堂西侧有平台，借以远眺。南临露台，可俯瞰全城。北隔甬道与上层相连。上下两层是屋宇，屋宇内有取暖的壁炉和盥洗用的地漏，墙壁上装饰有用黑、赭、红等矿物质绘制的壁画。地面结实坚硬，用鹅卵石打磨光滑后，再涂一层朱砂。

　　夯台四周有排水池以利于宫殿排水，并配置有使肉类食物不易腐烂的冷藏窖。咸阳宫与其他宫殿之间又有复道、楼阁相连。

　　这种既能处理朝政，又能就寝、沐浴，并在通风、采光、排水等

■秦始皇战马马车（雕塑）

■蜡像：秦始皇视察

方面做了合理安排的多功能台榭建筑，设计精巧，是中国建筑史上新的里程碑。

从此，这座高筑在咸阳城的咸阳宫成为秦国政治、经济、文化的中枢和心脏。

尽管秦国的国君个个称得上英雄豪杰，但在秦建都咸阳144年的历史中，咸阳宫最杰出的主人莫过于秦皇嬴政了。

公元前259年，嬴政出生在赵国邯郸。

13年后，嬴政登上了咸阳宫九五之尊的宝座。嬴政22岁那年，就在咸阳宫里举行了庄严的加冕仪式。

嬴政登基后，依靠尉缭、李斯等人的辅佐，以海纳百川的胸怀，广招天下英才，在宏伟的咸阳宫运筹帷幄，一统六国的序幕渐渐拉开……"秦王扫六合，虎视何雄哉！挥剑决浮云，诸侯尽西来"。

尉缭 中国古代军事家。公元前237年入秦游说，被任为国尉，因称尉缭。著名的军事理论家，著有《尉缭子》的兵书，他为秦王嬴政统一六国立下汗马功劳，主张"并兼广大，以一其制"。

六国 战国时期的韩、赵、燕、魏、楚、齐六国。后秦自公元前230至公元前221年，先后灭六国，统一天下，七国争雄的局面结束。

■ 项羽 （前232—前202），中国古代杰出的军事家及著名政治人物。中国军事思想"勇战派"代表人物。秦末随人发动会稽起义，在后来的战役中大破秦军主力。秦亡后，项羽自立为西楚霸王，后在楚汉战争中为汉王刘邦所败，自刎而死，年仅30岁。

公元前221年，39岁的嬴政终于实现了自己剪灭六国的雄心，自称"始皇帝"。从此，伴随着咸阳宫每天晚上点燃的灯火，那书写在成捆成堆竹简上的公文，在秦始皇的朱批下"车同轨、书同文、衡同权、法同治"的主张和诏令传向全国。

虽然后来秦朝在渭河以南修建了许多宫殿，但秦始皇仍然"听事，群臣受决事，悉与咸阳宫"。

秦帝国建立以后，公元前220年又对咸阳宫进行了大规模的增修和扩建。当时宫门四开，仿效天上的"紫宫"，犹如天子星在人间再现，使咸阳宫更加具有帝王宫殿的气派。

从秦孝公营建咸阳到咸阳宫被项羽焚毁，历史上有名的事件，如商鞅变法、司马错伐蜀、范雎相秦、荆轲刺秦王、焚书坑儒、指鹿为马等都曾发生在这里。

但历史的演进，不会体恤生命个体的悲喜和沉浮，曾经主宰一切的秦始皇，在统一六国的10多年时间里，5次远途巡游。

雄伟的咸阳宫，伴随着始皇帝在河北沙丘的驾崩，即将结束它灿烂的华章。随着帝国大厦的倾覆，

紫宫 紫微垣，在古代，人们认为紫微垣位于天的最高处，共有恒星15颗，这组恒星被认为是天帝所居的宫殿，称为紫宫。

李商隐 （约813—约858）晚唐最出色的诗人之一。其诗构思新奇，尤其是一些爱情诗和无题诗，写得缠绵悱恻，优美动人，广为人们所传诵。代表作品有《樊南甲集》《樊南乙集》《玉溪生》《赋》和《文》，等等。

咸阳宫被项羽焚烧，时人形容"楚人一炬，可怜焦土"。

唐代著名诗人李商隐也无不感慨地说：

咸阳宫阙郁嵯峨，六国楼台艳绮罗。

自是当时天地醉，不关秦地有山河。

至20世纪70年代中期，经过考古专家的调查和发掘，在秦咸阳宫遗址区发现较大的宫室遗址3组，其中，较完整与宏大者为1号遗址。

在咸阳城址北部的阶地上，约相当于城中轴线附近的地方，有一组高台宫殿建筑遗址，它坐落在秦代时的上原谷道的东西两侧，分为跨沟对峙的两部分，西侧为1号遗址，东侧为2号遗址。

西侧遗址保存较为完好，经过遗址复原后可知这是一组东西对称的高台宫殿，由跨越谷道的飞阁把两者连成一体，是极富艺术魅力的台榭复合体。遗址东西长60米，南北宽45米，一层台高6米，平面呈L形，可分为若干个小室。

■ 秦王宫模型

辉煌壮丽的皇宫王府

壁画 墙壁上的艺术，即人们直接画在墙面上的画。作为建筑物的附属部分，它的装饰和美化功能使它成为环境艺术的一个重要方面。壁画为人类历史上最早的绘画形式之一。原始社会人类在洞壁上刻画各种图形，以记事表情，这便是流传最早的壁画。

南部西段的五室排成一列，西边的四室是宫妃居住的卧室，出土有内容丰富的壁画和一些陶纺轮。最东一室内有取暖的壁炉及大型的陶质排水管道，推测可能是浴室。浴室的一角是贮存食物的窖穴。

主体宫室建在高台之上，地表为红色，即所谓的"丹地"，门道上有壁画痕迹，表明这是最高统治者的厅堂。

在1号遗址的西南方，还有一处结构十分复杂的宫殿遗址。已发掘出的阁道两侧饰满彩色的壁画，壁画内容是秦王浩浩荡荡的车马出行图，其中，有车马、人物、花木、建筑等题材。

古代的宫廷壁画因为大都毁坏不存，所以这些保存下来的秦代宫室壁画，具有很高的价值，在中国建筑史和美术史上占有重要地位。

阅读链接

秦国是战国七雄中的强者，它不断蚕食他国，公元前228年向北进犯，已经俘虏了赵王，燕国危在旦夕。燕国的太子丹派荆轲做刺客，意图杀死秦始皇，以解亡国威胁。

荆轲出发前，做了3项准备：由勇士陪同自己行刺，带上秦王一直想杀死的樊姓仇人的人头，再拿上燕国打算献给秦王的最肥沃的燕地督亢地区地图。

荆轲到了秦国后，秦始皇在咸阳宫隆重接待了他。秦始皇见到荆轲后兴奋不已打开地图，但就在地图全部展开时，露出了一把匕首。

荆轲一个箭步跑过去，拿起匕首又拉住秦王，但秦始皇挣脱而逃。围柱追逐一番后，秦王抽剑砍伤荆轲，众大臣侍卫随后用乱刀将荆轲杀死，荆轲刺秦的壮举就这样失败了。

秦始皇为炫德威建阿房宫

西安的阿房宫始建于公元前212年，是秦王朝的巨大宫殿，遗址在今西安西郊的阿房村一带。阿房宫是中国历史上最著名的宫殿建筑群，规模宏大，雄伟壮观，被誉为"天下第一宫"。

阿房宫在历史资料中的记载可谓是凤毛麟角。最终，人们才得出可信度最大的结论，那就是，几千年来人们所传说的阿房宫并非不存在，而是根本没有建完。

秦始皇当年用了4年时间只建好了坚如磐石的土夯，直到秦始皇去世都没有建成阿房宫。到了秦二世

■ 秦始皇（前259—前210），秦朝开国皇帝，他创立皇帝制度，在中央实施三公九卿制，地方废除分封制，实行郡县制，统一文字、货币和度量衡等。秦始皇奠定了中国版图的基本格局，把中国推向了大一统时代。

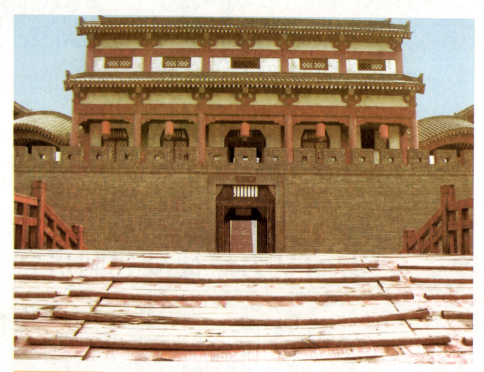

■ 1995年重建的阿
房宫正门

时期，他为了完成先皇的遗愿，又召集苦力打算建完阿房宫，而当时各地已经开始纷纷起义，最终阿房宫还是没有建成。

据史籍记载，秦始皇在统一全国的过程中，每征服一个国家，就把这个国家的宫殿用图绘出来，在京城咸阳附近模仿建造。于是，在当时的渭水北岸建成了各具特色的"六国宫殿""冀阙""甘泉宫""咸阳宫""上林苑"等宫殿。

公元前212年，秦始皇还嫌先王所建的宫殿太小，因而又征发几十万人在渭水南岸修建规模更大的朝宫。北山的石料，楚蜀的木材，都运到了工地。

这个朝宫的设计规模庞大，全部工程直到秦朝灭亡时都没有完成，因而朝宫也没有正式命名，只因前殿所在地名叫阿房，所以人们把这处宫殿叫阿房宫，意即咸阳宫的近旁。

阿房宫只建成一座前殿，位于西周京都丰镐附近，也就是现今的西安市西郊赵家堡和大古村之间。殿廷能容万人，矗立五丈高的大旗，其规模之大令人震惊。

阿房宫规模如此之大，一方面是为了显示皇帝的威严，另一方面是为了容纳更多的朝见者。又收天下兵器熔铸成12个铜人，各重24千克。为防刺客藏兵器入宫，用磁石作为大门。

公元前210年，秦始皇在出巡途中病逝。因为要给他赶修骊山陵墓，也就是现今的秦始皇陵，阿房宫曾一度停工，次年又复工了。

公元前207年，项羽率楚军进入关中。传说项羽放火焚烧了阿房宫，大火3月未熄，阿房宫因而变成

秦始皇陵 秦始皇的陵墓，是世界第八大奇迹，世界文化遗产，国家重点文物保护单位。位于陕西省西安市临潼区骊山脚下。据史书记载，秦始皇从13岁即位时就开始营建陵园，修筑时间长达38年。现存陵冢高76米，陵园布置仿秦都咸阳，分内外两城。

■ 阿房宫前的铜人（模型）

台基 建筑用语，即台的基座，又称基座。在建筑物中，系高出地面的建筑物底座，用以承托建筑物，并使其防潮、防腐，同时可弥补中国古建筑单体建筑不甚高大雄伟的欠缺。大致有四种：普通台基、较高台基、更高台基和最高台基。其中，最高台基常用于最高级建筑，如故宫，即耸立在最高级台基上。

■ 1995年重建的阿房宫正门

一片废墟。但是，后人经过仔细研究，却始终没有找到阿房宫被烧毁过的证据。

然而，阿房宫经过2000多年的风雨涤荡，尘世沉浮，至今犹存。经专家考古，阿房宫共发掘出了前殿、上天台和磁石门等遗址。

前殿是阿房宫的主体宫殿。前殿现存一座巨大的长方形夯土台基，西起长安县纪阳乡古城村，东至巨家庄，经探测实际长度为1300多米，宽400多米，是中国目前已知的最大的夯土建筑台基。

台基由北向南呈缓坡状。南面坡下探出大面积路土，为一广场，广场南沿有4条道路向南延伸。台基东边和西边是现代挖成的断崖。北边是三层高出地面的台阶。

20世纪50年代初，台上东、西、北三边都有土

梁且连接在一起，现仅残存北边土梁，其高出台面2米多，略短于台长，应为倒塌了的夯土墙，发现有绳纹、布纹瓦片，分别有一戳印，上有"千右，北司"文字。

■ 1995年复建的阿房宫

上天台遗址位于阿房宫村南，俗称"上天台"。上天台台上西北角有一条向西伸出的坡道，直通台下。坡道底宽上窄。台下夯土基向北直至阿房宫村附近。台下北边还残留一段白灰墙迹。台下四周地面散见战国晚期至秦的细绳纹和中绳纹瓦片、几何纹空心砖块、红陶釜片和许多烧红了的土块。

磁石门为秦阿房宫门阙之一。秦阿房宫的建筑以磁石为门，一是为防止行刺者，以磁石的吸铁作用，使隐甲怀刃者在入门时不能通过，从而保卫皇帝的安全。二是为了向"四夷朝者"显示秦阿房宫前殿的神

绳纹 古代陶器的装饰纹样之一。它是一种比较原始的纹饰，有粗绳纹和细绳纹两种。绳纹是在陶拍上缠上草、藤之类绳子，在坯体上拍印而成的，有纵、横，斜并有分段、错乱、交叉、平行等多种形式。它是新石器时代至商周时期陶器最常见的纹饰。

奇作用，令其惊恐却步。

　　阿房宫遗址至今风骨犹存，但是这些辉煌建筑都已经不复存在。我们要想知道阿房宫的全貌，也只能从唐代大诗人杜牧的《阿房宫赋》里鉴赏了：

阿房宫遗址出土的竹简

　　六王毕，四海一。蜀山兀，阿房出。覆压三百余里，隔离天日。骊山北构而西折，直走咸阳，两川溶溶，流入宫墙。五步一楼，十步一阁；廊腰缦回，檐牙高啄；各抱地势，钩心斗角。盘盘焉，囷囷焉。蜂房水涡，矗不知其几千万落。长桥卧波，未云何龙。复道引空，不霁何虹？高低冥迷，不知西东。

阅读链接

　　阿房宫中的12铜人像是秦始皇集天下兵器所铸造的。传说，秦国有一位将军，名叫阮翁仲，据说此人身高约4米，异于常人，秦始皇派他随蒙恬将军北征匈奴，后来战死疆场。

　　有一天，秦始皇做了一个梦，梦到阮翁仲将军让他收尽天下兵器以防叛乱。在统一六国后，秦始皇命令收集天下兵器铸其铜人像。

　　所以后人说：秦始皇销毁兵器和铸造铜人像的根本目的在于防止叛乱，是维护其统治的政治举措。

汉代四宫

长乐宫遗址在陕西省西安市西北郊阁老门村，始建于公元前202年，由前殿、宣德殿等14座宫殿台阁组成。

未央宫与长乐宫相隔近500米，是西汉几个小王朝的政治中枢。未央宫始建于刘邦称帝后的第七年，由40多座殿台楼阁组成。

建章宫创建于汉武帝时期，位于未央宫侧旁。建章宫建筑组群的外围筑有城垣。

甘泉宫遗址位于陕西省咸阳城北的凉武帝村，总面积约600万平方米。

由秦代兴乐宫改建的长乐宫

在2200多年前，汉高祖刘邦定都长安后，中国历史自此进入了延续200多年的西汉帝国时期。随着西汉帝国的不断繁荣和昌盛，长安城也在不断修建和扩大。

当时，长安城中最大的宫殿是长乐宫。长乐宫原本是秦代的离宫兴乐宫，刘邦定都长安后，便将这里扩建为布政之宫，更名为"长乐宫"。

长乐宫宫城"周回二十里"。

■ 汉高祖刘邦（前256或前247—前195），汉朝开国皇帝，他参与了推翻暴秦的行动，于公元前206年进入关中要地，推翻秦朝。后来统一全国，建立汉朝。公元前202年登基，建都长安。

据有关考古探测，宫殿面积约6000平方米，约占当时长安城总面积的六分之一。

■ 复原后的汉代建筑

长乐宫宫城平面形制略呈方形，南墙在覆盎门西有一曲折，其余各墙都为直线。整个宫城为夯筑土墙，厚达20多米。

宫墙四面各设一座宫门，其中东、西两门是主要通道，门外有阙楼，称为东阙和西阙。南宫门与覆盎门南北相对。东、南两面临城墙，西隔安门大街与未央宫相望。

长乐宫内有14所宫殿，均坐北向南。其中，前殿位于南面中部，前殿西侧有长信宫、长秋殿、永寿殿、永昌殿等。

前殿北面有大夏殿、临华殿、宣德殿、通光殿、高明殿、建始殿、广阳殿、神仙殿、椒房殿和长亭殿等。另有温室殿、钟室、月室以及秦始皇时在兴乐宫中建造的高达40丈的鸿台。

千古辉煌

汉代四宫

西汉　又称前汉，与东汉合称汉朝，中国古代秦朝之后的大一统封建王朝。公元前202年刘邦称帝，国号汉，史称西汉，定都长安。公元9年，王莽自立为皇帝，改国号为新，西汉灭亡。

鸿台　秦始皇时所筑高台，是秦朝兴乐宫的旧有建筑，于公元前220年开始建造，高40丈，台上有楼阁，刘邦曾于台上猎设鸿鸟，故称"鸿台"。公元前191年，鸿台曾发生火灾。

■ 西汉长信宫灯

后来考古发现，长乐宫具有罕见的排水渠道，在1米多深的地下，两组陶质排水管道如两条南北向的巨龙汇聚在一条长达57米的排水渠。

排水渠道由一条排水渠和长短不一、粗细不均的排水管道共同构成。在接纳了来自南方和东方的各个排水管道的污水之后，便向西北方流去。

这组排水设施由两座沉淀池和数段圆形或五角形排水管道组成，两个沉淀池分别位于西部的两个庭院中，有管道相通。进出水管道高低计算精准，从房顶下来的雨水先汇入庭院中的沉淀池中，待杂物沉淀后，清水最后通过压在半地下通道下面的双排水管排到建筑之外。

这样就能保证排水管道不被堵塞，只需定时清理沉淀池就可以了。这充分体现了西汉时期中国皇宫建筑的高超水平。

经过考古勘探和发掘，长乐宫4号宫殿有2000平方米，房子为半地穴式，鹅卵石铺地后砂浆抹平地面，墙壁涂有白灰，并饰有夺目的彩绘壁画，通道和台阶铺有精美的印花砖，显示出独特的审美取向。

后来发掘出的5号宫殿遗址形制独特，遗址围墙特别厚。据专家推测，这里就是用来储藏冰的"凌室"，厚厚的墙壁有利于保持室温，所藏之冰用来储藏食物、防腐保鲜和降温纳凉。考古还发现，长乐宫6号宫殿遗址是一座大型夯土台基，结构精巧。

在长乐宫6号宫殿遗址西部有一组3室的半地下房子和分割的4个庭院。东部是一组夯土围成的庭院，庭院靠西北角有一眼深8米的水井，东边的夯土一直延续至北面30米处的4号遗址。据专家推测，夯土上当初可能是房屋或走廊。

这处规模宏伟的建筑，除了房屋、水井、院落外，紧贴夯土台基的一条半地下通道，专家认为，这极有可能是皇宫中的秘道，是皇族们为了预防不测而设置的安全通道。

长乐宫是西汉初年的皇宫，汉高祖刘邦迁都长安后，就在这里接见群臣与朝会诸侯。因此，长乐宫是

■ 汉代车马画像砖

长乐宫遗址出土的瓦当

当时主要的政治活动中心。

从汉惠帝起，西汉皇帝就移居未央宫听政，长乐宫仅供太后居住，从而形成了"人主皆居未央，而长乐常奉母后"的制度。由于长乐宫在未央宫之东，因此又称为"东宫"或"东朝"。

长乐宫从汉惠帝时就失去了正宫地位，但由于是汉惠帝母后之宫，尤其是在后来吕太后临朝称制以及外戚专权之时，长乐宫仍然是当时左右朝政的政治中心。

西汉末年，王莽篡位，建立了新朝，王莽仍然居住在汉朝宫殿，并将长乐宫更名为"常乐室"，但新朝覆亡时，长乐宫也于战火中焚毁了。

辉煌壮丽的皇宫王府

阅读链接

韩信是中国历史上的著名将领，也是汉朝的开国功臣，被汉高祖刘邦封为齐王。刘邦自知军事才能不及韩信，所以对韩信十分疑忌，时常希望削弱韩信的权力。

刘邦先将韩信从齐王调为楚王。不久，刘邦又托词到楚国的云梦出巡，亲自生擒韩信，再以罪名贬韩信为淮阴侯。

后来，汉朝发生内乱，刘邦亲自出征平乱。韩信想借此机会在长安造反，但被人告发。吕后便与萧何商量，诈称内乱已经平息，下令韩信等大臣入宫道贺。

韩信入宫后，立刻被预先埋伏的武士捉拿，最后在长乐宫被杀。

历史上存在时间最久的宫殿

　　未央宫建于长乐宫修复后不久，是汉高祖称帝后世的公元前200年。未央宫由40多座殿台楼阁组成，宏伟壮观。这组宫群是由刘邦的重臣萧何监修。

　　当时刘邦在山西一带与韩信作战，让萧何镇守关中，同时监修未央宫。

　　不久，刘邦从前方打仗回到长安，见萧何把未央宫修得这么宏丽，甚为不悦，生气地问萧何："天下匈匈，苦战数岁，成效未可知，是何治宫室过度也？"

　　■ 萧何（约前257—前193），秦末辅佐刘邦起义。攻克咸阳后，他接收了秦丞相、御史府所藏的律令、图书，掌握了全国的山川险要、郡县户口。刘邦登基后，他主持监造了长乐宫和未央宫。高祖死后，他辅佐惠帝，死后谥号"文终侯"。

苏武 （前？—前60）中国西汉大臣。公元前100年奉命以中郎将持节出使匈奴，被扣留。匈奴贵族多次威胁利诱，欲使其投降；后将他迁到北海边牧羊，扬言要公羊生子方可释他回国。苏武历尽艰辛，留居匈奴19年持节不屈。公元前81年，才获释回汉。

辉煌壮丽的皇宫王府

■ 出土的汉代宫灯

萧何回答说："天子以四海为家，非今壮丽亡以重威，且亡令后世有以加也。"也就是说未央宫壮丽的外观是为了显示帝王的威势。

刘邦听了萧何的这番解释，转怒为喜。

未央宫是在秦章台遗址上修建的。秦代时利用龙首山北麓修筑了章台，汉代初在章台基础上，又修筑了未央宫前殿。未央宫建筑以前殿为主体，前殿遗址迄今仍然高高屹立在长安城中。其他重要建筑分布在前殿周围，其中，以前殿东南和西北部各种宫室建筑最为密集。

未央宫规模之大、殿宇之盛，确实在当时达到了一个新的高峰。它以位于今西安西北郊的西马寨村北的前殿为中心，向四面展开，使宫殿布局协调大方，整齐美观。

自未央宫建成之后，汉代皇帝都居住在这里，所以它的名气之大远远超过了其他宫殿。在后世人的诗词中未央宫已经成为汉宫的代名词。

那时的未央宫又称紫宫或紫微宫。中国古代天文学家分天体恒星为三垣，中垣有紫微十五星，也称"紫宫"。紫宫是天帝的居室。把未央宫称为紫宫，因为它是天子的皇宫。未央宫四周筑有宫墙，形成宫城。

未央宫是中国历史上存在时间最长的宫殿。在汉高祖刘邦之后，王莽政权、西晋、前赵、前秦、后秦、西魏、北周都以此作为中央政府的行政枢纽。而西汉的许多重大历史事件曾经发生在这里。

■ 王昭君塑像

汉朝大臣苏武出使匈奴，漠北牧羊19年，完节归汉，在这里受到汉武帝的表彰；少年将军霍去病在这里领取兵符，率军西征，打通匈奴窜扰的河西走廊；张骞在这里领取诏令，两次出使西域，开辟了"丝绸之路"，并在这里向朝廷禀报了西域的见闻；王昭君在这里自愿请行出塞，和亲匈奴，千年来，被后人誉称"女中英贤"。

未央宫内的"天禄阁"和"石渠阁"，乃是汉朝的"典籍之府"。这里珍藏着大量的图书，可以说是中国最早的国家图书馆。司马迁《史记》就是在这里参阅图书、史料而撰写成的。

张骞 （前？—前114）汉代卓越的探险家、旅行家与外交家，对丝绸之路的开拓有重大的贡献。张骞曾两次出使西域，开拓了汉朝通往西域的南北道路，并从西域诸国引进了汗血马、葡萄、苜蓿、石榴、胡桃、胡麻等。

阅读链接

正是因为汉代有座未央宫，所以古今名人雅士在行文作诗时也常用"未央"一词。那么未央是什么意思呢？

究根溯源，"未央"一词出自古代第一部诗歌总集《诗经》："夜如何其？夜未央。"未央就是未尽、未深的意思。

在唐代伟大的现实主义诗人白居易的《长恨歌》中就有："归来池苑还依旧，太液芙蓉未央柳"的诗句。

唐代也有一座未央宫，只是这座未央宫被划入长安城中，是宫苑中的宫苑。

建在秦章台上的绝代皇宫

　　未央宫是中国西汉的皇家宫殿，位于西汉都城长安城的西南部，今陕西省西安市西北处。因在长乐宫的西侧，汉代称为西宫。公元前200年，在秦章台的基础上修建，同年汉高祖自栎阳迁都长安。

　　"未央"一词出自《诗经》："夜如何其？夜未央。"

汉代瓦当

　　由此可见，"未央"的意义就不难理解了。"未央"就是"没有灾难""没有殃祸""没有祸患"的意思。此外，从文献记载来看，神仙长生术在汉代非常盛行。

　　秦皇汉武希冀长生不老，听信神仙方士之言，不惜多次上当受骗，花费巨大的财力、人力寻求、烧炼不死之药。尽管他们最终都未逃脱死亡的结局，但他们的行动却在秦汉社会中造成了巨大的影响。

汉代未央宫是君臣朝会的地方，总体的布局呈长方形，占长安城总面积的七分之一，较长乐宫稍小，但建筑本身的壮丽宏伟则远远超过了长乐宫。

未央宫宫城四面各辟有一门，称为宫门，又称司马门。未央宫的四座宫门，以北门和东门来往人员最多，因此萧何在修建未央宫时，先修了北阙和东阙。

之所以如此，主要有两个原因，一则长安城北部集中了大量的宫殿和人口，人们进出未央宫从北面走方便得多。

二则西汉时期，与长安一水之隔的渭北咸阳原上是汉朝皇陵区，而且在长陵、安陵、阳陵、茂陵和平陵均设置了陵邑，五座陵邑是京师重地，集中了大量的官僚和人才。

由于帝陵修建和管理的需要，北门作用很大，因而长安城和未央宫的北门都是重要通道。

从长安城内布局来看，未央宫位于城内西南隅，桂宫、北宫和明光宫均在长安城北部与东北部，它们与未央宫之间的交通，以进出未央宫北门最为方便。

百官和外国酋长、使者到未央宫朝见天子也要走北宫门。而东门阙的修建是由于东边有长乐宫，皇后

■ 出土的汉代建筑模型

千古辉煌

汉代四宫

长陵 于今陕西省咸阳市东的窑店镇三义村北。长陵又名"长山"，是汉高祖刘邦与吕后同茔不同穴的陵墓。其地面建筑虽然早已毁坏，但陵园和陵邑的围墙保存得很好，陪葬墓群中也还有63座墓冢可寻。

辉煌壮丽的皇宫王府

■ 汉武帝 （前156—前87），刘彻，是汉景帝第十子，16岁登基，在位54年。汉武帝开创了西汉王朝最鼎盛繁荣的时期，是中国封建王朝第一个发展高峰。他的雄才大略、文治武功，使汉朝成为当时世界上最强大的国家，他也因此成为中国历史上伟大的皇帝之一。

住在长乐宫，因此皇帝经常要到东宫去办事。

当时，进入北宫门有南北大街直达未央宫前殿。北宫门外有高大的阙楼，称北阙。阙是门前的两个高耸建筑物，对称分布于门外的门道两旁。

皇宫宫门前的阙是宣布国家政令和张贴重要安民告示的地方。文武大臣进皇宫宫门之前都要在阙下等候。根据礼仪，他们要在阙下想想自己有什么不足，意思就是"缺"什么。

阙上有"罘罳"，"罘罳"是把木头镂空雕刻成各种连接的几何图形，观其形状，反复不得其解，所以称为"罘罳"，实际是"复思"，即反复思考。阙上装饰了"罘罳"就是要求大臣朝见皇帝行至阙下要反复考虑自己的奏章。

在西汉时期，谒见皇帝之士和上书奏事之官，都要到北阙之下等候召见。北阙之内有许多重要的建筑，如高入云天的柏梁台、学者云集的天禄阁、石渠阁等。

北阙之外还有许多达官显贵的宅第，他们以居住在北阙附近而深感荣幸。此外，北阙还是重要的行刑

奏章 中国古代时期，大臣向皇帝进言或汇报事情时所使用的文书，是大臣和皇帝之间交流的主要途径。在奏章中，大臣可以向皇帝表达自己对于朝政的意见或其他事情的看法或建议等。是否认真批复奏章也是区分一位皇帝是否贤明的重要标志。

之处，楼兰王和南越王被斩首后，其头颅都曾经悬挂于北阙之下。

在西汉中晚期的历史记载中，多次提到未央宫有金马门。此门名称的来历是因为汉武帝时，不惜通过战争得到了一匹大宛的良马，汉武帝十分喜爱它，于是下令仿照此马铸成了一具金光闪闪的铜马，安放在当时的"鲁班门"之前，并将"鲁班门"更名为"金马门"。

后经考证，金马门就是未央宫的北宫门。汉代不少名人，如公孙弘、东方朔、主父偃、严安和徐东等人，都曾待诏金马门。金马门又简称"金门"。

未央宫东宫门有东西大街直达未央宫前殿。未央宫东宫门可能比北宫门更重要。诸侯王朝见皇帝都要进东宫门，因此有"朝诸侯之门"之称。皇亲国戚来往于未央、长乐二宫都要出入东宫门。

未央宫南宫门与西安门基本上南北相对，从宫门

金马门　汉代宫门名，学士待诏之处。在当时是文人荟萃之处，曾有许多人待诏金马门，后来也指翰林院，寓意功成名就。宋欧阳修诗说："金马玉堂三学士，清风明月两闲人。""春风杨柳鸣金马，晴雪梅花照玉堂"是中国常用的喜联。

■ 汉代车马模型

《三辅黄图》

古代地理书籍。该书记载了秦汉时期三辅的城池、宫观、陵庙、明堂、辟雍等，间涉及周代旧迹。各项建筑，皆指出所在方位。此书条理清晰，为研究关中历史地理的重要资料。

有道路直通前殿南部。未央宫西宫门位于卢家口村南，有东西大街从宫门通往前殿。

未央宫前殿为西汉一代大朝之地，是宫殿中最重要的地方，因此其建筑之豪华也是其他宫殿所无法比拟的。据《三辅黄图》记载，未央宫的建筑所用的木材都是清香名贵的木兰和纹理雅致的杏木。屋顶椽头贴敷的金箔，在阳光照射下熠熠发光。

前殿华贵的大门上装饰着镏金的铜铺首和闪光的宝石。窗户上雕饰着古色古香的花纹，回廊栏杆上雕刻着清秀典雅的图画。

洁白无瑕的玉石础石上耸立着高大的铜柱，使殿堂显得格外壮观，紫红色的地面、金光闪闪的壁带烘托得大殿富丽堂皇、分外壮观。

前殿的正门在南面，称为端门。门前有谒者10人，全副武装，手持长戟，日夜守卫。门内是广阔的庭院。每逢朝会，庭院中的旌旗迎风招展，仪仗浩浩荡荡。

■ 未央宫遗址

汉代骑兵俑

　　功臣列侯诸将军列队站在西边，面向东方。丞相、御史大夫和太常等文职官员列队站在东边，面向西方。

　　庭院之北则是前殿上的三大殿。大朝正殿是中间台面上的大殿，坐北朝南。国家大事往往是在正殿北部的宣室里决定。

　　由于宣室居于前殿最高处，本身建筑犹如台阁，所以又称之为"宣室阁"。前殿正北除宣室外，还有非常室，这是皇帝在前殿下朝的居处。

阅读链接

　　考古发现，前殿是未央宫的主体建筑，居未央宫正中。它利用了龙首山高大丘陵形成的高台作为殿址。前殿遗址的高大台基，至今仍高高耸立于汉长安城之中，其南北长350米，东西宽200米，高15米。

　　地形由南向北逐渐升高。台基由南向北可分成低、中、高三层台面，中间台面的主体建筑是前殿的中心建筑物。

　　未央宫前殿遗址，是目前中国历史上保存最完整、规模最大、最具代表性、时代较早的高台宫殿建筑遗址之一。

皇帝居所和后妃宫室建筑

在未央宫的前殿，建有皇帝冬天居住的温室殿和夏天居住的清凉殿。从前殿往里走，就是皇帝后宫佳丽的住所。

温室殿是汉武帝时期修建的，殿内有清洁卫生、设计别致的壁炉，炉内以木炭取暖。殿的内壁用椒泥涂抹，墙壁上披挂着文绣的丝帛。

汉代皇帝服饰

殿中的木柱以清香的桂木制成，殿门之内设置了能反射出五光十色的云母屏风，紫红色的地面之上，铺放着西域地毯。

清凉殿又名延清室。殿内陈放着线雕图案的白色玉石床，床上罩着紫色琉璃帐，床边放着盛有冰块的水晶石制作的鉴盘。

据《三辅故事》记载，汉武帝的

宠臣董偃，经常在清凉殿中休息。

夏季的一天，董偃热得喘不过气来，他躺在清凉殿中的玉石床上，仆人从冰室给他取来了大量冰块，放在殿内的许多冰鉴之中。他还觉得没有凉意，于是索性将床边竹几上的盛放冰块的水晶石鉴盘放在床上，靠近身边。

仆人进殿后，看到董偃身边的水晶石鉴盘，以为是冰块置于石床之上，怕冰融而弄湿石床，于是用手拂动冰块和鉴盘，结果冰盘俱碎。由此可见，鉴盘水晶之清莹，虽然近在咫尺，却冰、玉难辨。

■ 汉武仙台遗址

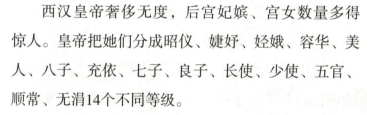

西汉皇帝奢侈无度，后宫妃嫔、宫女数量多得惊人。皇帝把她们分成昭仪、婕妤、娙娥、容华、美人、八子、充依、七子、良子、长使、少使、五官、顺常、无涓14个不同等级。

根据这些后宫妃嫔、宫女的不同等级，享受不同的待遇，住在不同的宫殿建筑里。因而，后妃宫室建筑规模相当宏大。

皇后的宫殿称椒房殿，位于前殿北面。椒房殿取名是由于这个宫殿是以花椒和泥涂抹墙壁。这样做一则可以使墙壁呈现暖色，室内有温暖的感觉。二则可以使宫殿中芳香袭人。

椒房殿的遗址已经进行了考古发掘，东西150米，南北200米，平面为长方形。其结构与皇帝大朝

冰鉴 古代盛冰的容器，功能明确，既能保存食品，又可散发冷气，使室内凉爽。它是古人的发明创造，传世有不少清代晚期的木胎冰箱。冰箱箱体两侧设提环，顶上有盖板，上开双钱孔，既是抠手，又是冷气散发口。为使冰箱处于一定高度便于取放冰块和食物，配有箱座。

的前殿一样，由正寝和燕寝两部分组成。

汉武帝时，皇帝的后妃宫殿分为8个殿，有昭阳、飞翔、增成、合欢、兰林、披香、凤凰和鸳鸯殿。后来又增修了安处、常宁、茝若、椒风、发越和蕙草殿，共14座宫殿。

汉成帝爱妃赵飞燕，因其贵倾后宫，住在昭阳殿。此殿由建筑师丁缓和李菊负责建造，建筑十分考究，居后宫诸殿奢华之首。

昭阳殿也是以花椒粉和泥涂抹墙壁，涂饰富贵的朱红色，整个宫殿涂上各色光亮照人的大漆。

殿的椽梁之上，雕刻着萦绕其间的蛇龙纹饰，龙鳞蛇甲，分外鲜明，栩栩如生。墙壁露出的横木之上，镶嵌着醒目的镏金铜沓，铜沓之上装饰有蓝田美玉制作的玉璧、闪闪发光的明珠和墨绿色的翡翠。

昭阳殿中用绿色琉璃制作的窗和光耀夺目的门帘相映生辉。门帘是以五光十色的珍珠串联而成。清风徐来，门帘摆动，宝珠轻碰，声如珩佩，如临仙境。

门帘挑起，闯入眼帘的是金黄色的硕

212

辉煌壮丽的皇宫王府

■ 出土的汉代凤鸣双连杯

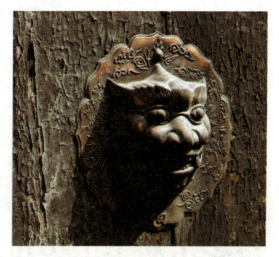

■ 铺首　门扉上的环形饰物，相传铺首是龙所生九子之一，警惕性高，故饰于门扇之上。后来民间门扉上应用亦很广，为表示避祸求福，祈求神灵像兽类敢于搏斗那样勇敢地保护自己家庭的人财安全。

大铜铺首，镏金的铜门槛夹置于洁白的玉石门臼之间。

进入殿内，殿上陈列着9条跃跃欲飞的金龙，龙口之中各衔一枚"九子金铃"，五色的流苏，绿色的绶带，令人目不暇接。雕画精细的屏风背后，有陈设清雅的玉几和玉床。难怪人们称誉昭阳殿"巧为天下第一殿"。

婕妤以下的皇帝妃嫔，都住在掖庭。掖庭也是一组宫殿建筑，其中包括丹景台、云光殿、九华殿、鸣銮殿、开襟阁和临池观等。

虽然掖庭比椒房殿的主人地位低，但作为皇帝宠幸的妃子们的居室，其建筑自然也是堂皇富丽的。

213

千古辉煌

汉代四宫

阅读链接

汉代人非常喜欢以草木之名命名宫殿。未央宫的后宫佳丽成群，她们所居住的宫殿，或称合欢殿，或称兰林殿，或称蕙草殿，华木香草非常繁茂。

合欢树的叶子是羽状，白天张开，夜晚闭拢，夏秋花色粉红，嫔妃居合欢殿确实相宜。合欢花就是马缨花。兰并不是后来常指的兰花，而是古代的木兰或泽兰。茝即白芷，外形很像杜若，俗称竹叶莲，花为红色，都是香草。蕙也指兰，花呈黄绿色，也属于香草。

汉宫内的六大文化性建筑

出土的汉代长乐未央砖

未央宫城内有很多文化类建筑，这些建筑足以显示出西汉时期对文化的重视。未央宫中的文化性建筑物大多是用于存放图书、历史档案和开展学术活动。

这类建筑主要有石渠阁、天禄阁、麒麟阁、承明殿、曲台殿和金华殿等。

石渠阁在未央宫西北部，石渠阁因"石"而得名，所谓"石渠"，即以砻石为渠。

据传石渠阁是萧何主持建造的，秦朝末年，刘邦率军进占咸阳后，萧何收秦朝图书典籍和档案。西汉初期，石渠阁建成后藏之于其中。

石渠阁实际是西汉时代中央政府的图

书馆和档案馆之一。汉成帝时，曾把汉朝政府国家档案收存于石渠阁中。由于石渠阁中有大量图书和档案材料，许多著名学者、文人都曾到那里查阅资料。

西汉中晚期，石渠阁又成了长安城中的学术讨论中心，学者们在这里谈古论今。大学者韦玄成被任命为淮扬中尉以后，皇帝就曾诏命他与萧望之等"五经诸儒"在石渠阁研讨问题。

■ 砖拓：汉代大夫辩论

此外，当时的社会名流和文人都曾在石渠阁举行过各种各样的集会和活动。该遗址至今还在未央宫前殿西北，今存夯土台基南北长65米，东西宽67米，高约8米。

天禄阁在未央宫北部，西距石渠阁500多米。天禄阁遗址中部为高台建筑的夯土台基，现存高10米左右，底部呈方形，边长20米，台顶有后人修建的"刘向祠"，这是人们为了纪念西汉学者刘向在天禄阁整理典籍、著书立说而营建的。

天禄阁的功能主要是存放文史档案，也藏有许多重要典籍。除上面提到的刘向之外，西汉不少著名学者，如大文学家扬雄等都曾在天禄阁中工作过。

麒麟阁，也称麒麟殿。

韦玄成　鲁国邹人。少年时即好学，在路上遇见高人，便请求与其同行，并用车载送，以方便探讨学问。对贫贱之人，更加有礼。汉宣帝时，韦玄成曾受诏与当朝重臣萧望之以及"五经诸儒"在石渠阁杂论异同，阐发诗意，得到皇帝的赏识。

长沙市简牍博物馆内的汉代竹简

后仓 字进君生，西汉经学家。精通《诗》和《礼》，还是研究《孝经》的专家。公元前198年，刘邦在未央宫建曲台，将先秦旧书移于宫内，后仓在曲台校书数年，与刘向、扬雄等博学之士，商讨古今，雠校古书，并掌管三阁所藏图书。因在曲台校书，著《曲台记》。对《礼》有深刻研究，所说论记数万言。

据说在汉武帝时，人们捕获了一只麒麟，这在当时是一件大事情。为了纪念这件事，特意下令修筑了这座建筑物，并将麒麟的图像绘在殿阁的墙壁之上，这就是麒麟阁名称的来历。

麒麟阁内壁画十分有名，除绘有麒麟壁画之外，还有西汉功臣画像壁画。公元前51年，匈奴首领单于来到长安，谒见汉朝天子。汉宣帝为了纪念这件事，就把许多功臣的画像，作为壁画绘制于麒麟阁上。

壁画上的人像绘制十分逼真，呼之欲出。人像旁刻上各自官爵姓名。麒麟阁也是藏书之地，大文人扬雄曾在此校阅图书。该遗址在天禄阁的西北。

承明殿位于石渠阁附近，约在石渠阁与天禄阁之间。承明殿属于"著作之庭"。文人学者们在这里饮酒作赋、著书立说。

曲台殿和金华殿是讲授礼教学问的地方，所谓"曲台说礼，金华说书"就是这个意思。曲台也是学者们校阅精典、著作文章的地方，汉武帝曾让后仓

■ 汉代壁画

在曲台校书著文。后仓在曲台高谈阔论礼教之学达数万言，所以人们送他个绰号，叫"曲台说"。

曲台官员有署长，孟喜曾出任过此职。郑宽中、张禹曾在金华殿给汉武帝讲解《尚书》《论语》等文献。这样由6个文化类建筑组成一个学术文化活动中心，足以反映出西汉时期对文化建设之重视。

未央宫中还有朱鸟堂，也称寿成朱鸟堂，这里主要用来放置收藏地理方面的书籍。西汉末年，全国各地地理学者都会集于朱鸟堂，校阅地理书籍。

阅读链接

西汉初年，长安作为统治阶级的国都开始设计修建时，丞相萧何就在未央宫中主持修建了天禄阁与石渠阁。

西汉初，继续推行秦朝的"挟书之律"，即规定民间不准藏书的禁令。汉惠帝时，为收集和整理图书，废除"挟书之律"。汉武帝更是积极地收集整理书籍，命令丞相公孙弘"广开献书之路，建藏书之策，置写书之官""下及诸子传说，皆充秘府"。

汉成帝时又遣谒者陈农"求遗书于天下"，并分类整理。经过几代帝王的努力，秦末散佚的图书又被发掘和整理出来，集中到长安的书籍共有约600家，13200多卷，藏于天禄阁与石渠阁。后来司马迁就是参考这些书，写成了50多万字的不朽巨著《史记》。

未央宫内的娱乐性建筑

　　未央宫内有很多娱乐性的建筑供皇家贵族宴饮接待、怡情养性。这些建筑有柏梁台、白虎殿、织室、暴室、弄田、沧池等。

　　柏梁台是汉武帝于公元前115年兴建的，位于未央宫北司马门内南北大街的西边。柏梁台以清香的柏木为建筑物的梁架，因此取名"柏梁台"。

汉代建筑用砖

柏梁台高数十丈，建筑物的顶部装置了高大的、金光闪闪的铜凤凰。柏梁台建成后，汉武帝曾经在台上大摆酒宴，诏命文武大臣咏歌唱赋，为其歌功颂德。

可惜这座宏伟建筑物，仅存在10余年，在公元前104年就毁于一场大火灾。

白虎殿是西汉晚期皇帝活动的重要场所，汉成帝经常活动于白虎殿之中。公元前25年，匈奴首领单于来长安，朝谒汉成帝于白虎殿。

■ 王莽石刻像

白虎殿还是皇帝召见直言之士为其统治出谋划策之地，汉成帝最后就死于白虎殿之内。

王莽当政后，就曾在白虎殿大摆酒宴、慰劳将帅、封官拜爵。可见白虎殿在西汉晚期是未央宫中一座相当重要的宫殿建筑。

正因为这样，所以西汉晚期的皇亲国戚大治宅第都以仿照白虎殿的建筑为追求目标。如成都侯王商，就在园中堆起土山建台，营筑仿造白虎形制的宫室。

由于这在封建社会是被看作大逆不道、超越等级的，所以汉成帝知道后十分恼火，王商几乎遭到杀身之祸。

织室是皇室各种高级绣织品的专门手工作坊，其规模相当庞大，又分为东织室和西织室。应是专为皇

汉成帝（前51—前7），名刘骜，是西汉第十二位皇帝，"骜"这个名字是汉宣帝给起的，意思是希望他做刘汉王朝的千里马。公元前33—公元前7年在位，死后谥号"孝成皇帝"，葬于延陵，庙号统宗。

■ 汉代马车模型

宫纺织服务的部门。织室的工徒很多，未央宫中为他们单开一座门叫作室门。

暴室是属于织作的染练之署。织室和暴室均坐落在未央宫西北。当时由于丝绸之路开通，有大量的丝绸经过西域进入中亚、西亚和欧洲。

马是当时皇帝和大臣的代步工具，因而长安城未央宫中设有养马之地。未央宫中就有"未央大厩"。《汉官仪》中记载：

未央宫六厩，长乐、承华等厩令，皆秩六百石。

未央宫中的弄田是为天子专辟的象征性耕地。公元前86年，年龄刚满8岁的刘弗陵就当了皇帝，统治阶级为了鼓励男耕女织，就为小皇帝在皇城中选择了一块土地，让他进行象征性的耕种，以此作为天下百姓的表率。

于是，小皇帝便在此嬉戏、耍弄，于是这块地就被称为"弄田"。

在中国古代建筑中，从皇帝到达官显贵的宅第，既要有宽敞的居室和办公殿堂，又要营筑风景秀丽的假山和水池，未央宫也不例外。

未央宫西南开凿了沧池，池水面积近20万平方米。由于池水呈苍色，故称"沧池"。沧池不但美化了未央宫的环境，而且起到了保证、调节宫城用水的作用。

据《三辅黄图》记载："沧池，在长安城中。"

有专家经过考古调查认为沧池位于今西安市未央区未央宫乡西马寨村西南。故址现为一片洼地。

沧池是长安城中一大蓄水库，水源来自昆明池。城内用水量浩大，而且昆明池距城较远，水流至此，量不可能很多，因此必须有一个蓄水库大量储积来自昆明池之水，供城中各区周流之用。另外，水渠入

昆明池 由于秦岭与渭河的落差太大了，每年雨季会有许多雨水从秦岭深处流出，但是距离渭河太近，落差太大，基本上都是白白流走浪费掉了。在汉朝时就是利用这种天然水的优势就地开湖蓄水，形成昆明池。

■ 丝绸之路群雕

222

城，这里地势低下，也需要有个水库提高水位，否则水就不容易畅流。

沧池的作用是储积调节未央、长乐两大宫殿区的用水。沧池之中筑造了假山，即"渐台""渐"字当"浸"的意思讲，"渐台"就是置于水中的高台建筑。台上修建了楼阁亭榭。池光台影，风景宜人。

西汉末年，王莽被冲进未央宫的军兵追赶，从前殿仓促出白虎门，西逃至渐台。他本想依靠渐台四周的沧池之水阻挡住起义军的追杀，但是由于王莽军队土崩瓦解，人心四分五裂，众叛亲离，最后还是被商人杜吴杀死于渐台之上。

王莽新朝覆灭时，未央宫火烧3日，成为了汉长安城中第一座被毁坏的宫殿。

东汉迁都洛阳后，刘秀在公元42年巡行至长安，次年下诏"修西京宫室"，但修整规模终究有限，远远达不到萧何初建时的宏伟。

至东汉末年，未央宫已年久失修。

隋唐时期，整个汉长安城都被划入禁苑范围。唐高祖李渊曾"置酒未央宫"，庆祝"胡越一家"。

■ 刘秀（前5—57），东汉王朝开国皇帝。中国历史上著名的政治家、军事家。公元25年，刘秀与更始政权公开决裂，于河北登基称帝，为表刘氏重兴之意，仍以"汉"为其国号，史称"东汉"。谥号"光武"，称光武帝，开创"光武中兴"。

■ 复原的汉代建筑

公元669年，李勣死，陪葬昭陵，及葬日，唐高宗"幸未央古城，登楼临送，望柳车恸哭"。

公元826年，神策军在禁苑中修未央宫，"掘获白玉床一张，长六尺"。据《唐会要》记载：公元841年也曾维修过未央宫，这大约是最后一次维修，距未央宫始建已1040年。

公元904年唐昭宗被裹挟迁都洛阳后，在史书中就再也看不到未央宫的名字了，曾经盛极一时的未央宫从此以后便销声匿迹了。

阅读链接

在后人发掘的未央宫遗址中，出土了数以万计的骨签。这些骨签都是用兽骨制成，背面平直，正面弧背，经磨平，上刻有字，文字内容一般为纪年、工官名称、工官令、丞、令史等各级官吏和工匠名字。

在未央宫前殿西北，还发掘出一处官署遗址，高出地表1米多，发现有成排的柱础，内有封泥，推测是西汉皇室的少府或其所属的官署遗址，是执掌皇室钱财物品收入、开支的管理机构。

未央宫遗址中出土遗物除以上所列的木简和骨签外，主要有云纹、葵纹、文字、素面瓦当。

汉武帝为显国威修建章宫

辉煌壮丽的皇宫王府

　　西汉初年的宫廷苑囿，比较而言还不算奢侈，因而它无法满足好大喜功的汉武帝的需要。为了显示大汉的国威和富足，他大兴土木，增修了建章宫，并修缮、扩充原有的宫室。

复原汉代建筑

到汉武帝时期，汉代宫室在精美、舒适方面已经超过了秦代，规模较之秦代也不为逊色。

关于建章宫的修建，还有一种说法，就是104年，一场大火烧毁了未央宫的柏梁台。此时汉武帝本想营建新宫殿，但又嫌城中地方拥挤，根据巫者所说"有火灾，复起屋必以大，用胜服之"的观点，决定在长安城西墙外的上林苑中新修一座宫殿，这便是建章宫。

■ 建章宫石刻

建章宫本是武帝为求仙所造，后来也成了选养美女的地方。武帝命将燕、赵地区的美女纳入此宫中。

建章宫位于长安城外，在未央宫西，跨城池作为飞阁，两宫相通，皇帝乘辇往来于两宫中间。

建章宫是一组建筑雄伟的宫殿群。据记载该宫由鼓簧宫、骀荡宫、天梁宫、函德殿、承华殿、鸣鸾殿6个殿，还有凉风台、避风台、暴衣阁、太液池、影娥池等组成，极尽豪华，甚为壮丽，因而被称为"千门万户"。

建章宫的正门称阊阖门，也叫壁门。此门建得高大、雄伟。

据史料记载："建章宫南有玉堂，壁门三层，台高30丈，玉堂内壁12门，阶陛皆玉为之。铸铜凤高5尺，饰黄金，栖屋上，上有转枢，向风若翔。檐首薄

上林苑 汉武帝刘彻于公元前138年在秦代的一个旧苑址上扩建而成的宫苑，规模宏伟，宫室众多，有多种功能和游乐内容。已不复存在。上林苑是秦汉时期建筑宫苑的典型，也是当时汉武帝尚武之地。这里有皇帝的亲兵羽林军，并由后来的大将军卫青统领。汉武帝从此走向一个崭新的历史舞台。

以璧玉，因曰璧门。"足见装饰之华丽。

建章宫前殿比未央宫前殿还高大，为西汉长安最高大建筑之一。凤阙位于建章宫北门，因上面各装置着一只铜凤凰，因而又名"凤阙"。

古代歌谣"长安城西双园阙，上有一双铜雀宿，一鸣五谷生，再鸣五谷熟"即指此。

宫内还建有"井干楼"。"积木而为楼，井干者，井上木栏也，其形成叫角成八角。"可见这座以木结构为主的楼，建得非常高耸。

奇华宫乃建章宫中珍藏奇宝之地。敷娑宫也非常大，骑马快跑，也需一天时间才能游完此宫。

位于建章宫北的"凉风台"，积木为楼。在太液池建有"避风台"乃飞燕聚集之地。池西的暴衣阁，是每年农历七月初七"乞巧节"宫女们登楼晒衣之地。宫西有一"虎圈"，这里驯养着猛虎，这些经过驯服后的猛虎，可为皇族贵戚进行斗虎表演。

魏文帝曹丕

神明台是建章宫中最为壮观的建筑物，为汉武帝时期的建筑。武帝刘彻慕仙好道，于公元前104—公元前100年修造神明台。

神明台台上有铜铸的仙人，仙人手掌有7人抱围之大，至于仙人之巨大可想而知。仙人手托大铜盘，盘内有一巨型玉杯，用玉杯承接

■曹丕（187—226），字子桓，三国时期著名的政治家、文学家，曹魏的开国皇帝，公元220年至公元226年在位。建安文学代表者之一。是三国时第一位皇帝，结束了汉朝400多年统治。

汉武帝浮雕

空中的露水，故名"承露盘"。

　　汉武帝以为喝了玉杯中的露水就是喝了天赐的"琼浆玉液"，久服益寿成仙。神明台上除"承露盘"外，还设有9室，象征九天。常住道士、巫师百余人。巫师们说，在高入九天的神明台上可与神仙为邻通话。

　　神明台保持了300多年，魏文帝曹丕在位时，承露盘尚在。魏文帝想把它搬到洛阳。搬动时因铜盘过大而折断，断声远传数千米。铜盘勉强搬到灞河边，因太重再也无法向前挪动而弃置，后不知所终。

　　太液池位于建章宫前殿西北，是渠引昆明池水而形成的一个范围宽广的人工湖。遗址在三桥镇高堡子、低堡子村西北洼地处。池北岸有人工雕刻而成长的大石鲸，西岸有石鳖，另有各种石雕的鱼龙、奇

九天　天的最高处，形容极高。传说古代天有九重，九天是天的最高层。一为中天，二为羡天，三为从天，四为更天，五为睟天，六为廓天，七为咸天，八为沈天，九为成天。

汉代宫廷乐师蜡像

禽、异兽等。

太液池中建有很高的渐台。为了求神祈仙，汉武帝还在池中筑有3座假山，以像东海中的瀛洲、蓬莱、方丈3座神山。

太液池湖光水色，山水相映，景色宜人，是建章宫中著名的风景区。池中还置有鸣鹤舟、容与舟、清旷舟、采菱舟、越女舟等各种游船。汉成帝常在秋高气爽之季与后妃赵飞燕泛舟戏游于湖中。

太液池作为一个大的人工湖，为建章宫提供了大量蓄水。

阅读链接

汉武帝在神明台修建"盛露盘"，其实盛露盘中承接的仙露，不过是早晚由于温差凝结在盘中的水蒸气。

汉武帝就把这些凝结的水珠，当成了长生不老的仙露，将承接下来的露水交由方士。方士再将露水和美玉的碎屑调和而成后，让汉武帝服下，并且告诉汉武帝这样就能长生不老了。可是公元前87年，汉武帝还是死了。

汉武帝在林光宫旁建甘泉宫

据史书记载，甘泉宫所在地是"黄帝以来祭天圜丘之处"，是黄帝升仙的地方。传说中的黄帝祭祀神灵，朝诸侯的万灵明庭就在甘泉。又记载，此地曾是匈奴祭天之处，秦国占领这里后，在此建造林光宫。汉代又在林光宫的旁边建造了甘泉宫。

汉武帝祭天塑像

辉煌壮丽的皇宫王府

史料上说，当时，齐人李少翁建议建造一座甘泉宫，中间作为台室，置备祭祀用具用来祭祀天神。汉武帝听后便采纳了这个建议。这些记载表明古代祭天神时的场面是非常隆重的，而且这里曾是传说中黄帝和秦、汉两朝帝王举行重要活动的地方。

甘泉宫兴废的年代有待考证。现存遗迹有城墙、大型建筑夯土台基、陶窑等。南城墙长1.9千米，西城墙长800多米，北城墙长1.9千米，东城墙长800多米。城墙残高不等，周长约为5.6千米，夯土筑成。

在遗址中心区现存有西汉的石熊、宋代的石鼓各一件。附近发现有五角形陶水管道、各种陶质建筑材料及生活用具等。

根据纪传体通史《通志》的记述，甘泉宫有熛阙、前熛阙、应门、前殿、紫殿、泰时殿、通天台、望风台、益寿馆、延寿馆、明光宫、居室、竹宫、招仙阁、高光宫、通灵台等许多的宫殿台阁。甘泉宫内有木园，是武帝时代的园林，后来俗称仙草园。

■蜡像：甘泉宫献俘

蜡像：卫青拜见汉武帝

　　明代的《读史方舆纪要》引自《括地志》记载，甘泉山曾有宫殿，就是秦始皇建造的林光宫。甘泉宫遗址周围方圆5千米。公元前109年，在林光宫旁边建造了甘泉宫。

　　唐代的《括地志》里这样描述甘泉宫：宫殿周围近10千米，宫殿楼观大体规格和建章宫差不多。百宫之内都有府第。

　　秦始皇时期曾经建甘泉宫前殿，一直通向骊山，汉代又加扩建。汉武帝时扩建可以遥望长安城。汉武帝常在五月来到此地避暑，直到八月才回都城。在甘泉宫外有两个铜人，甘泉宫南面与甘泉苑相连。

　　甘泉宫作为汉武帝仅次于长安未央宫的重要活动场所，它不只是作为统治阶级的避暑胜地，而且许多重大政治活动都安排在这里进行。

　　甘泉山，位于淳化县北约25千米处，因出产甘泉而得名。甘泉山附近，历年来出土了不少秦汉时期的建筑遗物，且瓦砾遍地。考古学家因此推测，林光宫和甘泉宫就在这一带。

　　为了进一步确定林光宫和甘泉宫的位置，有关专家在1978—1979年内做了数次勘查。

　　宫城城墙遗迹在城前头村、凉武帝村、董家村附近，宫城城墙夯

辉煌壮丽的皇宫王府

土残迹历历在目，断断续续地暴露在地面上，高1米至5米不等。城前头村有的居民房屋就筑在南墙中。

考古学家根据地面上暴露的城墙夯土残迹追踪，加上局部的钻探，大致已经摸清宫城城墙的范围。虽然仍有小部分埋于地下的城基未能完全摸清，但对整座宫城的城墙分布已经有了整体认识。

甘泉宫宫城城墙遗迹主要包括西城墙、北城墙、东城墙、南城墙和角楼建筑。

西城墙因地势的关系被分为南北两段，南段西城墙，因北侧受小沟的阻拦，折东而行，成为北墙西段。北城墙东行至城前头沟中断。

沟东的北城墙与沟西的北城墙并不是处在同一平行线上的，而是向北偏移了。这段距离就是西城墙的北段，可惜，由于年代过于久远，已经无迹可循了。

城前头沟在后期形成后湮灭了西城墙北段。由此推断，西城墙的总长度共计890米。

那么，西城墙为什么自西南角北行后便向东折行呢，而沟东的北墙与沟西的北墙又为何北移呢？这要从地形上观察才能得到答案。

很明显，西墙北行610米后，就遇到了一条小沟。

■ 汉武帝刘彻墓

迫使它非向东折不可。

东行超出小沟范围以后，又折向北行，再向东行，形成北墙。

这段西城墙，地面全部有迹可循，城基残宽7米。夯土非常坚实，层次分明，每层厚薄不等，并有夯窝。

在离城墙西南角向北的墙外，有东西定向的一段夯土。紧挨此段夯土的北面，离现地面深达2.8米的地方，有一段路，向东直通进城墙内。

在路土的北面，又有一段东西向的夯土。通向城内的这段路土，很可能就是一个城门洞。

北城墙在城前头沟西的一段有600米，残墙全部暴露在地面上，残高不等。夯层夯窝情况如同西城墙。沟东的一段北城墙，位于凉武帝村北，即自城前头沟东沿起向东，伸延长约500米的一段夯土。从此再向东，直到武家山沟西沿约600米的一段，地面无存。

西段北城墙与东段北城墙南北相距280米。据上所述，北城墙的总长度共计1.95千米。

武家山沟北面一条小沟的东南角沟沿上有残存的城墙东北角，与

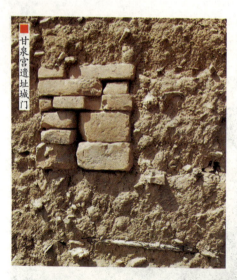
甘泉宫遗址城门

小沟南的东城墙平行。城墙东北角被小沟割断，由此可见小沟是后期形成的。

在离台基东约200米的地方，向北有一段120米左右的东城墙残迹。残高约1米，夯层厚度不等。由此向南有600米的一段，地面上已无残迹可寻了。过了这600米，地面上又有100米左右的一段东墙，南端断处刚好与南墙相连。从此看来，东城墙的总长度共计880米。

南城墙东段，位于董家村以北、凉武帝村南，断断续续地暴露于地面，城基宽约8米。此段东西两边约有234米尚未查清。

城前头沟西的南墙西段，长约500米，全部暴露于地面。夯层厚薄不等，夯窝清晰可辨，南墙总长度共约2千米。

由此可见，当时的甘泉宫占地面积是非常大的，可以想见，古代帝王宫殿的奢华。

辉煌壮丽的皇宫王府

阅读链接

甘泉宫是富丽豪华宫殿群的总称，凉武帝村一带是甘泉宫的主体建筑所在，在此周围还有许多附属的宫、观、台等建筑。甘泉宫的建筑规模仅次于长安的未央宫。

《关中记》中记载，甘泉宫在汉武帝建元中增广后"周围十九里一百二十步，有宫十二台十一"。

古老的古宫殿，直到今天，在遗址上仍能见到零散的建筑台基和城墙残迹，见到遗物的建筑材料，如铺地砖、空心砖、子母砖、板瓦和筒瓦等。还包括各种石刻，如汉代石熊和宋代题记石鼓。这些文物成为中国研究古宫殿的珍贵实物资料。

甘泉宫内宏伟壮观的角楼建筑

根据史书记载，甘泉宫遗址"宫殿楼观略与建章相比，百官皆有邸舍"。宫的宏伟壮观由此可见一斑。

在城墙的西南角和西北角墙外，紧挨转角处各有一个圆形夯土台基，残高分别为2米和4米。这样的夯土台基，在东北角和东南角未见

■ 汉武帝和众大臣蜡像

《括地志》 唐朝时期一部大型的地理著作，由唐初魏王李泰主编。全书正文550卷，序略5卷。它吸收了《汉书·地理志》和顾野王《舆地志》两书编纂上的特点，创立了一种新的地理书体裁，为后来的《元和郡县志》《太平寰宇记》开了先河。全书按贞观十道排比358州，保存了许多六朝地理书中的珍贵资料。

明显遗迹，但在断崖中尚暴露有大量砖瓦，可能是角楼建筑的遗存。

宫城城墙的总周长约5.7千米。这和《括地志》所载的林光宫和甘泉宫的范围十分近似。加之在南墙的夯土层内有汉代砖瓦残块，可以断定城墙就是甘泉宫的宫城城墙。

在甘泉宫北城墙东段墙南，有东西两个圆锥形建筑夯土台基，间距57米。西夯土台基西南处还有两个小夯土台基，似乎应与西夯土台基相连。两个夯土台基南侧，都残留了大量建筑物倒塌后的残砖瓦块、草泥墙面及烧渣块。

在西夯土台基中部，1974年曾发现过一块紫色大石板。这两个夯土台基似应为高台建筑的台基。

西夯土台基现存高约15米，底围约200米，顶围约40米。东夯上台基现存高约16米，底围约225米，

■ 勾弋夫人与汉武帝蜡像

■ 蜡像：山呼万岁

顶围约22米。

　　1970年，在东夯土台基的北侧，发现一处窖穴，出土一个陶圈，陶圈外饰有竖绳纹，内为麻点纹。

　　在西夯土台基南的西南角，有一处东西走向的白色残墙面墙壁。离残壁东有两道南北走向的白色墙面墙壁，墙顶部离地面约0.7米。东西两墙间距2.7米。在西墙，暴露有柱子洞。这两道南北定向的墙壁，很可能是回廊式建筑的墙壁。

　　在东西走向的残墙南有一块残正方形、棕色门枢石，每边长宽各1米，厚0.47米。石面上钻有浅孔一个，圆孔的两端各有浅长槽一个。

　　在放门枢石的地方，原先有向东等距离并列的4块门枢石。这是于1977年人们在农田基建中发现的，在这排门枢石北还有一排门枢石，后世地中只残留一块，排列情况相同。

回廊　　廊是指屋檐下的过道、房屋内的通道或独立有顶的通道。包括回廊和游廊，具有遮阳、防雨、小憩等功能。建筑物的门厅、大厅内设置在二层或二层以上的回形走廊，引申为曲折环绕的走廊。也指有顶棚的散步处，如江南民居中的短式回廊。

汉武帝、霍去病和卫青塑像

人们在耕地中，大量的墙皮被翻上了耕土表层。由此可以断定，在这片地方建筑十分密集。在这里，过去还曾出土过大量的子母砖。由此可见角楼建筑十分壮观。

在凉武帝村北一夯土墙底部，有埋有水道管的两处遗迹。一处由圆形水道管铺成。圆形水道管暴露于凉武帝村拖拉机房向南窑洞内，距地表约2.5米，为西北向东南走向。西北方向一直伸延出去约57米，在小路断崖上，仍是圆形水道管。

圆形水道管内壁饰布纹。离圆形水道西北100米左右的地方，在南向的断崖上，发现铺有一处五角形水道管遗迹，埋于离地表约1米的地方。

五角形水道管外有斜绳纹、里饰布纹。从这两处水道遗迹所处位置来推断，水道管当时是作为宫城排水之用。

辉煌壮丽的皇宫王府

阅读链接

《汉书·郊祀志》记载汉朝历代皇帝来到甘泉宫："高祖时五来，文帝二十六来，武帝七十五来，宣帝二十五来，初元元年以来亦二十来。"

据《资治通鉴》记载，唐太宗李世民于贞观二十年曾经来到甘泉宫。秦汉时期以来，一直到唐代，帝王们往返于甘泉宫，是因为有许多重大的朝政决策都安排在这里进行，如接见诸侯、宴飨外国使臣等，而作为朝廷，防外侮、安边境始终是一件重要事情。

大明宫

大明宫是唐代长安城禁苑，位于陕西省西安市东北部的龙首塬，是唐朝的政治中心。该宫始建于634年，周为北京紫禁城的4倍。

大明宫共有11个城门，东、西、北三面都有夹城。南部有3道宫墙护卫，墙外的丹凤门大街宽达176米，至今仍然是世界上最宽的街道。

唐大明宫是中国古代最为宏伟和最大的宫殿建筑群，同时也是世界史上最宏伟和最大的宫殿建筑群之一。

唐太宗为太上皇建大明宫

　　唐大明宫是长安城三大宫殿群中规模最大而又最豪华壮丽的宫殿群。它雄踞于城北禁苑的龙首塬上，在其上望终南山峰了如指掌，俯视京城坊市街陌如在槛内。

　　那么，唐大明宫为何要建在高高的龙首塬头，又为何要以"大明"两字为宫名呢？

　　关于大明宫的由来，还有一段名不见经传的典故呢！

　　据说，唐高祖李渊和唐太宗李世民初建唐朝时，长安城内只有太极宫一处皇宫。而这太极宫也不是

■ 李渊（566—635），唐朝开国皇帝，史称唐高祖，杰出的政治家和战略家。隋末天下大乱时，他乘势从太原起兵，攻占长安。618年，李渊称帝，改国号唐，定都长安，不久之后便统一了全国，后退位成为太上皇。

■ 大明宫景观图

唐朝新建的，而是隋朝旧有的。

　　李渊做了大唐王朝的开国皇帝后，就想着另辟新的豪华富丽的宫殿，以尽享人间安乐，但由于李世民和众贤臣的劝谏，他只得作罢。

　　后来，李世民做了皇帝，他尊李渊为太上皇，让他在宫中安度晚年。李渊是个贪于享乐之人，他不满足于太极宫里的享乐，嫌太极宫地势低，秋日潮湿，夏日闷热，更嫌太极宫里宫室狭小和陈旧。

　　因此，他整日闷闷不乐，深深后悔当日在帝位上时，没有当机立断地建造一两处显赫华美的宫殿。

　　唐太宗见父亲不乐，在看望父亲之时，便问父亲有何不适和要求。

　　李渊闭口不说。

　　日理万机的唐太宗便没有再深究此事。

　　不久，李渊终于忧郁成疾，唐太宗这才急了，又问父亲，李渊仍不开口。

太极宫　建于隋初，隋称大兴宫，公元710年，改称太极宫。因其为唐京的正宫，故又称京大内。唐太极宫实际上是太极宫、东宫、掖庭宫的总称，位于唐长安城中央的最北部。

窦太后　是唐高祖李渊的皇后。她聪慧刚毅，颇有才华。嫁李渊，生子李建成、李世民、李玄霸、李元吉，一女平阳公主。谥称太穆皇后。

唐太宗只好去问母亲窦太后。窦太后是个明理之人，她虽说出了李渊的心病所在，但又劝儿子不要动用府库之资另建宫室，让儿子一心一意地处理朝政大事，把劝谕和调理李渊的事留给自己。

但是，这回唐太宗不敢掉以轻心了，他降旨动用自己的私蓄在城北龙首塬头的高阜上，要为父亲建造一座临时避暑的夏宫，并起名"永安宫"，盼望父亲住进去后，能够龙体康复和永享安乐。

这天，工匠们正在挖大殿的地基，突然地下放出了耀眼的金光。工匠们不敢再挖，便去禀报了唐太宗。

唐太宗亲临工地，命工匠们继续挖下去。挖着，挖着，忽见一个物体光芒四射，十分耀人眼目，原来是挖出了一面巨大的古铜宝镜。

这面宝镜面若太阳，金光闪闪，背若月亮，清辉可鉴，四周花纹古朴，尘埃不沾。

唐太宗看后，认不出是何代的宝物，便谦逊地向随行的大臣房玄龄和魏徵等人请教。魏徵示意房玄龄先讲，房玄龄又让魏徵先说。

唐太宗见到自己的两位股肱之臣在

■ **唐太宗** （599—649），唐朝第二位皇帝，名字取意"济世安民"。他早年随父李渊征战天下，为大唐开国立下汗马功劳。他登基后开创了中国历史上著名的"贞观之治"，将传统的农业社会推向了兴盛，为后来全盛时期的开元盛世奠定了重要基础。

■ 蜡像: 唐代大明宫朝贺

打哑谜, 于是便点将道: "请魏爱卿先讲讲吧! 房爱卿随后补充, 如何? "

魏徵捋捋胡须, 当仁不让地说起来。原来, 这面宝镜就是著名的秦镜, 它一直珍藏在秦始皇的咸阳宫中。它有一种奇异之处, 若从对面来照镜子, 里面则映出人的倒影, 如果以手抚胸, 就能照见体内的五脏六腑, 影像十分清晰, 毫纤可见。更重要的是, 它能照出臣下的忠奸, 更能照出国运之兴衰等。

这确实是一件辨真伪、明忠奸、诊国病和保江山的国宝, 但秦始皇却只用它来照宫里的宫娥彩女, 但见"胆张心动者", 便全部作为有异心者而斩之。秦二世胡亥更是有过之而无不及, 杀人如麻, 但却留下了奸臣赵高等指鹿为马和专权误国。

汉高祖刘邦初占秦都咸阳时, 大臣萧何劝刘邦封埋了咸阳宫和阿房宫等所有宫室, 金银财宝、子女玉帛、钟鼎、狗、马等一律不要, 仅仅装走了秦宫里的

胡亥 (前230—前207), 嬴姓, 名胡亥, 也称二世皇帝。秦始皇出游南方病死沙丘宫平台, 秘不发丧, 在赵高与李斯的帮助下, 杀死兄弟姐妹20多人。即位后, 赵高掌实权, 实行残暴的统治, 终于激起了农民起义, 胡亥后被人杀死。

辉煌壮丽的皇宫王府

■ 复原后的大明宫

所有图书卷轴，再就是这面镇国之宝，即秦镜。

　　"由于有了这面宝镜，汉朝因此得以延续数百年。在汉末时，群雄争霸，秦镜不知流落何处，谁知数百年后竟在龙首塬上再次出世了啊！"

　　说到这里，魏徵向唐太宗深深一拜，贺喜道："今日秦镜出世，预示着大唐江山万古长青，此乃陛下齐天洪福所致，臣特贺之！"

　　唐太宗听后，急忙推开两个内侍抬着的秦镜，说道："朕要此镜何用？朕早就得到一面胜于秦镜千倍万倍的明镜了！"

　　听到这里，魏徵的脸红了，老成的房玄龄却不解地问道："陛下的明镜何在，指予微臣一睹为快？"

　　唐太宗手抚着魏徵之肩，说："魏爱卿者，朕之明镜也！房爱卿，你说是不是啊，哈哈哈！"

　　房玄龄也拍手笑道："陛下所言极是，微臣贺之！哈哈哈！"

魏徵（580—643），字玄成。唐巨鹿人，唐朝政治家。曾任谏议大夫、左光禄大夫，封郑国公，以直谏敢言著称，是中国史上最负盛名的谏臣。有关他的重要言论大都收录在唐时王方庆所编的《魏郑公谏录》和吴兢所编《贞观政要》两本书里。

　　魏徵的脸被说得更红了，俯身辞谢道："微臣何能敢与秦镜比高下！陛下过奖了！"

　　唐太宗正色地说："夫以铜为镜，可以正衣冠；以古为镜，可以知兴替；以人为镜，可以明得失。魏爱卿常进谏于朕，使朕得以明得失兴替，难道不是朕的一面高悬的明镜吗？为记今日君臣们明镜之会，朕特改此永安宫为大明宫！"

　　在场的人都高声欢呼，大明宫就这样得名了。过了不久，大明宫的美名便天下流传了。

阅读链接

　　关于大明宫一名的由来还有一种说法。据说大明宫原本是李世民为李渊避暑而专门修建的夏宫。起初，为求太上皇的永寿安康而取名为"永安宫"。可是，工程还没建完李渊就驾鹤西行了。

　　有人认为是"永安宫"这个名字没有起好，说蜀汉皇帝刘备败走白帝城后归天的地方也叫永安宫，因此很不吉利。这样，宫殿在落成的时候又改名为"大明宫"。

唐高宗为武后重建宫殿

公元635年，大明宫刚刚开建不到半年，李渊就怆然离世了，大明宫的营建也戛然而止。而且，这一停就是27年。

公元645年夏，在终南山的翠微宫，53岁的唐太宗李世民病入膏肓。太子李治在伺候照料父皇期间，看见了风姿绰约的才人武则天，涉世未深的李治被武则天的美貌深深地打动了。

公元649年，李世民去世，武则天和部分没有子女的嫔妃们一起进入长安感业寺为尼姑，但

■武则天（624—705），中国历史上最有作为的女皇帝。唐高宗时为皇后、唐中宗和唐睿宗时为皇太后，后自立为武周皇帝，改国号"周"，定都洛阳，并号其为"神都"。史称"武周"或"南周"，公元705年退位。

■唐朝击鞠图

是她与新皇帝唐高宗李治却一直藕断丝连。

在唐太宗李世民去世5年后，唐高宗李治来到感业寺看望出家为尼的武则天。他无法忘记这个曾经属于他父亲的美貌女人。就在第二年，武则天被唐高宗李治正式册封为大唐的皇后。

公元662年，唐高宗下令再建大明宫。据记载，为了迅速建成大明宫，国库短时间内拨出了15个州的赋税收入，又停发了各级官员一个月的俸禄，可见皇帝迁入大明宫的迫切心情确实超乎寻常。其实，皇后武则天在大明宫的重建上起到了举足轻重的作用。

在武则天进宫前，李治最宠爱的女人是王皇后和萧淑妃。在武则天的精心策划下，王皇后和萧淑妃先被废为庶人，后被处死。

不愿忍受噩梦折磨的武则天急于离开太极宫。所以，龙首塬上一夜之间聚集了数以万计的工匠。

公元663年，唐朝的权力中枢从太极宫开始转移到大明宫了。据史书记载：在唐高宗时期，大唐的疆土东至日本海，西达咸海，南抵越南，北越贝加尔湖。一切都预示着，一个辉煌的时代已经到来。

李华 （约715—774）字遐叔，唐代散文家、诗人。公元735年进士，公元743年报考博学宏词科被录取，历官秘书省校书郎。李华的文章与萧颖士齐名。著有《李华前集》《中集》，两书都已散佚。后人自《唐文粹》与《文苑英华》辑出《李遐叔文集》。传世作品有《吊古战场文》。他的《含元殿赋》是唐代第一大赋。

含元殿 是大明宫的前朝第一正殿，也是唐代长安城的标志建筑，建成公元663年，毁于公元886年，其间，每逢元旦和冬至，皇帝大多在这里举行大朝贺活动。

诗人李华在《含元殿赋》中这样解释大明宫的含义："如日之升，则曰大明。"这是一个踌躇满志和信心百倍的时代，大度而不浮华，雄浑而不雕饰，大明宫含元殿就是这个时代最好的写照。

公元683年，唐高宗病逝于东都洛阳，皇后武则天独揽大权。

公元690年，67岁的武则天在洛阳称帝，并从此居留洛阳长达11年。

公元701年，在离开长安11年之后，武则天决定重返长安。这时的女皇已经整整78岁了。

公元705年，武则天从容地闭上了她的双眼，大唐江山重新回到李氏手中。

公元710年，大明宫玄武门又一次爆发了政变，策划者是李隆基，他是相王李旦的儿子，是武则天的孙子，他就是赫赫有名的唐玄宗。

在唐代，长安是真正的国际大都会，而大明宫，则是这个大都会的核心。在唐玄宗的统治下，大唐的繁荣达到了顶峰。

阅读链接

唐玄宗取得的成就，超过了唐朝任何一个皇帝，后来的帝王也鲜有人能够超越。

这是一个充满阳刚之气的时代，振奋人心，蓬勃向上，自信且开放，声威远播四海，开元时期，文治武功可谓达到了顶峰。唐王朝直辖321个州，边疆州800个，海内富庶，行者万里。极盛时期，自长安要走6000多千米才能达到国境。

大明宫设计建造的传说

　　建设大明宫的工程浩大精深，其施工过程实难想象，先看看含元殿的建筑。含元殿是大明宫内第一座正殿。据记载：

　　含元建名，《易乾坤》说：含宏光大，又说：元亨利贞，括万象以为尊。

大明宫含元殿模型

■ 大明宫遗址出土
的墙砖

辉煌壮丽的皇宫王府

唐高宗于公元662年迁入大明宫，两月之后为大明宫各门、殿、亭取名。这时大明宫内诸多殿宇显然不能满足唐高宗和武后对宫廷各种盛大活动场所的要求，宫内还没有可以代表大唐威严与强盛的大殿。含元殿就是在这样的背景下修建的。

含元殿始建于公元662年，第二年建成，历时一年。在经过实地勘察选定龙首塬南坡后，朝廷即下令征调数以万计的工匠大兴土木。除砖瓦可以就地烧制外，石材和木材都是从全国各地运到京城的。据李华《含元殿赋》中描写：

命征磐石之匠、下荆杨之材、操斧执斤者万人。涉碛砾而登崔嵬，择一干于千木，规大壮于乔枚。声坎坎与青云，若神培而颠催。

从李华描写中，可看到采伐建筑用材的过程：在远离荆州和扬州等地方，近万名工匠携带着斧锯等工具进入深山老林，寻找合格的栋梁之材。

李华所说的千里寻一并不夸张，在含元殿遗址处有一座方形的石柱础，这个石柱础上部覆盆状的圆形部分是用来承载宫殿立柱的，由此可以推断出立在其

龙首塬 位于陕西省西安市北部。相传秦时，有一条黑龙从秦岭来到渭河饮水，其经过的地方形成一条土山，形状如龙，龙首塬就是由这条龙所变，并由此得名。龙首塬地形略高于西安市北部的整体地形，唐大明宫便修筑于此。

上的立柱应该是巨型木材。

史书记载：大明宫的监造者为司农少卿梁孝仁。梁孝仁监督大明宫工程的进展，但是作为唐朝主管农业的官员，他不可能是皇家建筑的设计师。大明宫的设计者究竟是何人呢？

奇怪的是，如此巨大的建筑群，史书上却没有任何关于建筑师和设计师的记载。根据《旧唐书》的记载，大明宫建造期间，阎立本正担任唐朝政府的将作大匠。

阎氏一家深谙工艺之学，父亲阎毗曾为隋朝的殿内少监，兄长阎立德曾先后担任唐朝的将作大匠和工部尚书。阎立德设计了翠微宫、玉华宫以及唐太宗的昭陵，这是大明宫之前唐王朝最为重要的建筑工程。

阎立德死后，其弟阎立本接任将作大匠，专门负责皇家工程的设计和营造。因此可以有理由推测，大明宫的设计者就是阎立本。他既是唐朝声名显赫的画家，又是大明宫的建筑设计师。

关于大明宫修建过程的具体细节，史籍中记载的并不多，但完全可以相信，工程监造者梁孝仁肯定是费尽了心血。先是建筑

石柱础　是中国传统建筑中结构构件与艺术构件完美统一的典型代表。石柱础的强大生命力，主要有3个功能。第一，承载由柱子传来的屋顶重荷，并将其传到地基上。第二，隔绝地基的潮气，防止木柱受潮腐烂。第三，根据柱间板壁的安装要求不同，柱础形态做出相应的变化及处理。

■阎立本（约601—673），唐代画家兼工程学家。擅长工艺，工篆隶书，对绘画、建筑都很擅长。代表作品有《步辇图》《古帝王图》《职贡图》《萧翼赚兰亭图》等。

契苾何力 铁勒族契苾部人，契苾氏，唐代名将。出身铁勒可汗世家，后率部归唐。公元642年被反叛的部众绑架至薛延陀，唐太宗不惜以公主下嫁为条件换回契苾何力。后作为唐军前军指挥官参加了对高句丽的战争，后任辽东道大总管。死后，陪葬昭陵，谥号毅。

工人的管理就够他劳累的了。工匠一般是朝廷工部下属机构的人员，是吃皇粮的，每月有固定俸禄。

值得嘉许的是，工程监造者梁孝仁在修建的过程中就开始注意绿化。起初，他在各个庭院中都种植了白杨树，并领着著名将领契苾何力参观了正在修建的宫殿。

而沿着宫墙又种植了柳树，这种柳树成为大明宫的一景，张祜的"万树垂柳排御沟"，韩翃的"寒食东风御柳斜"都是描写这些柳树罩御宫的佳句。

大明宫和含元殿在建成后又先后经过多次整修。唐德宗贞元年间，含元殿已经历了140多年的风风雨雨，显得有些陈旧，于是德宗于公元803年下令开始整修，修了一年多。两年后的农历正月初一，唐德宗在整修后的含元殿接受百官朝贺，谁料就在这一天突然得了急病，没过几天就驾崩了。

阅读链接

话说起初梁孝仁种植许多白杨树，并领着著名将领契苾何力参观正在修建的宫殿。

梁孝仁指着杨树对将军说："这些白杨树都是速生树种，三五年后，整个宫中就会是绿荫处处了。"

契苾何力虽然是来自铁勒部落的大将，但对于汉族文化的熟悉程度不亚于本土人士，他随即吟了一句古诗"白杨多悲风，萧萧愁杀人"。

梁孝仁一听，将军是在说白杨树乃是墓冢之间的树种，不应该种植在皇帝居住的地方。梁孝仁立即下令将所种的白杨树统统拔去，改种梧桐。

大明宫的丹凤门和玄武门

大明宫共有9座城门，南面正中为丹凤门，东西分别为望仙门和建福门；北面正中为玄武门，东西分别为银汉门和青霄门；东面为左银台门；西面南北分别为右银台门和九仙门。

除正门丹凤门有5条门道外，其余各门均为3条门道。在宫城的东

■ 大明宫遗址公园丹凤门雪景

丹凤门 是唐大明宫中轴线上的正南门，东西长达200米，其长度、质量、规格为隋唐城门之最，体现其千般尊严、万般气象的皇家气派。丹凤门的规制之高、规模之大均创都城门阙之最，对研究唐长安城和中国都城考古均有重要价值，被文物考古界誉为"盛唐第一门"。

西北三面筑有与城墙平行的夹城，在北面正中设重玄门，正对着玄武门。

1957年，考古工作者曾在这里进行过钻探，因受居民住宅所限，当时只探出了3条门道，明确了丹凤门遗址的位置。

近年的考古挖掘表明：丹凤门的门道为5条门道，和历史的记载"天子五门"相符，是名副其实的隋唐第一门，其规模比北京天安门还大。

钻探和发掘结果表明，丹凤门基址主体由门道、隔墙和墩台3种夯土结构浑然组成。门道共有5条，除西边的3条门道及其相邻隔墙和西墩台保存较好外，其余的门道、隔墙和东墩台遭到严重破坏。通过钻探发掘可知东部外轮廓与西部大致对称。

丹凤门保存较好的3条门道宽9米，残存进深23米，隔墙宽3米，门道地面较平整，局部可见均匀而

■ 大明宫遗址公园

密集的圆形小夯窝。

丹凤门门限位居门道中部偏南约4米处，现存的3个门限坑东西处于同一直线上，坑内皆有残存火焚后余留的木炭块，门限两侧置有石门砧。

门道两侧的夯墙下皆置有南北排列的长方形排叉柱坑，个别柱坑中尚保存有未曾移位的石础，顶面中央凿有长方形的卯眼。

丹凤门西墩台夯基南北长33米，东西最宽处达15米。其西南部转角与城墙衔接处地面保存较好，局部残存有包壁砌砖。

由此可知，丹凤门主体基台外壁应是以长方形砖包砌而成的。

丹凤门基址主体两侧与城墙和马道相连接。东、西城墙均宽9米，其中，西城墙保存较好，东城墙遭毁殆尽，残存高于地面约1米。东、西马道紧贴城墙北侧，与东、西墩台相接。

丹凤门出土遗物以建筑构件为主，尤以长方形砖、板瓦、筒瓦和莲花纹瓦居多，也有少量的绿釉琉璃瓦、鸱尾、铁泡钉和石构件残块。

丹凤门部分砖瓦上戳印有纪年文字，其中，一瓦块上有"宝"字样，应是唐玄宗时期修缮丹凤门楼的珍贵遗存。遗址中还出土了一些陶瓷器残片，其中，

■ 大明宫遗址出土的石兽首

卯眼 木器部件相连接时插入榫头的凹进部分。清代梁同书《直语补证·笋卯》："凡剡木相入，以盈入虚谓之笋，以虚受盈谓之卯。故俗有笋头卯眼之语。"

鸱尾 又名螭吻，是龙生九子中的九子之一，喜欢东张西望，经常被安排在建筑物的屋脊上，做张口吞脊状，并有一剑固定。这个装饰现在一直沿用下来，在古建中，"五脊六兽"只有官家才能拥有，是作威作福的象征。

辉煌壮丽的皇宫王府

■ 大明宫遗址公园
内的玄武门

李元吉 （603—626）名劼，小字三胡，唐高祖李渊的第四子，窦皇后所生。高祖太原起兵时，留守太原。唐朝建立后，封为齐王。公元626年，李世民发动"玄武门之变"，李元吉与太子李建成同时遇害，终年24岁。

一件白瓷碗底部刻有"官"字款，尤为珍贵。

丹凤门沿用的历史长达240余年，是大明宫的正南门，其北面正对含元殿，两者之间为长600余米的御道。

玄武门是大明宫北面的正门，位于未央区坑底寨村。门基座平面呈长方形，它只有一个门道，相比大明宫南面正门丹凤门5条门道，显得窄小了许多。

据记载，玄武门上有门楼建筑，是宫城护卫重兵驻扎之地。

在西安有两座玄武门，一座遗址在大明宫北，另一座遗址在太极宫北，后者是"玄武门之变"的发生地。

"玄武门之变"发生于公元626年。当时的秦王李世民在长安城宫城北门玄武门杀死太子李建成和齐王李元吉。

随后，李渊诏李世民为皇太子，下令军国庶事无论大小悉听皇太子处置。不久之后李世民即位，年号贞观。玄武门也因为此次政治事件而名扬古今了。

玄武门之所以会在唐朝前期历次政变中具有决定成败的地位，与唐代皇宫的规制有关。

在唐代，都城的皇家宫殿是帝王居住和听政的主要场所，即政治权力中枢，所以太极、大明两宫和洛阳宫城的宫殿建筑格局完全一样，都是沿着南北向轴线对称排列，分为外朝、内廷两部分。

外朝主要是皇帝听取朝政、举行宴会的宫殿和若干官署，内廷则是皇帝和后妃的寝宫和花园，是帝王后妃起居游憩的场所。而最关键的是，外朝位于皇宫南部，内廷则处在皇宫北部。

因此，皇宫城墙北面诸门就对内廷的安全起着主要的作用，这其中作为北面正门的玄武门，就更是有着举足轻重的地位。

大明宫遗址公园内的宫廷建筑

■ 大明宫遗址出土的陶猪

　　唐代皇宫城墙各门都由宫廷卫军把守，而玄武门外就设有两廊，宫廷卫军司令部驻在这里，称为"北衙"，有着坚固的工事和驻有雄厚的兵力。

　　据此，政变发生时首先控制玄武门的意义就不言自明了：因为控制了玄武门便可以控制内廷，而控制了内廷也就可以控制皇帝，从而控制朝廷，乃至整个国家。所以，玄武门历来是兵家必争之地，地位非常重要。

阅读链接

　　丹凤门始建于公元662年，是大规模营筑大明宫时，于大明宫南墙即长安城北郭墙东段开辟修建的。公元757年，曾改名"明凤门"，不久复名丹凤门。

　　自建成之日起，丹凤门就成为唐朝皇帝出入宫城的主要通道，在大明宫诸门中规格最高。丹凤门上有高大的门楼，是唐朝皇帝举行登基、宣布大赦等外朝大典的重要场所。

坐落于南北中轴线的三大殿

  大明宫的正门丹凤门以南，有丹凤门大街，以北是含元殿、宣政殿、紫宸殿等组成的南北中轴线，宫内的其他建筑，也大都沿着这条轴线分布。在轴线的东西两侧，还各有一条纵街，是在3道横向宫墙上开边门贯通形成的。

  含元殿是皇帝举行重大庆典和朝会的地方，是唐长安城的标志建筑，建成于公元663年，毁于公元886年，存在了220余年。

■ 紫宸殿遗址

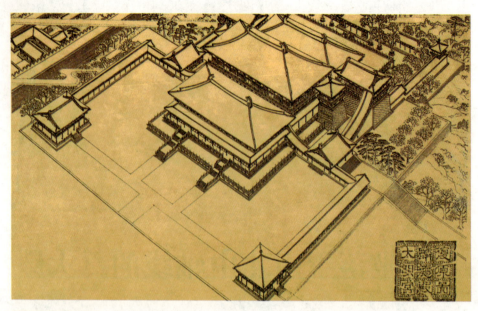

■ 大明宫麟德殿效
果图

冕旒 帝王戴
的冕冠，其顶
端有一块长形冕
板，叫"延"。
延通常是前圆后
方，用以象征天
圆地方。延的前
后檐，垂有若干
串珠玉，以彩线
穿组，叫作"冕
旒"。冕旒的多
少和质料的差
异，是区分贵贱
尊卑的标志。

其间每逢元旦、冬至，皇帝大多在这里举行大朝
贺活动。所谓"九天阊阖开宫殿，万国衣冠拜冕旒"
就是描写当时含元殿大朝会的盛况。

含元殿修建在龙首塬上，殿前方左右分峙翔鸾和
栖凤两阁，殿两侧为钟楼和鼓楼。殿、阁、楼之间有
飞廊相连，成"凹"字形，由于周汉以来阙制的发
展，也影响了历代宫阙直至明代紫禁城午门的设计和
布局。

含元殿居高临下，两翼开张，包括两阁在内，建
筑群气势宏大，最能反映唐代气魄的宫殿。唐代诗人
李华在《含元殿赋》中描写道：

左翔而右栖凤，翘两阙而为翼，
环阿阁以周墀，像龙行之曲直。

含元殿是当时唐长安城内最宏伟的建筑。整座宫

殿坐北朝南，居高临下，规模宏大，建筑雄伟。

含元殿南距丹凤门400余米，殿庭极为宽阔。由于它高高地屹立于龙首塬南沿之上，殿基高出地面13米。为了百官朝见的方便，于是在殿前修建了两条平行的斜坡砖石阶道，共长70余米。

每遇朝会，群臣即由两道而上。这两条阶道由丹凤门北上，宛如龙生而垂其尾，极为壮观，故称为龙尾道。龙尾道衬出了含元殿的高大雄伟。

含元殿的高大宏伟历来为人所称颂，统治者为建此宫也耗费了大量人力、物力。后来，有关人员在含元殿遗址南部发现了一条排水渠道、三座桥梁、两条道路等重要的唐代考古遗址。

发现的唐代殿前渠道位于含元殿遗址土台以南，东西走向，已探知长度为400余米，基本与含元殿南

朝见　也称觐见，古时臣子拜见皇帝的礼节。臣下见皇帝时，首先要跪下并拱手至地，头也至地，是为稽首。然后顿首五拜，意思是再四拜一叩头才算结束。

261

唐朝皇宫

大明宫

■ 含元殿遗址

陶瓦 是以黏土为材料，加入粉碎的沉积页岩成分高温煅烧而成的。在中国西周就有陶瓦应用的记载，近代更是制造了色彩丰富、外表亮丽的琉璃瓦。随着人们环保意识的增强，传统落后的陶瓦生产工艺越来越不适应现代化发展的需要，陶瓦面临着被淘汰的边缘。

262

辉煌壮丽的皇宫王府

■ 大明宫遗址公园

沿平行。该水渠道还有延伸部分，两壁较直，底部较平，两壁局部还发现有砌砖痕迹。

其东段略浅，西段略深，可以推测渠道内水的流向为由东向西。另外，在渠道内还出土有大量的唐代砖瓦、石块、螺壳、陶瓷器、铜钱、铁钉、铁剑等遗物。从地层剖面来看，该渠道在唐代以后还沿用，明清时期还曾一度疏浚过。

发现的唐代水渠道上的3座桥梁，皆位于含元殿南部。相对位置分别在含元殿正南、含元殿西朝堂正南、含元殿东朝堂正南，为中央桥梁基础、西侧桥梁基础、东侧桥梁基础。发现的两条步行道在水渠道南岸，沿渠道而走，东西走向。

道路上车辙痕迹明显，可见该道路沿用时间很长。其中中央一桥正与含元殿中心相对，从桥桩柱洞的遗迹可知，桥东西长17米、南北宽4米。

东西两桥则与百官上朝前暂时休息的东、西朝堂南北相对而立，其作用犹如后世皇帝宫殿建筑中的

牌坊

"金水桥"。

含元殿是大明宫的第一正殿，也是唐长安城的标志性建筑。殿前百余米有门址遗迹，可能为牌坊式建筑。门左右有横贯宫城的隔墙，门前面是一大广场。

这组庞大的宫殿建筑群，体现了唐代建筑的雄伟风格，并成为后世宫殿的范例。

含元殿一直使用至唐朝末年，从兴建至唐末被毁的200余年中，历经了德宗贞元四年的地震和几次大风大雨的自然损害，不断有所维修，但始终未见有重大拆改或重建的记录。

含元殿遗址中出土有大量表面呈黑色光亮的陶瓦，殿顶的屋面用瓦，还出有一些琉璃瓦片，据此估计此殿的檐口使用了琉璃剪边的做法。在台基四周出土残石柱和螭首石刻残块多件。

翔鸾阁北廊道的西侧出土许多铁甲片及矛头，学

螭　传说中螭是龙的九子之一，是一种没有角的龙，其好险，勇猛，檐翘起的部分都有它，又称为"螭吻"。在古建筑或器物、工艺品上常用它的形状作装饰。螭嘴大，肚子能容纳很多水，在建筑中多用于排水口的装饰，称为螭首散水。

■ 大明宫遗址公园
屏风

者推测是在兵火战乱中被遗弃的。

含元殿正北处是宣政殿遗址，与含元殿同在宫城的中轴线上。宣政殿是皇帝临朝听政之处。

宣政殿是大明宫中的第二大殿。殿基东西长约70米，南北宽40多米。殿前约130余米处为三门并列的宣政门，东西则有横亘全宫的第二道横墙。东廊之外为门下省和史馆等，西廊之外为中书省和殿中省都是中央官署。

皇帝经常在这里召见朝集使、贡使与策试举人。从公元791至公元808年，皇帝每年都要在此殿里大会群臣。京官九品以上、外地官员在京者一律就列，场面极其隆重。

宣政殿是皇帝每月朔望见群臣之处，相当于太极宫的太极殿，殿左右建官署的情况也相同。自含元殿至宣政殿一段是宫中的朝区。

据近年考古发掘发现，大明宫南北衙建制和太极宫有很大的不同，南北衙以宣政殿为界线，一道东西向的宫墙将大明宫拦腰截断，其北为宫城，其南为皇城。

宣政殿两旁为东、西上阁门，西有延英门、光顺门，东有崇德门，以分段禁内外。而中书省和门下省则布列在宣政殿前东西两侧，已在宫禁之外，原来的中朝这时变成了外朝。

据《隋唐嘉话》下篇记载：

> 武后临朝，薛怀义势倾当时，虽王主皆下之，苏良嗣仆射遇诸朝，怀义偃蹇不为礼，良嗣大怒，使左右牵拽，搭面数十。
>
> 武后知曰：阿师当北门出入，南衙宰相往来，勿犯也……

可见此时的宰相所居已称"南衙"，禁宫内外南北界线十分严格。中书、门下两省完全被驱逐出了宫城，而居于皇城，实际上已不存在中书内省和门下内省了。

决策机构被撵出宫禁，宰相议政居于禁外，致使其决策地位大为削弱，实际上的权力也自然降低了，这是唐代政治史上的一大变局。

将决策机构撵出宫禁，降低

《隋唐嘉话》

唐代笔记小说集。作者唐代刘餗，字鼎卿。史学家刘知几的儿子。官右补阙、集贤殿学士。此书记载了南北朝至唐开元年间历史人物的言行事迹，以唐太宗和武后两朝为多。新、旧《唐书》和《资治通鉴》里的某些史实，即取材于此书。

■ 大明宫遗址出土的玉壶

九品 九品官人法，是魏晋南北朝时期重要的选士制度。它与"继汉开唐"的魏晋南北朝一样，在中国历史上具有特殊的、十分重要的意义。但是，由于种种原因，九品官人法的研究还相当薄弱，一些基本的、重要的史实尚未得到合理的阐释。

266

辉煌壮丽的皇宫王府

■ 唐代仕女刺绣

宰相的权力地位，是武则天打击政敌，扫除唐开国以来把持中枢政权的关陇勋贵的绝妙一招。

紫宸殿是与含元殿、宣政殿同在一条中轴线上的第三大殿，是大明宫中的三大殿之一。紫宸殿为大明宫的内衙正殿，皇帝日常的一般议事多在此殿，故也称"天子便殿"。

如果不计入内苑部分，从丹凤门至紫宸殿约1.2千米，这个长度大于从北京故宫天安门到保和殿的距离。由于进入紫宸殿必须经过前宣政殿左右的东西上阁门，故进入紫宸殿又称为"入阁"。能够入阁与皇帝商议军政大事，在当时是大臣颇为荣耀的事情。

朝参是唐朝在京官员最重要的政事活动。

按照制度规定，唐朝朝参有3种不同的举行时间和形式，一种是元日和冬至日举办的大朝会，最隆重，需要有"大陈设"，到时皇帝"服衮冕，冬至服

■ 唐代皇帝受朝贺
陶俑

通天冠绛纱袍，御舆以出，曲直华盖，警跸侍卫如常仪"，接受群臣客使朝参礼贺。

朝会参加者最多，有王公诸亲、在京九品以上文武官、地方上奏的朝集使、周隋后裔介公鄫公、蕃国客使等，朝贺结束后并有宴会。

正、冬大朝会本在太极宫的太极殿，高宗以后因为居住大明宫，所以改在含元殿进行。唐朝后期也改在含元殿后的宣政殿举行。

其次是朔望朝参。即每月的初一、十五。其殿上设黼扆、蹑席、熏炉、香案，依时刻陈列仪仗，"御史大夫领属官至殿西庑，从官朱衣传呼，促百官就班"。

在监察御史的带领下，群官按品级于殿庭就位，皇帝始出就御座，群官在典仪唱赞下行跪拜之礼。朔

跪拜 跪而磕头。在中国的旧习惯中，作为臣服、崇拜或高度恭敬的表示。古人席地而坐，"坐"在地席上俯身行礼，自然而然，从平民到士大夫皆是如此，并无卑贱之意。只是到了后世由于桌椅的出现，长者坐于椅子上，拜者跪、坐于地上，"跪拜"才变成了不平等的概念。

大明宫遗址公园内镏金塑像

望朝参一般也在宣政殿正殿举行。

最后是常参。唐前期按制度"凡京司文武职事九品以上，每朔、望朝参；五品以上及供奉官、员外郎、监察御史、太常博士，每日朝参"。

每日朝参就是常参，一般不用摆列仪仗，也无大排场，是真正的行政日。参加者称常参官，人数少而级别高，都是五品以上职事要重者。常参则在宣政殿再后的便殿紫宸殿举行。

据说玄宗时，将朔望朝参也改在紫宸殿举行，宪宗元和以后，将紫宸殿改作常朝正殿，宰相、常参官奏事都在此殿。

辉煌壮丽的皇宫王府

阅读链接

含元殿是大明宫中轴线上南起的第一座殿宇，属皇宫前朝三大正殿之首，规制宏伟，地位尊崇，与北京故宫太和殿地位相当。

含元殿自建成起，就成为都城长安的主要标志性建筑，称著当时，传名后世。关于含元殿的殿名，按唐人李华《含元殿赋》所说："含元建名，《易》乾坤之说，曰含弘光大，又曰元亨利贞，括万象以为尊。"说明含元二字源于《易经》。

武则天时曾改成"大明殿"，使殿名与宫名相统一，至唐中宗即位后才恢复旧称。

宫内各殿的设置与功能

　　大明宫内的延英殿、麟德殿、三清殿、太液池和梨园等建筑大部分以生活和宴游为主，真实地反映了唐朝时期的精神生活。延英殿是大明宫留存的遗址之一，属于内宫的宫殿。这座宫殿规模不大，却由于历史的机遇，一度成为大明宫的权力核心。

　　中唐以后，下朝之后，皇帝如果认为有事情需要商量时，会让大臣到延英殿议事，而大臣们如果认为有紧急情况需要面见圣上，也可以写下奏折要求开延英殿，这种奏表叫作"榜子"。

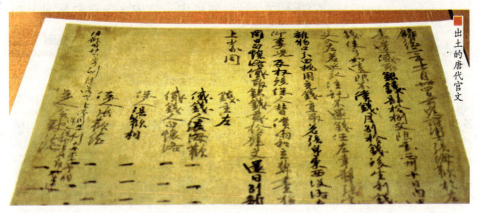

出土的唐代官文

■ 唐武宗（814—846），武宗即李炎。唐穆宗第五子，文宗弟。武宗在位时，任用李德裕为相，对唐朝后期的弊政进行了一些改革。唐武宗崇信道教，下令拆毁佛寺，没收大量寺院土地。由于毁佛成功，从而扩大了唐朝政府的税源，巩固了中央集权。

唐代宗即位之后，宰相苗晋卿年老体弱，走路时双腿发软，步履蹒跚。代宗特许他每隔一天到政事堂办公，享受"入阁不趋"的待遇。入阁不趋就是允许你进入宫殿拜见皇帝时可以慢慢地走过去。

唐代宗还特意在偏殿延英殿召见苗晋卿，《新唐书》中记载"宰臣对小延英，自晋卿始"。相对于宣政殿、紫宸殿这些正规的场合而言，延英殿属于便殿，大臣在这里议事可以直接面对皇帝，少了许多烦琐的礼节，君臣之间的关系比较随和。

能够被召到延英殿议事表示受到了皇帝的重视，因而成为大臣们的一种荣誉。

散朝之后，皇帝回到内宫之中，在这种情况下如果有紧急事件发生，宰相也可以要求皇帝驾临延英殿议事。唐武宗时期便在延英殿里发生过这样一件事。

公元841年，在宦官仇士良的劝说下，刚刚即位不久的唐武宗下诏派中使前往潭州和桂州诛杀前宰相杨嗣复和李珏。傍晚，户部尚书杜悰得知这个消息后，驰马前往安邑坊宰相李德裕的住宅，请他出面制止。

唐代宗（726—779），唐朝第九位皇帝，唐肃宗长子。安史之乱结束，大唐开始走向衰落。代宗于公元779年去世，庙号代宗，谥号睿文孝武皇帝，葬于元陵。

当时李德裕正在家中休假，第二天早上，他便同其他几位宰相会集到中书省，李德裕写下奏表，要求唐武宗开延英殿重新商议此事。第一封奏表递上去以后未见回音。中午，李德裕又写了第二份奏表。一直等到下午，宫中终于传出消息：圣上将在延英殿召见几位宰相。最终杨嗣复和李珏两人免于一死。

按照通行的牛、李两党说，杨嗣复和李珏属于牛党，和李德裕是对手，由此可以看出李德裕出手相救并非出于私情。

李德裕认为这件事必须和宰相商议，如果皇上越过宰相直接下达诏令诛杀这两个人，是违背制度的，听之任之，皇权与相权之间的制衡将会被打破。

公元795年，宰相陆贽被贬，甚至有消息说唐德宗怒气未消要杀了陆贽。谏议大夫阳城说，不能让天子信用奸臣杀害无罪的人。他带领众谏官前往延英殿上书替陆贽喊冤。

元稹在回忆阳城在这件事上的表现时写道："延英殿门外，叩阁仍叩头。且曰事不止，臣谏誓不休。"

这次跪在延英殿前上书是谏官们的一次大的行动，在此之前相当长的一段时间内，谏官们并没有受到重视。有一段时间谏官减员后就不再重新补足名额，结果满朝只剩下两个谏官，一个是谏议大夫韩皋，另一个是拾遗归登，而这两个人的处境也

李德裕 （787—850）唐中期著名政治家、诗人。幼有壮志，苦心力学，尤精《汉书》《左氏春秋》。穆宗即位之初，禁中书诏典册，多出其手。李德裕主政期间，重视边防，力主削弱藩镇，巩固中央集权，使晚唐内忧外患的局面得到暂时的安定。

271

唐朝皇宫

大明宫

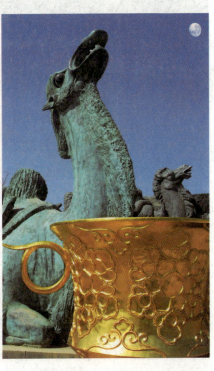

■ 西安大明宫遗址公园骆驼雕塑

中书舍人 官名。舍人始于先秦，本为国君、太子亲近的属官，魏晋时于中书省内设置中书通事舍人，掌传宣读皇帝诏书。南朝沿置，中书舍人担任起草诏书之职，并参与机密，权力日渐增加，甚至专断朝政。隋唐时，中书舍人在中书省拟草诏旨，多以有文学资望者充任。

不妙。

唐朝朝廷机构的官员在上班时能享受一顿免费的工作餐，当时的宰相下令停发了归登的伙食费，让他去中书舍人那里蹭饭，朝中的官员戏说："韩谏议虽分左右，归拾遗莫辨存亡。"

因此，阳城等人这次跪在宫门前上书引起了很大的轰动，80岁的金吾将军张万福听说有谏官伏阙上书后，三步并作两步赶到现场，高声祝贺说："朝廷有直臣，天下必太平！"

"瑞烟深处开三殿，春雨微时引百官。"唐朝诗人张籍的《寒食内宴》中这样描述盛唐时期唐大明宫麟德殿的盛景。

■ 大明宫遗址出土的镏金壶

麟德殿位于大明宫的西部，是皇帝举行宴会和接见外国使节的地方，建筑面积达1万多平方米。

根据勘测，麟德殿原有前后毗连的3座大殿建在高高的台基之上，中殿左右各建有一个亭子，后殿左右各建一楼，周围环绕有回廊，将各个部分连接在一起。麟德殿规制宏伟，结构特别，堪称唐代建筑的经典之作。

皇帝经常在这里举行宫廷宴会、观看乐舞表演、会遣唐使的活动。

公元703年，武则天在此会见并设宴款待了日本遣唐使粟田真人，这是他第八次作为遣唐使来到长安。

粟田真人在日本文武天皇时期的官阶是"朝臣"，职务相当于户部尚书，这一次他带来的许多地方特产让武则天很高兴，于是女皇便在麟德殿赐宴并授予了粟田真人"司膳卿"的职位。

唐代宗曾在此一次欢宴神策军将士3000多人。当时，唐代的官员以能出席麟德殿宴会为荣。

麟德殿位于大明宫太液池西侧的一座高地上，遗址已被发掘，底层面积约5000平方米，由4座殿堂前后紧密串联而成，是当时中国最大的殿堂。

在麟德殿主体建筑左右各有一座方形和矩形高台，台上有体量较小的建筑，各以弧形飞桥与大殿上层相通。据推测，在建筑四周可能用廊庑围成庭院。

■ 大明宫遗址出土的文官俑

遣唐使 从公元7世纪初至9世纪，日本为了学习中国文化，先后向唐朝派出十几次遣唐使团。其次数之多、规模之大、时间之久、内容之丰富，可谓是中日文化交流史上的空前盛举。遣唐使对促进中日友好交流做出了巨大贡献，成为中日文化交流的第一次高潮。

■ 麟德殿遗址

亭 是中国传统建筑，多建于路旁，供行人休息、乘凉或观景用。亭一般为开敞性结构，没有围墙，顶部可分为六角、八角、圆形等多种形状。亭子在中国园林的意境中起到很重要的作用。亭的历史十分悠久，但古代最早的亭并不是供观赏用的建筑，而是用于防御的堡垒。

麟德殿建筑以数座殿堂高低错落地结合到一起，以东西的较小建筑衬托出主体建筑，使整体形象更为壮丽和完整。

麟德殿下有两层台基，殿本身由前、中、后三殿聚合而成，故俗称"三殿"。三殿均面阔九间，前殿进深四间，中、后殿约进深五间，除中殿为两层的阁外，前后殿均为单层建筑。

在麟德殿中殿左右有两座方亭，亭北在后殿左右有两座楼，称为郁仪楼和结邻楼，都建在高7米以上的砖台上。自楼向南有架空的飞楼通向两亭，自两亭向内侧又各架飞楼通向中殿上层，共同形成一组巨大的建筑群。在前殿东西两侧有廊，至角矩折南行，东廊有会庆亭。

在麟德殿举行大宴时，殿前和廊下可坐3000多人，并表演百戏，还可在殿前击马球，故殿前极可能是宽敞的广场。麟德殿是迄今所见唐代建筑中形体组合最复杂的宏大建筑群。

三清殿是大明宫内等级最高的道教建筑。三清殿位于大明宫的西北角，台基面积达4000平方米，台上原来是楼阁式的建筑。

宫殿修筑在高为14米的高台上，非常醒目。唐代崇尚道教，供奉老子，三清殿是宫廷内供奉祭祀道教的建筑。

唐朝的统治者崇尚道教，认老子为祖先，道教与李唐王朝有着特殊、深厚的渊源，其中一个重要原因就是唐初门阀士族的传统势力还很强大，若非系出名门，就很难得到社会的尊重。

唐朝皇帝为提高自己的门第出身，便利用道教始祖李聃和皇室都姓李的巧合，附会自己是太上老君李

马球 史称"击鞠""击球"等，骑在马背上用长柄球槌拍击木球的运动。蒙古族民间马上游戏和运动项目，流行于内蒙古等地。相传唐初由波斯，也就是现今的伊朗传入，称"波罗球"，后传入蒙古，相沿至今。

唐代仕女打马球蜡像

聃的后代，是"神仙之苗裔"。道教因而也就成为李唐王朝信奉的重要宗教，而三清殿则成为大明宫中最重要的道教建筑。

唐代道士在宫廷中的活动，贯穿于整个李唐王朝的始终。唐初，他们竭力宣传李唐王朝与老子的亲属关系，奠定了道士们在宫廷中活动的基础。

中唐时期，他们利用皇室的支持，把道教的影响由宫廷扩展至民间，在"开元盛世"中掀起了一股狂热的崇奉道教的风气。晚唐时期，一些道士在皇室的允诺下，取得了一次"兴道灭佛"的胜利。

隋末时期，道士王远知假托奉老君之旨，向李渊"密传符命"，还预告李世民将成为"太平天子"，

276

辉煌壮丽的皇宫王府

■ 唐代道观

NaN唐代道观遗址

NaN李渊闻之大喜，授王远知朝散大夫，赐紫丝霞帔和缕金道冠，后来李世民又追加其为光禄大夫，赐予茅山建太平观，度侍者21人。

道士薛颐在公元618年就跑到秦王府中，密谓李世民"德星守秦分，王当有天下"。道士歧晖，则在李渊起兵时吹捧他是"真君来也"，派遣了80名小道士迎接他，并为他设醮祈福，祝他克定长安。

后来，李渊、李世民果然平定天下，他们不仅对道教格外青睐，而且虔信太上老君与自己同姓李，定会念及同宗之谊而对李氏天下格外垂怜。

另据文献记载，公元620年，有一个名叫吉善行的人在羊角山见到一位骑着朱鬣白马的白髯老叟。老叟告诉他，你去转告唐天子，我是他的祖先，今年平定贼乱后，子子孙孙可以千年为天子。吉善行便转告了李渊。李渊听后便在羊角山为老叟立了庙。

NaN277

NaN唐朝皇宫

大明宫

道士 信奉道教教义并修习道术的教徒的通称。道士作为道教文化的传播者，又以各种带有神秘色彩的方式，布道传教，为其宗教信仰尽职尽力，从而在社会生活中扮演着引人注目的角色。道士之称始于汉，当时意同方士。在道教典籍中，男道士也称为乾道，女道士则相应地称为坤道。

■ 道教修仙典籍

太上老君　老子的化身，亦称老君。老君是三清尊神中受到最多香火奉祀的神明，道教相信道家哲人老子是老君的化身，度人无数，屡世为王者之师；因其传下道家经典《道德经》，故称老君为道德天尊，也被道教奉为开山祖师。在道教宫观"三清殿"，老君塑像居左位，手执蒲扇。相传老君居住在太清圣境。

这老叟不消说便是太上老君了。自命为太上老君后裔，奉天命而坐天下的李渊和李世民等由此而大肆提高道教的地位。

公元625年，唐高祖李渊下诏宣布三教中道教列第一，儒教列第二，佛教排第三，道教的地位有如青云直上。公元637年，唐太宗李世民再次宣布尊奉道教。从这时直至唐玄宗李隆基时代，除武则天时代外，道教一直是春风得意，大受青睐。

在那个时代，道教充斥大都小邑，名山幽谷之中道观几乎无处不在。东都洛阳的玄元皇帝庙，一派"山河扶绣户，日月近雕梁"的宏大气势。长安的太清宫设置了两丈多高的汉白玉老君像，旁边又以汉白玉雕了玄宗侍卫这一老祖宗，更显出雍容肃穆。

其他如华山、王屋山、青城山、仙都山、泰山各处也都遍布着道教的宫观，就连僻远的深山野谷，也有道教踪迹。

唐太宗李世民在道士王远知预告他将成为"太平天子"后，便投在道教门下。据说他还曾受过三洞法箓。他服用了一位名叫那罗迩娑婆的天竺方士的延年之药，中毒身亡。

唐高宗对道教更是亦步亦趋，"令广征诸方道士，合炼黄白"，又请道士"合还丹"。据说一个叫叶法善的道士"少传符箓，尤能厌劾鬼神"，唐高宗就将他召到京师景龙观，"恩宠莫与为比"。

唐睿宗则请太清观道士杨太希为自己烧香供养，祈神保佑。唐玄宗对道教的热情更是达到了登峰造极的地步。他把卢鸿一、王希夷、李含光、马承祯、张果等当时最著名的道士请到长安来，加官封号，百般宠信。

279

唐朝皇宫

大明宫

■ 大明宫遗址出土的金龙

三清殿 是道教供奉最高尊神"三清祖师"的殿堂。三清是道教的最高尊神，故而每个道观都必须供奉。三清殿内奉玉清元始天尊、上清灵宝天尊、太清道德天尊即太上老君，故名"三清殿"。三清殿遍及信奉道教的地方，其中，苏州玄妙观三清殿、福建兴化三清殿、巍宝山三清殿、武夷山三清殿等建筑为中国文物建筑精品。

■ 大明宫遗址公园太液池

他不仅自己煮炼丹药，登坛受箓，还要大臣百官统统去三清殿听讲老庄。

他不仅把太上老君敬奉为祖宗，百般尊崇，还把道士当作亲戚，划归宗正寺，有罪也不依常法处置，只由道教戒格处分甚至还要把玉真公主嫁给道士张果。由此可见，三清殿在唐朝大明宫中的特殊作用和地位了。

太液池，又名蓬莱池，位于唐长安城大明宫的北部，是唐代最重要的皇家池苑。遗址现位于西安市未央区大明宫乡孙家湾村南，地处龙首塬北坡下的低地上。传说东海里有个不见底的"归墟"，大江大海的水都流到那里，那里有蓬莱、方丈、瀛洲3座仙山，山上有神仙往来居住。

秦始皇和汉武帝都曾派人入海寻找仙人，未果。汉武帝想念不已，便想出一个办法。他派人在长安建

■ 唐代建筑模型

章宫的北面挖一个大池，叫太液池。池上堆土为山，高60多米，造出蓬莱、方丈、瀛洲三仙山。

历代相传，凿大池比作大海，堆3座土山比作仙山。唐大明宫太液池也是如此。

太液池有东池和西池两部分，西池为主池。据了解，太液池中的3座仙山目前已有两座确定了具体位置，其中一座为蓬莱仙山。

蓬莱仙山位于太液池西池的中部，是太液池的主岛。考古工作者对其南岸进行了发掘，发现了一些水池和亭类建筑遗迹。在岛的南边，还分布有两组立石组成的景石群，第一次向世人揭示了蓬莱仙山原是座园林式的风景岛屿。

从底层堆积及太液池遗址西岸中部和北部的发掘来看，近岸处在耕土下层就见到晚唐时期文化层，而在离岸较远的发掘区西部，晚唐时期文化层却处于现地表下1米左右，这说明晚唐时期西岸地势或活动面是起伏不平的，总体来看是东高西低，近岸略高。

三仙山 名字源于《史记》，据记载"……海中有三座仙山，蓬莱、瀛洲、方丈，山上有仙人，宫室皆以金玉为之，鸟兽尽白……""三仙山"的传说引发了秦皇、汉武东巡求仙，"三仙山"也成为仙境的代名词，成为人们向往的圣地。三仙山是中国东方神话的源头，"人间仙境"的美誉也由此得来。

■ 大明宫遗址出土的击鼓俑

在对太液池水边建筑的考古发掘中，人们发现了水上干栏式廊道建筑和水榭建筑。东区中段壁上多有柱洞残痕。再往北，在池底青灰色淤泥上，也清理出多个磉墩坑，形状均不规则，坑壁和坑底都有柱洞残痕。

考古工作者在这里清理出一条宽沟以及沟中保存较为完整的一组建筑遗迹。宽沟的平面呈V字形，折口向北沟长70米。建筑遗迹位于沟底，主要保存有16排的圆形柱洞，每排柱洞又由两行平行的柱洞组成。这些成排的柱洞组成了10余个建筑空间，使整体呈均衡对称的双翼式。

在沟底的生土面上，可见明显的浅灰色薄层淤泥，显然沟底曾进过池水，专家表示：沟中建筑原为水上建筑。这种专门挖沟，然后在沟中进行建筑的方式还比较特殊。

在沟底，还发现了栏杆石等七八种青石质的建筑构件，此外还有不少花纹砖、方砖、莲花纹的瓦当等。专家推测，这组水上建筑肯定规模不小。

尤其是位置离池岸最远的几个磉墩坑，分布比较集中，平面上围成一个长方形。在岸坡和池底的磉墩坑内以及附近发现了较多烧残的建筑石构件以及大量的灰烬等火烧遗迹。

干栏式建筑 是指在木（竹）柱底架上建筑的高出地面的房子。其具体构筑办法是用竖立的木桩为基础，其上架设竹、木质大小龙骨作为承托地板悬空的基座，基座上再立木柱和架横梁，构筑成框架状的墙围和屋盖，柱、梁之间或用树皮茅草或竹条板块或用草泥填实。

根据上述情况初步推定：池内建有一处干栏式建筑，池内围成长方形的磉墩坑可能就是该建筑的基础遗存；水榭和岸池之间有连接的廊桥，彼岸上的磉墩坑应该是其基础遗存。

太液池出土文物种类也较多，计有砖瓦、石制品、陶瓷器、铁器、铜器、钱币及其他等七大类。

在出土的砖瓦中，多见带铭文的长砖、方砖、板瓦、筒瓦。铭文内容涉及工匠姓名、纪年或月份、窑名，如"匠赵吉""使窑"等。陶瓷器中则有制作精美的三彩注壶、三彩盆、三彩枕以及带"官"字款的碗底等。

考古工作者还首次发现了一枚圆形的唐代钱币砝码。砝码制作精美，当面正中饰一莲花，环花有3朵祥云，其发现是研究唐代钱币的第一手资料。

此外，太液池还发掘出土了一些数量较多、大小不一的蚌壳和螺壳类水生动物及打水用的吸水器等。

太液池是唐代最重要的皇家池园，位于大明宫内

■ 大明宫遗址出土的飞兽砖

廷，是帝王后妃起居游憩场所的中心地区。据史书记载，大明宫太液池环池有游廊400间，从池北至玄武门，有多处殿堂楼阁。

梨园位于大明宫太液池一带。这里是皇室游乐和休闲的地方，分布着各式各样的离宫别殿，酒亭球场。史料记载，唐玄宗酷爱音乐和舞蹈，在艺术领域有着非同一般的天赋，由他倡导并确定把梨园作为音乐、舞蹈、戏剧活动的中心，从而使唐梨园成为中国历史上第一所皇家歌舞戏剧综合艺术学校，唐玄宗也因此被尊奉为中国戏曲艺术的鼻祖。

梨园有内廷梨园与宫外梨园，两种都是培养选拔音乐人才的教育机构。内廷梨园是唐玄宗亲自执教的地点，教学内容是对梨园艺人传习法曲。

梨园造就了一大批具有较高水平的音乐家，如李龟年、雷海青、黄旛绰、永新等，他们皆为梨园艺人。这些人成为当时音乐界的精英，为唐代音乐的高度兴盛及其音乐分工化的发展，起到了重大作用。

唐中宗时期，梨园不过是皇家禁苑中与枣园、桑园、桃园、樱桃园并存的一个果木园。果木园中设有离宫别殿、

辉煌壮丽的皇宫王府

■ 唐代跳舞俑

■ 唐代宫廷宴席壁雕

榭亭球场等，专门是供帝后、皇戚、贵臣宴饮游乐的场所。

后来，经唐玄宗李隆基的大力倡导，梨园逐渐成为唐代的一座梨园子弟演习歌舞戏曲的梨园，成为中国历史上第一座集音乐、舞蹈、戏曲的综合性"艺术学院"。李隆基自己担任梨园的崔公，相当于现在的校长。崔公以下有编辑和乐营将两套人马。

李隆基为梨园搞过创作，还经常指令当时的翰林学士或有名的文人编撰节目，如诗人贺知章、李白等都曾为梨园编写过上演的节目。

李隆基、雷海青、公孙大娘等人都担任过乐营将的职务。他们不仅是才艺极高的著名艺人，又是诲人不倦的导师。

梨园子弟分为坐部、立部、小部和男部、女部。坐部一般是优秀演员，乐工坐在堂上演奏，舞者大抵

翰林学士 官名。学士始设于南北朝，唐初常以名儒学士起草诏令而无名号。唐玄宗时，翰林学士成为皇帝心腹，常常能升为宰相。北宋翰林学士承唐制，仍掌制诰。此后地位渐低，然相沿至明清，拜相者一般皆为翰林学士之职。

唐代仕女陶俑

为3人至12人，舞姿文雅，用丝竹细乐伴奏。

立部是一般演员，乐工立在堂下演奏，舞者60人至80人不等，舞姿雄壮威武，伴奏的乐器有鼓和锣等，音量宏大；小部为儿童演出队。

唐玄宗从发展的观点出发，为更进一步提高乐工、乐伎的音乐素养与技艺，使乐才源源不断，在梨园法部专设了一个音乐"少幼班"，即小部者。

"小部者，梨园法部所置、凡三十人，皆十五以下。"为唐代音乐艺术的稳步发展提供了必备的人才储备。这种对于儿童进行早期的启蒙性的音乐教育尝试，在世界教育史上也是少见的。

此外，梨园还设有舞部，又分为文舞和健舞。像这样庞大的艺术团体，男女兼有的皇家音乐、舞蹈、戏曲学院，出现在1000多年前，不能不说是世界罕见的。

排练时唐玄宗李隆基亲自担

任指挥，谁要是弹错或唱错了，马上就会听出来并加以纠正。唐玄宗还善于打羯鼓，常常亲自为乐队击鼓。

一次梨园排戏，唐玄宗李隆基看得兴起，也换上戏衣，参加表演，在李隆基的参与下，歌舞戏剧排演得很成功。

梨园的设置，对唐代歌舞的发展起了很大的促进作用，唐玄宗对此是有贡献的。所以后世便将戏曲界称为"梨园界"或"梨园行"，戏曲演员则称为"梨园子弟"或"梨园弟子"，而李隆基理所当然地被尊为梨园神了，也有的人叫他"老郎神"。

为什么俗称梨园神是老郎神呢？因为在有些地方的方言中，"老"是"小"的昵称，小儿子常被叫作老儿子。李隆基是唐睿宗的第三个儿子，也就是小儿子，即老郎。唐玄宗也常称"三郎"。

在史书中有关唐玄宗李隆基与杨贵妃的记述中，也有三郎之说。这就是三郎的由来。唐玄宗李隆基在梨园给梨园弟子们排练时，常对他们说："你们要好好练，别给三郎丢脸！"

过去在戏班子的后台，都会见到戏班所供的一个神龛，龛中有一尊神像，是个白脸的漂亮男子模样，身穿黄袍。这就是他们戏曲行所供奉的行业神"老郎神"，也就

■ 唐代服饰

■ 大明宫遗址出土的戏曲陶俑

是梨园神。这位梨园神是谁，不消说，自然是唐玄宗李隆基了。

在梨园里，宫女谢阿蛮备受皇帝宠爱，所以一直跟随唐玄宗。她不仅是唐代时的舞蹈家，她还是中国著名的宫廷歌舞艺术家，她擅长舞蹈，尤其以舞《凌波曲》而流传于世。

这些唐时的舞蹈家、音乐家、宫廷歌舞艺术家欢聚一堂，酣奏《凌波曲》，与相匹配的舞蹈者，必然是当时出类拔萃的舞蹈家了。

这良辰美景，人间妙曲，配上阿蛮那罗袖飘香，出水芙蓉的舞姿，简直是人间仙境了。

辉煌壮丽的皇宫王府

阅读链接

大明宫延英殿在唐前期默默无闻，但是自"安史之乱"以后其在国家政治生活的地位却日渐提高，就其在政治方面的作用而言，已经远远超过了含元、宣政、紫宸三大殿。

延英殿的功能除了作为"延英召对"的场所外，还有群臣向皇帝问起居、延英奉觞、延英奉慰、延英中谢、召见官员、面授官职、召见外来使者、举办宴乐等许多功能。

南宽北窄的楔形建筑格局

作为唐朝宫殿的典型代表，唐大明宫在建筑风格和规模上都带有那个时代的烙印，具有自己独特的建筑特色。大明宫与中国历代的古都遗址相比，其建筑宏伟、布局考究、工艺卓绝、形态富丽，充分昭示了大唐盛世的辉煌以及那个年代的建筑成就。

■ 大明宫遗址 位于陕西省西安市自强东路以北、玄武路以南范围内，主要有麟德殿、含元殿、三清殿等殿堂遗址和重玄门、玄武门等宫门遗址。大明宫遗址保存比较完整，埋藏丰富，是唐代建筑研究的珍贵实物资料。

蓬莱山 又称为蓬莱、蓬山、蓬丘、蓬壶、蓬莱仙岛等，传说渤海三座神山之一。实际上，早在秦始皇之前，"蓬莱"作为海上神山的名字就已经传开了。"蓬莱"作为地名，而不是神山名，最早有文字可考的见于唐代杜佑的《通典》中记载："汉武帝于此望海中蓬莱山，因筑城以为名。"

考古学家通过对大明宫的挖掘研究，已经将大明宫遗址整体景观布局清晰绘制出来。已经发现的40多处宫殿阁亭遗址，大多集中在城北太液池的四周，主要有含元殿、麟德殿、三清殿、宣政殿和紫宸殿等。

从已经出土的遗址遗迹来看这座古宫城的建筑风格，学者们对唐大明宫建筑总结了几个方面的特点。

首先，从整体来看，大明宫建筑群规模宏大，规划严整。宫城平面呈不规则长方形。全宫分为宫和省两部分，省衙署基本在宣政门一线之南，北属于"禁中"，为帝王生活区域，其布局以太液池为中心而环列，依地形而灵活自由。宫城之北，为禁苑区。

其次，大明宫建筑群处理愈趋成熟。建筑加强了突出主体建筑的空间组合，强调了纵轴方向的陪衬手法。全宫自南端丹凤门起，北达宫内太液池蓬莱山，为长达约1.6千米的中轴线。

■ 麟德殿模型

　　轴线上排列全宫的主要建筑：含元殿、宣政殿、紫宸殿，轴线两侧采取大体对称的布局。含元殿利用凸起的高地，即龙首塬作为殿基，加上两侧双阁的陪衬和轴线上空间的变化，形成朝廷所需的威严气氛。

　　最后，大明宫建筑在技术方面，使用木建筑解决了大面积和大体量的技术问题，并已形成定型化。如麟德殿，由前、中、后殿组成，面积约5000平方米，为太和殿的3倍。其采用了面阔十一间，进深十七间的柱网布置。

　　殿东西两侧又有亭台楼阁衬托，造型相当丰富多样。主殿含元殿则用减去中间一列柱子的办法，加大空间，使跨度达到10米，这可以证明唐初宫殿中木架结构已具有与故宫太和殿约略相同的梁架跨度。

　　另外，大明宫在建筑艺术方面，该建筑群的建筑工艺精细而成熟，凝聚着当时匠人们的智慧结晶。大明宫每个殿堂的门窗都设计得朴实无华，给人以庄重和大方的印象。建筑风格气魄宏伟，严整而又开朗。

永定柱 是上下通柱，叉柱造是宋辽金最具代表的，上层柱插在底下华拱中，收半个柱径。含元殿殿阶局部就用了永定柱平坐，但这种较古的方法在唐代以后就逐渐被淘汰了。

大明宫现存的木建筑遗物反映了唐代建筑艺术加工和结构的统一，在建筑物上没有纯粹为了装饰而加上的构件，也没有歪曲建筑材料性能使之屈从于装饰要求的现象。这固然是中国古典建筑的传统特点，但在唐代建筑上表现得更为彻底。

其中，含元殿踞龙首塬高处，高出平地10余米，前有长达75米的龙尾道。殿阶局部用永定柱平坐，这种较古的方法，唐以后逐渐淘汰。整组建筑气魄雄伟，足可代表当时高度发展的文化技术。

含元殿和麟德殿的开间尺寸，不过5米稍多，最大梁栿跨距，不过4椽，尺度不及后世，用料也相对较少。用较少的料而构成宏伟的宫殿，应该说技艺已相当纯熟了。

唐大明宫之所以会有这样的建筑成就，应当说与唐代当时的繁荣是分不开的。

大明宫不仅建筑风格端庄富丽，建筑规模也是后世许多朝代所不能媲美的。关于大明宫的规模，《唐六典》《长安志》《唐西京城坊考》《长安图》里记载不一，与考古实测也有出入。

经过实地测量，纠正了文献记载中关于大明宫范围数与平面形制上的错误，确

■ 大明宫青铜钟

认大明宫周长7.6千米，面积为3300平方米，是一座平面形制南宽北窄的楔形，为长安三大内中规模最大的一处宫殿区。

造成大明宫这种建筑布局的原因，总的来看，是受到了三个条件的限制。

其一，"大明宫地本太极宫之后苑东北面射殿"。唐太宗开始营建大明宫，是在此射殿的基础上进行扩建的，因而宫内的布局，受到了原先建筑物一定的限制。

其二，大明宫地处龙首塬上，宫内的建筑只能因山塬的起伏之势而建，布局规划也受到了地形条件的一定限制。

其三，大明宫的营建，是经过了贞观和龙朔两个时期，两次大型的施工，时隔了27年，才逐步扩建而成。起初仅为避暑之离宫，后来才发展为皇帝听政的地方。因而在建筑布局上，很难有一个完整严密的规划。

正因为如此，大明宫的平面形制，并不是传统规矩的方形或长方形，而是北窄南宽的楔形；宫内有些建筑的排列，也不十分规整；殿阁的建筑坐向，也不都是坐北朝南。

由于大明宫的建筑受到以上条件的限制，所以唐代大明宫建筑群在规划布局方面就形成了自己独特的特点：

其一，大明宫的基本布局，仍采取"前朝后寝"的传统殿堂建筑

■ 大明宫遗址公园
内的阁楼

原则。宫内的建筑，以紫宸门为界，划分为前朝和后廷两大部分。紫宸门以前，属于前朝大典和中朝听政议事之处；紫宸门以后，属于后寝地区，为皇帝在内廷引见个别亲信大臣及皇帝与后妃居寝之所。

其二，大明宫虽然由于龙首塬地形条件的限制，宫内建筑的排列不如太极宫那样规整严格，但以中轴部位安排主要建筑的布局思想，仍然十分明显。

如丹凤门与含元殿、宣政殿、紫宸殿，依龙首塬地势起伏，南北相沓，都建在山塬的高处，如《雍录》所记载：

> 唐大明宫尤在高处，故含元殿基高于平地四丈。含元殿之北为宣政，宣政之北为紫宸殿，地每退北，辄又加高，至紫宸殿则极矣。

紫宸门 殿门名，紫宸门内有紫宸殿，称为"内朝"，群臣在这里朝见皇帝。含元殿、宣政殿、紫宸殿组成的外朝、中朝、内朝格局多为后世的宫殿所效仿，北京紫禁城的太和、中和、保和三殿便是这种格局的体现。

这种以中轴部位和在高冈地段安排主要建筑的做法，既突出了三大殿象征最高封建统治的重要地位，又使这些宫殿建筑更加巍峨高耸和雄伟壮观。

其三，在大明宫北部的内廷地区，以中部的太液池为界，又分为东西两个大的活动地区。太液池以西，以麟德殿、金銮殿和翰林院等为主，是皇帝在内廷引对僚臣、举行宴会和观乐赏戏之处；太液池以东，以蓬莱殿、浴堂殿、绫绮殿等为主，主要是皇帝与后妃的生活区。

其四，大明宫附设有防卫性的布局结构。如在宫城的南部，增设了3道东西方向平行的宫墙。第一道宫墙在含元殿前120米处；第二道宫墙与含元殿相齐；第三道宫墙与宣政殿相齐。第三道宫墙的修筑，不仅使大明宫前朝部分在布局上有前、中、后的内外

■ 大明宫遗址公园建筑

大明宫丹凤门

辉煌壮丽的皇宫王府

之分，而且宫墙层层相隔，利于防卫。

　　同时，在大明宫宫城北部的东、西、北面，修有防卫性的复墙夹城。此外，宫内的含元殿和麟德殿，多采取对阁连廊的建筑形式，形成了一组组严密的防御体系。大明宫这种防卫性的布局和建筑结构，反映了当时武则天为巩固其统治而注重于内防的特点。

阅读链接

　　紫禁城中清故宫的太和殿经常被俗称为"金銮殿"，然而，金銮殿的出处却是在唐朝长安的大明宫。不过，大明宫的金銮殿并非皇宫中最为重要的正殿，也不是皇帝处理政务的最重要场所。

　　宋代时仍沿袭唐制，也在京城建有金銮殿。而唐宋时期出现许多文人雅士，在写作中都把皇宫正殿称为金銮殿，再加上之后的一些民间戏曲小说中，也有相同的称呼。因此，皇宫正殿称为金銮殿的俗称也就日渐形成。

随着大唐王朝陨落的大明宫

公元745年，唐玄宗册封杨玉环为贵妃。从此，唐玄宗的生活彻底改变了。皇帝沉迷在他擅长的爱情和音乐当中，不理政事，国家大权相继落入宰相李林甫和国舅杨国忠手中。唐朝在达到史无前例的繁荣之时，开始走向浮华衰败。

公元750年，大唐西部的边防军与阿拉伯军队爆发了一场战争。3万名唐军受到阿拉伯联军的包围，战斗进行得非常惨烈。唐军统帅高仙芝只带领了几百人突围，1万多唐军被俘虏，其余的悉数战死。

此次战争极大地影响了世界历史的进程。被俘虏的唐军中有不少工匠，造纸术和火药术从此传入了阿拉伯，许多中国独有的技术从阿拉伯开始西

杨贵妃塑像

辉煌壮丽的皇宫王府

■ 大明宫遗址公园内塑像

传。在此之后，大唐军队再未到过波斯地区，大唐王朝的影响力也逐年削弱，危机重重。

公元736年，胡人安禄山因罪被押往长安，后被唐玄宗赦免，获得了皇帝的信任，并认杨贵妃为母。

公元750年，安禄山被封为郡王。仅仅几年时间，安禄山便成为了大唐王朝最有权势的封疆大吏。

安禄山一人兼任三方节度使，兵力达到了20多万。当时，由于太平已久，整个帝国的兵力也不到60余万人。

公元755年，安禄山造反，15余万大军由北南下，直逼大唐的东都洛阳。12月，在几乎未遭到任何抵抗的情况下，安禄山进入洛阳城。当叛军直趋京城时，唐玄宗正与他心爱的女人杨贵妃纵酒放歌。

公元756年6月初，潼关陷落，长安已在叛军的视野之内。6月12日黎明，年老的唐玄宗决定出逃四川。

安禄山的军队进入长安城后，长安陷入了血雨腥风之中，许多没有来得及出逃的皇室被残忍地杀死，乱军和土匪涌入大明宫，趁乱打劫。

据史书记载，大明宫的左藏库和大盈库被烧，财物被抢一空，有人甚至将毛驴赶进了宫殿。

从长安逃亡蜀地的路上，

在一个叫马嵬的驿站，皇家卫队发动兵变，杨贵妃被迫在一个佛堂前的梨树下自缢而死。而此时的唐玄宗再也拯救不了他心爱的女人了。

■ 杨贵妃墓

公元762年，李隆基在孤独中死去。第二年，持续了8年之久的"安史之乱"终于落下了帷幕。但是，大唐王国的噩梦并未结束。大明宫的皇帝一次次在噩梦中惊醒，大唐的江山从此风雨飘摇。

公元763年，吐蕃军队攻入长安，唐代宗又一次选择了出逃。吐蕃人在长安城中大肆掠夺，焚毁房舍。据史书记载，大明宫中的皇家府库遭到了洗劫。

公元783年，来自甘肃的藩镇军队哗变，攻入了大明宫，唐德宗无奈从大明宫北门出逃，大明宫再次遭到了洗劫。

公元815年凌晨，甘肃藩镇刺客暗杀了宰相武元衡，御史中丞裴度重伤。这是唐朝历史上绝无仅有的惊天大案，恐怖气氛笼罩着整个长安城。

武元衡 （758—815）唐代诗人、政治家，字伯苍。武则天的曾任孙。他被平卢节度使李师道遣刺客刺死，后被追赠司徒称号。他著有《临淮集》10卷。

裴度 （765—839）唐朝名相，字中立，他是唐代后期杰出的政治家。德宗贞元五年的进士，宪宗元和时累迁司封员外郎、中书舍人、御史中丞。拜中书侍郎，同中书门下平章事。封晋国公，穆宗时数出镇拜相。官终中书令。

大明宫遗址壁画

辉煌壮丽的皇宫王府

唐宪宗起用重伤的裴度为宰相，打击藩镇。经过唐宪宗君臣的共同努力，四分五裂的大唐帝国一度出现了中兴的迹象。但是，晚年的唐宪宗逐渐沉迷于道教之中，以致无法自拔，最终因食用道士的丹药而中毒身亡。

公元835年，两个宦官首领指使神策军闯入中书省和门下省，逢人便杀，600多名官员死于非命。这就是大唐历史上著名的"甘露之变"。

在中唐以后，内侍省的宦官不禁掌握着皇家的禁军，而且经常把持朝政。他们不仅可以废立皇帝，就连皇帝的性命也控制在他们手里。在大唐历史上，至少有3位皇帝被宦官杀死。

公元875年，年仅14岁的李儇继位，后认宦官田令孜为阿父，这就是唐僖宗。

公元880年，当黄巢起义军向长安挺进的时候，唐僖宗正主持一场耸人听闻的赌局，让4个高级官员用击马球的方式来决定任职的地方，获胜者有权选择最为富庶之地。这就是历史上臭名昭著的"击球赌三川"事件。不久，唐僖宗就走上了逃亡之路，成为大唐开国以来第四位逃离京城的皇帝。长安城一片大乱，军士及百姓争先恐后闯入皇家府库盗取金帛。大明宫又一次陷入血雨腥风当中。

黄巢在年轻时曾来过长安，屡次应试不中之后，写下了诗句：

> 待到秋来九月八，我花开后百花杀。
> 冲天香阵透长安，满城尽带黄金甲。

对于黄巢而言，长安就是他最理想的彼岸，这个彼岸的焦点就是大明宫。

12月，黄巢在含元殿称帝。只是，这黄金甲给长安城带来的不是希望，而是无比巨大的灾难。农民军大肆抢劫，洗劫了这个世界上最富裕的城市。

公元883年，当黄巢退出长安时，据《旧唐书》记载，官军涌入城内，大明宫出现了：

> 争货相攻，纵火焚烧，宫室里坊，十焚六七。

公元885年，北方游牧民族沙陀军又再次攻入长安。大明宫在这次战乱中破坏惨重，含元殿和麟德殿均被焚毁。

公元885年，唐僖宗重返长安。然而，大明宫已经破毁不堪，荆棘满城，孤兔纵横。屡遭蹂躏的大明宫再也无法居住了，唐僖宗只能迁入太极宫。

从建成之日算起，经过222年之后，大明宫结束

唐宪宗 （778—820），唐朝第十二位皇帝，继位以后，励精图治，重用贤良，改革弊政。他在位15年间，勤勉政事，力图中兴，从而取得了元和削藩的巨大成果，并重振了中央政府的威望，史称"元和中兴"。

神策军 "安史之乱"后新建的禁军，是一支以宦官为统帅和由宦官控制的军队，具有不同于其他军队的一系列特征，在唐朝中晚时期的政治斗争中扮演着重要的角色。

唐僖宗 李儇（862—888），初名俨，唐朝第十八位皇帝，唐懿宗第五子。在位13年，享年27岁，死后谥号为"惠圣恭定孝皇帝"。懿宗病重弥留之际，他在宦官的支持下被立为皇太子，改名李儇，并于懿宗死后柩前即位。当时年仅11岁。

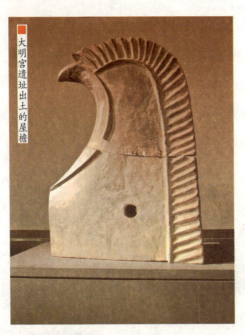
大明宫遗址出土的屋檐

了大唐权力中枢的历史使命。

公元896年，一个节度使攻入长安，大明宫又遭焚毁。

公元901年，节度使与宦官争权，大明宫被烧，几乎成了废墟。

公元904年，节度使朱温夹持唐昭宗迁都洛阳，一同迁移的还有长安的居民。朱温下令毁掉长安的民房和宫殿，大明宫遭到毁灭性打击，至此彻底沦为废墟。

公元907年，唐哀帝被迫让位于节度使朱温，大唐帝国正式灭亡。

长安，这个曾经包容万千的城市，历经了千万杀戮后，已经被肢解得支离破碎了。作为唐王朝的中枢，大明宫的命运和唐王朝的命运是紧紧相连的，当大唐王朝走向灭亡的时候，也是大明宫变成废墟的时候。

辉煌壮丽的皇宫王府

阅读链接

大明宫和长安城一样，是在唐末的多次战乱中毁灭的，它与长安城的命运息息相关。

对长安城最后一次的彻底破坏是公元904年，朱温威逼昭宗迁都洛阳，并且命令长安居民按户籍迁居。他命人拆毁长安城内全部残存的宫殿、官舍和民房，并将木料由渭河浮水而下，运往洛阳。

经过这一次浩劫，当时世界上最大的繁华城市变成了废墟。在这次拆毁之前，大明宫能烧的部分早已烧完，余下的残砖碎瓦无法向洛阳拆运。只在后来，被城内留守的官员和居民拆了修房去了。

华清宫

华清宫是中国古代的离宫，位于陕西省西安市城东的临潼区内，南依骊山，北临渭水，内有自然造化的天然温泉，以温泉汤池著称。秦始皇曾在此"砌石起宇"，西汉、北魏、北周、隋代也在此修建汤池。

公元644年，唐太宗诏令在此造殿，赐名"汤泉宫"。公元747年改名"华清宫"。当时这里台殿环列，盛况空前，但安史之乱后皇帝很少游幸。至唐朝末期就成为了废墟，五代成为了道观。

拥有千年历史的皇家离宫

　　根据历史文献和考古发掘的资料证明，华清宫作为古代离宫，已有6000多年的温泉使用史和3000多年的皇家园林建筑史。

　　早在3000年前西周时，周幽王就在临潼修有"骊宫"。秦朝时，在

■骊山秦始皇帝陵标识

■ 华清宫浮雕

秦始皇选择骊山修造陵墓后，便在骊山旁边有温泉的地方修建宫殿。北周时期将骊山温泉建成了一座规制恢宏、匠心独具的皇家行宫。

经过北魏、北周、隋朝的修筑与园林美化，骊山行宫规模空前。堂皇殿宇，迤逦相望，画阁亭楼，金碧辉煌，配以自然山色，温泉烟雾，松柏翠绿，山花烂漫，如锦似绣的园林风光，成为人间仙境。

到了唐代，唐太宗李世民在以前的基础上修建了汤池，赐名为"御汤"，并把重新翻修好的宫殿起名为"汤泉宫"。

然而，唐太宗修建的汤泉宫并非是历史上最恢宏的时期。而令温泉宫殿达到历史上最宏伟鼎盛的是唐玄宗李隆基。唐玄宗统治时期的盛唐，国家基础雄厚，民富国安。他于公元742年下诏，花费巨资修建宫殿。

工匠阎立德在以前宫殿的基础上充分发挥地理上

阎立德 （596—656）唐代建筑家、工艺美术家、画家。阎立德出身于工程世家，曾任尚衣奉御、将作少匠、将作大匠、工部尚书等。曾受命营造唐高祖山陵，督造翠微、玉华两宫，营建昭陵，主持修筑唐长安城外郭和城楼等。

的优势，依骊山的山势而筑，环山列宫殿，宫周筑罗城，并修有登山的夹道和通往长安的复道，把这里同长安的"大明宫""兴庆宫"连为一体。

由于唐玄宗是个十分笃信道教的人，因此在公元747年，新宫落成时，唐玄宗便取道教经书中的"华清宫"能使人得道成仙之意，把骊山宫殿正式定名为"华清宫"。又因为宫殿坐落在温泉汤池上，所以也称为"华清池"。

而唐太宗李世民曾经用过的"御汤"，也被唐玄宗改名为"星辰汤"。

唐华清宫为富丽宏大的建筑群，从山顶至山下，

辉煌壮丽的皇宫王府

■ 华清宫景观

■ 杨玉环（719—756），字太真。她先是寿王李瑁的王妃，后来成为唐玄宗李隆基的贵妃。杨玉环与西施、王昭君、貂蝉并称为中国古代四大美女，四大美女有"沉鱼落雁之容，闭月羞花之貌"。其中，"羞花"说的就是她。

宫殿林立，楼阁相属，既合理地利用了温泉，又体现了宫内严谨的布局。

华清宫是唐玄宗与杨贵妃浪漫爱情的历史见证。

杨贵妃原名杨玉环，生于公元719年，唐代蒲州永乐人。从小随叔父在河南长大。她天资聪颖，通音律，善歌舞。

公元735年，杨玉环被册封为唐玄宗第十八子寿王李瑁妃。公元737年，唐玄宗的宠妃武惠妃去世，玄宗悼惜不已，整日闷闷不乐，后宫美女数千，竟无一人中意。

洞知玄宗心思的高力士便暗搜外宫，于公元740年发现寿王妃，并被玄宗看中，为避人耳目，将寿王妃召入道观，赐道号太真，这样一来就解除了李瑁与杨贵妃的夫妻关系。

公元745年，唐玄宗正式册封杨玉环为贵妃。因唐玄宗通音律，而杨玉环善歌舞，两人在感情志趣上情投意合，使得玄宗对杨玉环宠爱有加，宫中呼为"娘子"，礼仪皆如皇后，真是"后宫佳丽三千人，三千宠爱在一身"。

高力士（684—762）本名冯元一，他是中国唐代的著名宦官之一。他幼年时入宫，受到当时女皇帝武则天的赏识。在唐玄宗管治期间，其地位达到顶点，由于曾助唐玄宗平定叛乱，故深得玄宗宠信，终于累官至骠骑大将军、进开府仪同三司。

骊山华清宫

据历史记载，公元750年，唐玄宗与杨贵妃在骊山半山腰的长生殿前相依而立，他仰望星空，因羡慕牛郎织女的多情，伤感人世间的多变，便双双跪地对天盟誓，愿生生世世为夫妻。

《长恨歌》中对此情景的描写：

七月七日长生殿，夜半无人私语时。
在天愿做比翼鸟，在地愿为连理枝。

"门外千官罢早朝，三郎沉醉不知晓。"从公元747至公元755年，每年十月，玄宗便携贵妃姊妹及亲信大臣，从京都长安来华清宫淋浴温泉，号称"避寒"，直至第二年暮春三月才返回京师长安。

辉煌壮丽的皇宫王府

阅读链接

"十月一日天子来，青绳御路无尘埃"，玄宗李隆基和杨玉环在华清宫度七夕，避夏暑，处理朝政并接受万国使臣的朝拜。因此，华清宫又有"第二都城""第二长安"之称。

他们整日在华清宫里饮酒作乐，由梨园弟子奏乐助兴，打马球、观斗鸡、看舞马，过着穷奢极欲的生活。这也为唐朝的衰落埋下了隐患。

唐朝在华清宫的奢侈中没落

华清宫宫内修置了百官衙署及公卿府第等，还修有寝殿、皇帝唐玄宗专用的"御汤九龙殿"、杨贵妃沐浴的"海棠汤"及供百官公卿沐浴的"尚食汤"等。除此之外，还有"斗鸡殿""按歌台""大小马球场"和"舞马台"等。这一系列的建筑，都反映了当时大唐皇室的

■唐太宗《温泉铭》碑

骄奢生活。

唐代时期的飞霜殿，是唐玄宗与杨贵妃游幸骊山使用的寝殿。相传此殿落成之时，正适冬季，雪花漫天飞舞还没落及地面就被大殿四周温泉的热气蒸腾到空中，落雪为霜，故称"飞霜殿"。

"海棠汤"又名"芙蓉汤"，俗称"贵妃汤"。始建于公元747年，因汤池平面呈一朵盛开的海棠花而得名。唐人的构思超俗，设计新颖，一方面用海棠花的艳丽衬托贵妃的娇美；另一方面用海棠花的造型形象比喻杨贵妃丰腴的形体。

汤池的池壁由4块墨玉拼砌而成，汤池东西长3米多，南北宽大约3米，东西两侧分别设有一组踏步便于上下，充分体现出唐代建筑艺术中对称协调的美学观念。

不仅如此，汤池的供水系统也设计得非常科学

■ 华清宫莲花喷泉

■ 白居易（772—846），字乐天，晚年号香山居士。唐代伟大的现实主义诗人。白居易的诗歌题材广泛，形式多样，语言平易通俗。

合理，池底正中有一进水口，进水口上装莲花喷头，寓意为海棠花的花蕊，下接陶制水管道，与温泉总源相通。温泉因自然压力从花蕊中自动喷洒而出，喷出的形式与喷泉相似，而洒下来的形式，正如我们今天生活中的淋浴。

"回眸一笑百媚生，六宫粉黛无颜色"的杨贵妃在海棠汤中沐浴了近8个春秋。沐浴时为增加情趣，池中撒有鲜花的花瓣和具有美容养颜功效的中药材及价值昂贵的香料，享受香汤沐浴。

"骊山飞泉泛暖香，九龙呵护玉莲房"，贵妃在这里荡涤尘垢，也在这里享受着温泉赐给她的尊贵、温暖与舒适。白居易的《长恨歌》中有对此情景的绝妙写照：

春寒赐浴华清池，温泉水滑洗凝脂。
侍儿扶起娇无力，始是新承恩泽时。

莲花汤是专供唐玄宗李隆基沐浴的，是唐华清宫御汤池中最有气势、最具代表性的汤池。宫殿建筑面积达400多平方米，有内外殿之分。

方位　方位是各方向的位置。四方位或基本方位就是东、西、南、北，相对方位是前、后、左。一般有下面几种含义。一种是风水学上的宅方位的吉凶方位；一种是舞蹈学上的舞步，舞姿在舞步结束时面对的方向；另外一种意思是星系上，星球对角的距离。

二十四节气 起源于黄河流域，远在春秋时期，中国古代先贤就定出仲春、仲夏、仲秋和仲冬4个节气，以后不断地改进和完善，至秦汉年间，二十四节气已完全确立。公元前104年，由邓平等制定的《太初历》，正式把二十四节气定于历法，明确了二十四节气的天文位置。

■ 华清宫宫墙

御汤可储水近100立方米，俨然是一座庞大的室内游泳池，充分显示出唐代追求恢宏大气的社会风尚及皇权神授的至高无上和唯我独尊。

莲花汤造型奇特，上下两层台阶不同的造型是唐代工匠创造性审美取向的结晶，上平面四角有一定的曲线变化，呈写实的莲花状；下平面为规则的八边形，"八边"代表着大地的8个方位，取"普天之下，莫非王土"之意。

莲花设计在大地八极之上，完全合乎于根植于大地土壤之中而花浮于水的特殊生长规律；水、土、花三者紧密关联不可分割，这是大自然与宗教观念的整体结合，是将沐浴看作是与自然的沟通，最终实现"天人合一"的理念，这也就是唐人心目中沐浴的最高境界。

唐玄宗李隆基是道教徒，他希望通过沐浴与天相连，在清泉、莲花的护佑下，求得一种解脱，一种升华，从而达到延年益寿、长生不老的目的。

这座汤池无疑是唐代礼制官设计师煞费苦心的创作，也深刻反映出玄宗皇帝对人间现实的肯定和感受、憧憬和执着。

星辰汤是唐太宗李世民"汤泉宫"的文化遗存。建于公元644年，专供唐太宗李世民所用，原名"御汤"，占地面积100多平方米。

■ 华清宫走廊

整个汤池的设计是阎立德根据唐代礼制规定，再结合天空星象、二十四节气，即天、地、人三位一体的理念设计建造的。古代人相信天上有天帝主宰宇宙，地上有皇帝统治人民，星座的位移、明暗、陨落，反映着皇权的变化。

信奉"天人合一"说法的唐玄宗便将酷像北斗七星的"御汤"，更名为"星辰汤"。

很显然，这些用意就是想企求苍天北斗保佑李氏王朝，永固帝位。当然也有企求皇天赐福，得道成仙，长生不老的内心秘密。

星辰汤离温泉水源最近，水质最好，地理位置最优越。泉水因自然漫溢涌入汤池形成了现代的自流水

北斗七星 北斗是由天枢、天璇、天玑、天权、玉衡、开阳、摇光7个星组成的。古人把这7个星联系起来想象成为古代舀酒的斗形。天枢、天璇、天玑、天权组成为斗身，古曰魁；玉衡、开阳、摇光组成为斗柄，古曰杓，就形成了北斗七星。

太子 又称皇储、储君或皇太子，是中国封建王朝中皇位的继承人。唐朝时太子的地位仅次于皇帝本人，并且拥有自己的、类似于朝廷的东宫。东宫的官员配置完全仿照朝廷的制度，还拥有一支类似于皇帝禁军的私人卫队"太子诸率"。

及冲浪浴的沐浴方式，更吸引了多位皇帝在此修建汤池。

尚食汤，形制小，工艺简单，并无奇特造型，相对于御用汤池，显然沐浴者的地位不及前者。曾有人解释：尚食汤是专供尚食局官员沐浴的。

然而根据考古学家多年的考证，只定位尚食官员不太准确。古文献记载，"尚"字还包括"赏赐、给予"的含义，而唐朝除尚食局外，随皇帝出行的还有尚药、尚衣、尚社、尚乘、尚輦五局官员。

就汤池的整体结构分析，汤池中间设有石隔墙，东、南、北三面修砌有入池石台阶，池中并无固定的坐向位置，充分说明尚食汤面积虽小，但在此沐浴的人较多，使用率较高，身份也较复杂。

由此可以推断得出，尚食汤在华清宫可解释为皇帝赏赐给等级较高的随行内侍官员的沐浴场所，

■ 华清宫凉亭

在此沐浴常沐皇恩，知圣心之苦衷，为唐王朝的江山社稷孝忠。

太子汤的沐浴者，顾名思义就是东宫的皇太子，建于公元644年，先后共经历80余年。

沐浴的皇太子有李承乾、李治、李忠、李弘、李贤、李宪、李旦、李崇君、李隆基、李瑛共10人，其中，仅有4位君临天下，其他的几位都成了皇权斗争的牺牲品。由此可见，唐宫廷内部争夺皇位是何等的激烈和残酷。

太子汤采用"星辰汤"排水道供水，既摆正了皇帝与皇太子之间的尊卑关系，解决了礼制犯忌的问题，又寓意着来自"星辰汤"的温泉能使皇太子常沐父皇恩泽。

中国有温泉2700多处，是世界上温泉最多的国家之一。而华清池的骊山温泉因开发利用早，并且受历代帝王青睐而名冠诸泉之首，享有"天下第一御泉"的美称。

华清池水质纯净，具有医疗价值的矿物质和微量元素的含量较高。根据科学检测，骊山温泉水质属低矿化、弱碱性、中等放射性泉水，故又称硅水、氟水和放射性氨水。这些均达到了医疗用水的标准，故有

■ 华清宫皇家园林石碑

骊山 是秦岭北侧的一个支脉，东西绵延20余千米，最高海拔1256米，远望山势如同一匹骏马，故名骊山。骊山温泉喷涌，风景秀丽多姿，自3000多年前的西周就成为帝王游乐宝地。周、秦、汉、唐以来，这里一直是游览胜地，曾营建许多离宫别墅，吸引各代人来此。

王建　唐代诗人。他写了大量的乐府诗，同情百姓疾苦。又写过宫词百首，是研究唐代宫廷生活的重要材料。《宫前早春》形象地写出了温泉不仅用来沐浴，而且还用来培育瓜果蔬菜，使其早熟，供人们享用。

"自然之经方，天地之元气"的美称。

由于温泉神奇的功效，赢得帝王们的特别喜好，并形成了一种专供帝王享用的传统特权。

骊山温泉可疗疾起源于2000年前的秦代，据《三秦》记载：

秦始皇幸游骊山时遇见一位神女，遂有调戏之举，神女一气之下唾于始皇面部，始皇脸部遂即生疮，病久治不愈。

始皇追悔莫及，向神女表示忏悔，神女见其有悔改之意，便说："此有温汤，何不一洗。"

始皇就用骊山温泉治疗了毒疮。秦始皇戏神女的传说虽不足信，但却印证了温泉可治愈疾病的历史。

■ 华清宫宫门

骊山温泉除其特有的医疗作用和得天独厚的自然条件外，还可改变植物的生长习性。

相传秦始皇在冬季命人在骊山温谷中种西瓜，引起了儒生们的怀疑而被秦始皇坑杀，酿成了著名的"焚书坑儒"事件。当然这只是传说而已，不足为凭。

数百年后的唐代，唐华清宫内辟有西瓜园。有王建的佳句：

■ 华清宫龙纹瓦当

酒幔高楼一百家，官前杨柳寺开花。
内园分得温泉水，二月中旬已进瓜。

证明了古代劳动人民能巧妙地利用温泉进行农业技术革新。除以上5组汤池外，华清宫内的娱乐性建筑也很丰富。

斗鸡在唐玄宗当政时期很盛行。唐玄宗年轻时就非常喜欢斗鸡，登上皇位以后，更加穷奢极欲。他不仅在长安建造专养斗鸡的"鸡坊"，在大明宫兴建"斗鸡楼"，而且也在华清宫骊山之上修斗鸡殿，这斗鸡殿位于观凤楼之南，"殿南有按歌台，南临东缭墙"。建造此殿用以满足玄宗观赏斗鸡的欲望。

李隆基是位杰出的乐器演奏家。他"凡是丝管，

焚书　秦始皇为了加强秦朝的中央集权，他下令焚烧《秦记》以外的列国史记、《诗》《书》及诸子百家之书，只有博士官可以保留，在民间的都限期交出并烧毁；医药卜筮种树之书民间可以保留；想学法令的人要以官吏为师。秦始皇下旨同意。此事，史称"焚书"。

■ 唐代宫女出游浮雕

必造其妙"。尤其更爱击羯鼓，他称搊鼓为"八音之领袖"，每逢梨园演戏，不是披羽衣以登场，就是坐在前场亲打羯鼓。因此，他在朝元阁以东，近南缭墙之外建了一座羯鼓楼以满足歌舞时伴奏之用。

舞马祝寿乃唐玄宗时盛行之活动。每逢唐玄宗生日，大宴之上，满座绣衣，佳肴名膳，歌舞百戏，竞相比美。在奢华的气氛中《舞马》表演更有特色。

马身上装饰极为豪华，身披"络以金银的绣衣""倾杯乐"起，舞马便能随着音乐的节拍起舞。作为离宫的华清宫内，也特建有舞马台，此台位于斗鸡殿北，以便玄宗随时欣赏舞马表演。

唐代长安风行马球比赛，李隆基就善于打马球，而且表演甚为出色，所以，在华清宫宜春亭之北门外建有球场，在此球场以西，还设有小球场。

斗鸡走马，喜歌善乐的唐玄宗在宠爱杨贵妃后更

贵妃 皇帝妃嫔封号之一。南朝宋武帝刘裕始设，地位次于皇后，自隋至清多沿置。其中，唐玄宗初年曾停置，旋恢复。明成化年间，明宪宗在其上另设皇贵妃，位降一等。清代沿用。历代贵妃中最有名的就是为唐玄宗的宠妃杨贵妃。

加沉湎于酒色之中。而杨贵妃在受到唐玄宗宠爱后，在华清宫里也更加骄侈。

据史书记载，在唐玄宗在位期间，他先后到华清宫49次之多，尤其在公元740年，唐玄宗与杨贵妃初次相会于华清宫开始，到册封贵妃之前，唐玄宗因迷恋杨贵妃而不思政务。

公元751年冬天，唐玄宗与杨贵妃在华清宫居住90多天。此时的华清宫行宫，成了帝王的临时办公场所，也成了唐玄宗时代的临时政治中心。

正当唐玄宗和杨玉环在华清宫沉醉在奢华生活中时，安禄山于公元755年冬举兵范阳，揭开了反唐序幕，潼关失守，长安顿时乱作一团，唐玄宗和杨贵妃从华清宫回到长安的兴庆宫，仓皇出逃。华清宫在安禄之乱中遭到严重破坏，以后虽有修复，但已失去了昔日的繁华盛景。

兴庆宫 是唐玄宗时代的全国政治中心所在，也是他与爱妃杨玉环长期居住的地方，号称"南内"。宫内建有兴庆殿、南熏殿、大同殿、勤政务本楼、花萼相辉楼和沉香亭等建筑物。

 华清宫贵妃池

慈禧太后画像

唐末，华清宫遭到彻底破坏。公元936至公元944年，在原来废墟上重新建筑，更名为灵泉观，为道家之地。宋代仍旧。元代商挺在《修华清宫记》中写道：

及见，屋宇整修，阶序廊大，为殿昔八。日三清、日紫微、日御容、日四圣、日三官、日列祖、日真武、日玉女。

除此之外，还修有"朝元""冲明"两阁以及"九龙""芙蓉"两汤，建有钟鼓楼、灵官台等。一切建筑雕梁画栋，油漆彩绘，焕然一新。

清朝康熙乾隆年间，又修了一些新汤。八国联军入侵时，慈禧太后和光绪帝也曾在这里驻足，至清末这里共有五六个小汤，现有建筑，多为清代所建。

阅读链接

1987年，考古队发现了华清池园内现存的唯一唐代水井遗址。

据考察，这口水井距今已有1300年的历史，井口及井身呈椭圆形，底部略小，井壁蝇纹条砖和手印条砖错缝环砌而成，底无铺砖。

有人推测，唐代帝王驾幸华清宫时，吸取净水，饮食利用，唐玄宗在位期间，水井成为杨贵妃在华清宫的专用井。

辉煌壮丽的

皇宫王府

王府胜景

北京著名王府的景致

礼亲王府

礼亲王府坐落于北京西城区西皇城根街西北，也就是大酱坊胡同东口路北。它始建于清顺治年间，为清朝礼亲王代善之孙杰书择地兴建。

该府规模宏伟，地域宽广，建筑布局与其他王府相同，是皇宫建筑的缩影。中路为主体建筑，东路为住宅，西路为花园。内有亭台轩廊、山石池沼等园林建筑。

清代第一王族礼亲王族

　　礼亲王府是清太祖努尔哈赤第二子、清初开国功臣爱新觉罗·代善的府邸。王府主要建筑分前后两组。前部有正门、正殿及其两侧翼楼，后殿及其两厢配殿。后部自成庭院，前为内门、前堂、后堂及其两厢配房，最后为后罩楼。

　　礼亲王家族的创始人爱新觉罗·代善，生于1583年，与兄长爱新觉罗·褚英，都是清太祖努尔哈赤的第一位大福晋佟佳氏所生，十四五岁时就被尊称为贝勒。

　　1607年，东海女真瓦尔喀部

■ 努尔哈赤（1559—1626），清王朝奠基者。努尔哈赤25岁时起兵统一女真各部，平定关东部。后建立后金，割据辽东，建元天命。1626年，努尔哈赤在与明军交战时受伤，于撤军途中伤重身死。其子皇太极改国号为"大清"并称帝后，追尊努尔哈赤为清太祖。

■ 礼亲王府大门

斐优城的首领策穆特赫来到了赫图阿拉，也就是后来的辽宁新宾县内，拜谒努尔哈赤说："吾地与汗相距路遥，故顺乌拉国主布占泰贝勒，彼甚苦虐吾辈，望往接吾等眷属，以便来归。"

此时的努尔哈赤正在壮大自身并着手统一女真期间，于是派他的三弟舒尔哈齐、长子褚英、次子代善与大臣费英东、扈尔汉、扬古利等，领兵3000人，往斐优城，迎接策穆特赫部众归附。

舒尔哈齐一行到达斐优城后，接收四周屯寨约500户。三位贝勒令费英东、扈尔汉带兵300人护送先行。不料此时的乌拉部贝勒布占泰得到消息，借助这机会想一举消灭努尔哈赤手下的这几个得力干将，所以命令将领博克多贝勒领兵1万余人，潜伏在图们江右岸的乌碣崖一带，突然冲出，拦路截杀建州部众人。

扈尔汉一面让护送的500户斐优城女真在山上安

女真 生活于中国东北地区的古老民族。12世纪，女真族领袖完颜阿骨打建立金朝，13世纪被蒙古人所灭。"女真"在15世纪初期分为建州女真、海西女真、野人女真三大部。17世纪初建州女真部逐渐强大，首领努尔哈赤统一了女真诸部，于1616年建立了后金政权。

扈尔汉（1578—1623），父亲是扈喇虎，早年投奔努尔哈赤，努尔哈赤认扈尔汉为义子。扈尔汉为报养育之恩，每战必为前锋。后金开国后，扈尔汉名列开国五大臣之一，执掌镶白旗，在之后的战役中大破明军，历加世职至一等总兵官。

营扎寨，遣兵100卫守，自己率兵200与敌军列营相持，一面派人将乌拉拦劫之事回报三位贝勒。

第二天，三位贝勒领军赶到。面对大军突袭的严重威胁，褚英、代善对着全体官兵策马愤怒说：

> 吾父素善征讨，今虽在家，吾二人领兵到此，尔众毋得愁惧。布占太曾被中国擒捉，铁锁系颈，免死而主其国，年时未久，布占太犹然是身，其性命从吾手中释出，岂天释之耶？尔勿以此兵为多，天助中国之威，吾父英名夙著，此战必胜。

这番话，言语虽然不多，却大长了自己的志气，灭了敌人威风，对鼓舞士气有很大作用。当时建州军队只有3000人，乌拉军士兵多达万余，而且是早有准备，以逸待劳，双方实力对比相当悬殊，建州士兵能

■ 清代银镏金凤冠

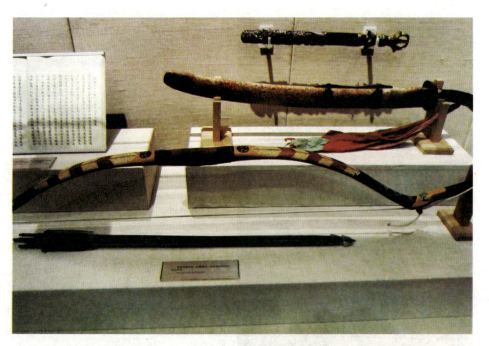

■ 清代武器

否冲破敌军包围安全返家，已是一大难题，要想打败对方，更是谈何容易。

褚英和代善的话无疑起了很大鼓舞作用，建州兵勇们齐声叫喊说，"吾等愿效死力""遂奋勇渡河"。

代善与兄长褚英乘机领军"登山而战，直冲入营"，大破乌拉兵。回师以后，努尔哈赤因代善"奋勇克敌"，斩杀了敌军统领，遂赐予代善"古英巴图鲁"美号。

"古英"是满文音译，意为"刀把顶上镶钉的帽子铁""巴图鲁"为英勇的意思，是勇士的美称，整体意思是，代善既英勇，又硬如钢铁，更是勇士之最。这个尊号，在整个清代，为代善所独有，可见努尔哈赤对代善的英勇给予了高度的嘉奖。

1613年，代善跟从努尔哈赤灭掉了乌拉，之后建

笔帖式 清官名。掌翻译满、汉章奏文字等事，置于京师各部、院，盛京五部，外省将军、都统、副都统官署。随着满清王朝统治的结束，笔帖式官职也退出了历史舞台。

■ 皇太极（1592—1643），努尔哈赤第八子。1626年，继位后金可汗，改年号为天聪，史称"天聪汗"。1636年，皇太极在沈阳称帝，建国号大清，改年号为崇德，并以这年为崇德元年。皇太极在位17年，他确定了满族族名，为清王朝的确立和后来统一中国打下了坚实的基础。

立了后金，代善于1616年被封为和硕贝勒。

1618年，努尔哈赤率军攻伐明朝，行军两天遇到了大雨，天气状况恶劣，努尔哈赤于是考虑撤军。

代善说："我军已经进入了明边境，现在返回，难道要与其重修旧好？大军已出，如何回避？且雨又何害，反而能使敌人更加松懈。"

努尔哈赤听从了代善的意见，撤销了退兵的决定，下令前进，在第二天轻取抚顺，攻克了马根单、东州等城堡500余，俘获人畜30万，获得了征讨明朝的第一个大胜仗。在后金发展的重要关头，代善再建奇勋。

刘之纶 （？—1630）明崇祯元年进士，后做庶吉士。1629年，他由庶吉士升为兵部右侍郎。当时后金侵掠京畿，刘之纶毅然请战，与后金开战。1630年，他被后金兵射杀。

1619年，代善在遵化围困了明朝将领刘之纶驻扎在山上的军队，攻破其7营。刘之纶逃入山中，代善追击，将其射杀。

1621年，代善随着努尔哈赤过兴安岭，攻归化城。1623年，征伐明朝，出榆林口，至宣府边外，从喀喇鄂博分兵两处，攻克得胜堡。

1626年，太祖驾崩，代善与其子岳托、萨哈，与诸子立皇太极为汗，对清初政权的稳定过渡起了重要作用。而后，代善又大力支持皇太极的中央集权体制，主动放弃与皇帝同座分理政事的权力。

由于代善建立了不可磨灭的战功，以及他对皇太极的大力支持，1636年，代善被赐封为和硕礼亲王。

皇太极去世以后，代善与诸王一起拥立清世祖福临继位，代善又召集诸王、贝勒和大臣商议，以郑亲王济尔哈朗、睿亲王多尔衮共同辅政，以调和矛盾，兼顾对立双方的利益，平息了爱新觉罗家族内部的皇权之争。

之后不久，礼亲王家族发生了一件惨事，代善的儿子硕托、孙子阿达礼因被告发"密谋立多尔衮为帝"，代善大义灭亲，将一儿一孙双双处死。

清世祖福临 爱新觉罗·福临，皇太极第九子，是清军入关后第一位皇帝。他6岁继帝位，由叔父摄政，14岁时亲政。年号顺治，又称为顺治帝。清初满汉民族矛盾与阶级矛盾极为激烈，到顺治朝结束时，清廷击败了各种抗清势力，完成了全国的统一。

■ 清朝士兵蜡像

清朝统治者入关后，1645年初，多尔衮摄政，排斥代善，代善又年事已高，遂在家闲居。

1648年，代善病逝于北京，享年66岁，皇帝赐予祭葬，并立碑记功。在1671年，代善被康熙帝追谥为"烈"。

代善死后，他的第七子满达海世袭了爵位，以后就代代相传了。

代善倾尽自己的力量辅佐了清朝三代帝王，他效力于努尔哈赤帐下时军功卓著，后支持其弟皇太极继位并巩固政权，晚年主持世祖福临为帝，并不惜诛灭自己儿孙两代骨肉以挫败篡位的阴谋。他多次在历史关键时刻稳住了大局，维护了清王朝的统治。因此，在所有清朝亲王中，代善被列为首位。

礼亲王家族在清初的地位可谓显赫至极，代善共有8个儿子，其中，有爵位者7人：岳托、硕托、萨哈璘、瓦克达、玛占、满达海、祜塞。祜塞初封为镇国公，后追封为惠顺亲王，之后世代儿孙都承袭其爵位。

礼亲王家族共传13代，14位后裔承袭爵位，其中两个被削爵，

■ 清代硬木宝座屏风

分别用过礼、巽、康3种封号，仅"八大铁帽子王"中，礼亲王家族就占有三席，分别是礼亲王代善、代善长子克勤郡王岳托、代善之孙顺承郡王勒克德浑，祖孙三代均是世袭，从没有替换过。

■ 清朝官员的官帽

另外，礼亲王家族还有两人被封为郡王，一人封为贝子，一人封为辅国公。

在代善之后，家族一直兴旺，贯穿于整个清朝始终，在后来世袭的亲王中，人才济济，武士与学者辈出。礼亲王家族堪称"清朝第一王族"，其他家族简直遥不可及。

满达海（1622—1652）清初将领，清太祖努尔哈赤之孙，礼亲王代善第七子。代善死后，袭爵位为礼亲王，后改封为巽亲王。满达海死后被追论前过，削其谥号，降爵为贝勒。

阅读链接

睿亲王多尔衮辅佐顺治皇帝执政时，因矛盾重重，叔侄关系转化为政敌的关系。而代善第七子满达海生前曾多次谄媚多尔衮，为此，满达海被年轻的顺治皇帝降为贝勒，其世袭亲王爵位也被剥夺。

这一爵位收回后，按制应转归代善其他直系后裔继承，因此爵位就幸运地落到了代善的孙子杰书头上。这样，16岁的杰书晋封为和硕康亲王，登上了贵族爵位的最高台阶。

京城规模最大的礼亲王府

　　1659年，代善所遗亲王爵位由代善之孙杰书承袭，仍沿用原封号康亲王。之后，杰书新修康亲王府，也就是后来的礼亲王府。

　　其后，康熙年间也有大规模扩建，扩建之初，康熙帝曾下旨命天下资助，陈设也由各地官员献纳，所以礼亲王府的豪华都是其他王府所不能比的。

■ 清代镏金滴水

当时，整座礼亲王府呈长方形，规模宏大，占地宽广，重门叠户，院落深邃。在清代所建的诸多王府中，礼亲王府为京城规模最庞大的建筑群落。根据《乾隆京城全图》记载，礼亲王府分中、东、西三路，中路为主体建筑，有府门、宫门、银安殿，殿前有丹墀；有两侧翼楼、后殿、两侧配殿；有启门、神殿前出轩、两侧配殿；有遗念殿、两侧转角配房、后罩房，共有房屋五重、院七进。

■ 清代铜辅首

东路由十二进院落组成，是王爷和其家人休息的房间。西路由花园、屋宇等十一进院落组成，亭台楼阁错落有致，设计十分巧妙。整个王府共有房屋和廊庑等480多间。

礼亲王府的修建者杰书是代善的孙子，也是清朝名将，在康熙朝曾任奉命大将军，曾经率兵征讨三藩之乱，在征讨驻福建的靖南王耿精忠和防范厄鲁特蒙古准噶尔部首领噶尔丹的战役中屡建战功。

杰书在顺治年间就已经晋升为亲王了，而他真正成名却是在康熙年间。驻云南的平西王吴三桂和耿精忠叛乱后，康熙帝急需在亲族中找一位智勇双全的亲王领兵作战。

安亲王岳乐不仅威望高，而且身经百战，是首选

安亲王岳乐
（1625—1689）
爱新觉罗·岳乐，清太祖努尔哈赤之孙。是顺治、康熙两朝功勋卓著的亲王，为清朝入关后的稳定与发展做出了重要的贡献。岳乐一生最大的功绩，是在荡平"三藩"的战争中立有大功。

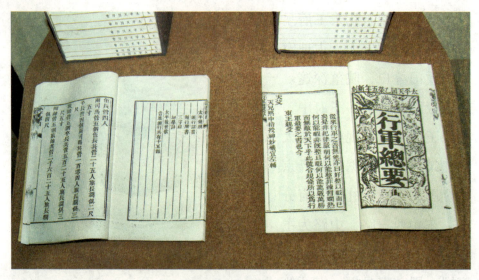

■ 清代兵书

之人。但面对从云南和福建两路杀来的叛军，仅岳乐一人恐怕不能兼顾，这样，康亲王杰书就脱颖而出，被封为奉命大将军，率师讨伐耿精忠。

杰书率军抵达浙江金华时，浙江温州、处州已经失守，耿精忠的大将率5万大军强攻金华。战争一经打响，康亲王的军事便显露了出来。清军在他的指挥下屡战屡胜，收复诸多州县。

1676年，杰书率军移师浙江衢州途中遭到伏击，与叛军短兵相接。杰书此时正在军中，他的大旗被敌人的火器打烂了，炮弹不断在他身边爆炸，亲兵从附近破庙中拆来门板，为杰书遮挡。

但是，杰书毫不畏惧，他指挥作战谈笑自若，使士兵深受鼓舞，大家奋力拼杀，残酷的战斗使双方伤亡惨重，鲜血染红了河水，最终大败叛军。随后，杰书令大军偃旗息鼓，一日夜急行军数百里，攻克了江山城。

不久，耿精忠无力抵挡清兵的攻势，被迫投降。

郑锦 （1642—1681）又名郑经，郑成功的长子，字符之，号式天，乳名锦。继承父亲延平郡王、招讨大将军的官爵；在英国东印度公司的记录中被称为"台湾国王"。1662年，郑成功死后，郑锦接替带领军队。

但是，东南的战事并没有结束，台湾的延平郡王郑锦还盘踞在金门和厦门一带。

于是，杰书马不停蹄，率百战之师与刚刚投降归顺的耿精忠部队横扫金门和厦门两地，将郑锦的残军赶回了台湾，彻底平定了东南各地。杰书凯旋之时，康熙帝亲率诸王和大臣到卢沟桥迎接。

1697年，康亲王杰书病逝。他对清王朝的主要功绩是平定了耿精忠的叛乱，使清朝的统治得以继续稳定地发展下去。

1805年，世袭爵位的第九代礼亲王昭梿在官场颇不得志，后因凌辱大臣被夺去了爵位，并被圈禁了起来，后来到嘉庆帝时才被释放。

尽管昭梿不适合做官，但他却是清朝著名的艺术家和诗人，他自号"汲修主人"，一生潜心研究清朝的政治、军事、文化和典章制度，学术上颇有造诣，

世铎 （1843—1914）礼亲王代善九世孙，1850年袭礼亲王。同治年间，授内大臣、宗人府右宗正、宗令。光绪帝亲政期间，世铎请解军机大臣职，慈禧太后不允。1901年，任宗人府宗令。1911年，任皇族内阁弼德院顾问大臣。1914年卒，谥号恪。

■ 清代三扇中堂屏风

著有流传后世的史料著作《啸亭杂录》和《啸亭续录》，两部著作严谨精良，颇有影响，是后世史学家研究清史的重要资料。

1807年，礼亲王府失火，于是，在清仁宗嘉庆帝的垂怜下，昭梿又依照礼亲王府原样进行了重建。重建后的格局保持到了清末。

末代礼亲王叫世铎，在同治年间先后担任内大臣和右宗正等职务，参与处理军国大事，被赠予亲王的双重俸禄。然而，随着大英帝国的入侵，清王朝便渐渐走向了没落，礼亲王家族也从世铎之子这一辈开始衰落。

在20世纪初期，礼亲王后裔沦落到变卖府邸房产和居无定所的地步，从此销声匿迹。礼亲王家族从1636—1914年，辉煌的家族历史共延续了279年。

代善自从跟随父亲努尔哈赤打下江山，到他鞠躬尽瘁辅佐清朝三代君主后功成身退，以及他带给后代延绵数百年的显赫家族，都化为了历史的灰烬。

辉煌壮丽的皇宫王府

阅读链接

礼亲王府还有一个花园在北京市海淀区，始建于清康熙年间。当初花园分前园和后园。前园雕梁画栋，亭台楼阁无一缺余。后园以叠石假山，将各个景区分隔开来。花园规模很大，占地约33000多平方米，全园布局分3部分，即寝居室、山林野景区、园林区。

园中主要景物系以叠山取胜，建筑布局以对称为特点。造园手法，有聚有散，散聚结合，前园严谨，后园活泼，颇有幽趣。园中建有月台一座，四周绕以白石雕栏，台上西部叠置台山一座，高低错落有致，玲珑得体，确为园中之佳品。

郑亲王府

郑亲王府位于北京西城区大木仓胡同，是清代开国元勋爱新觉罗·济尔哈朗的府邸。该府建于清顺治年间，因自恃战功卓著，力求巍峨而超了王府规制。建筑布局分为东、中、西三路，花园居西。

1748年，因第七代郑亲王被斥革，乾隆帝命济尔哈朗之弟费扬武裔孙德济承袭。德济对于郑王府的贡献，在于园林建设，致使"惠园"成为北京所有王府花园之冠。

战功卓著的始王济尔哈朗

　　清军入关定都北京之初，王爷们纷纷在京城建立王府，郑亲王府就兴建于清入关之初。爱新觉罗·济尔哈朗在大木仓胡同建造了规模庞大、装饰华丽的郑亲王府。

　　此处原是明初姚广孝的府第，清军入关后，顺治帝因郑亲王济尔哈朗护帝有功，将此府赐予郑亲王，加以扩建和改造而成郑亲王府。

　　整座郑王府坐北朝南，布局自东而西分3部，东部前部凸出，是王府主要殿宇所在；中、西部概因随街势退缩，中

　■ 姚广孝（1335—1418），元末明初政治家、高僧，出自显赫的家族。1352年出家为僧，法名道衍，字斯道，自号逃虚子。明成祖朱棣自燕王时代起的谋士，帮助朱棣得到皇位。

为另一院落和西部花园范围。

郑亲王府正门为5间，是王府的正式入口，门外两侧有狮子蹲守，因此，该院子叫狮子院。因建于清初，所以正门带有关外满洲宫室的特点，沈阳故宫的大清门作为"国门"也不过是五间硬山式。

郑王府的5间临街大门，是很多王府都没有的，而是倒座面北的房子，因为王府的这个狮子院通常很霸道，把旁边胡同完全占据，老百姓只能绕道走。

郑亲王爱新觉罗·济尔哈朗是清太祖努尔哈赤的侄子，为舒尔哈齐的第六子，他是清初名将，清王朝创建者之一。他战功卓著，是开国元勋，清初著名的"八大铁帽子王"之一。

济尔哈朗13岁时，父亲舒尔哈齐就去世了，他便由伯父努尔哈赤收养。济尔哈朗生活在努尔哈赤的宫中，自此跟随努尔哈赤、皇太极南征北战。

■ 沈阳故宫 原名盛京宫阙，后被称为奉天行宫。其始建于1625年，初成于1636年。1644年，顺治皇帝移都北京后，成为"陪都宫殿"。沈阳故宫的大清门又称"午朝门"，是正门，绿边黄琉璃瓦硬山顶，面阔5间，中央3间为门道。门外左右为文德、武功两座牌坊。

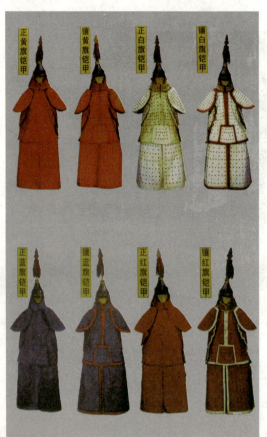

正黄旗铠甲　镶黄旗铠甲　正白旗铠甲　镶白旗铠甲

正蓝旗铠甲　镶蓝旗铠甲　正红旗铠甲　镶红旗铠甲

■ 清朝八旗铠甲

林丹汗（1592—1634）是蒙古察哈尔部的最后一任大汗。他为了巩固以自己为中心的地位，在当初辽庆州的旧址上修建了瓦察尔图察汉城，以此地作为整个蒙古的政治、军事、经济、文化的中心，在直接控制着内喀尔喀、巴林等5部的同时，也遥控蒙古其他部落。

济尔哈朗与努尔哈赤的儿子们关系很好，与皇太极的关系更是非同一般，因此他才会在父兄反叛后依旧受到信任和重用。

1625年冬，努尔哈赤为争取蒙古各部早日归附，消除来自西北的威胁，决定征伐原来追随察哈尔部林丹汗的蒙古各部，派济尔哈朗等人率领后金大军前往征剿。

1626年，济尔哈朗先后征服了喀尔喀、巴林、扎鲁特等部，使之脱离了林丹汗的控制，为清王朝统一漠南蒙古扫清道路，济尔哈朗也因战功卓越被封为和硕贝勒。

1627年，济尔哈朗同贝勒阿敏、岳托、阿济格等人征伐朝鲜，一路长驱直入，杀至朝鲜平壤城下。朝鲜国王李倧无奈中只能派遣使者向清军队请求议和，阿敏不同意，仍想继续进攻朝鲜的国都。

岳托邀请济尔哈朗等人商议，济尔哈朗与岳托一样都不同意这么做，于是对兄长说："我们不宜深入敌后，应当驻兵在平山以等待议和的达成。"

于是带领军队前去和朝鲜王交谈，今后朝鲜每年应该向清进贡物品，和议达成之后，清军才撤军而回。

1627年3月，济尔哈朗随从皇太极攻打明朝，围攻辽宁锦州。济尔哈朗偕同贝勒莽古尔泰等率领一支部队截击锦州塔山的明朝运粮队，击败了明兵。

之后又移师前往辽宁宁远，与明总兵满桂的军队相遇。两军进行了猛烈的战斗，济尔哈朗在战斗中负了伤，但是他只是稍微包扎了一下伤口，就重新投入了战斗，继续作战，士兵被他的勇气所鼓舞，拼死奋战，最终打败了满桂的军队。

1628年5月，因为蒙古的固特塔布囊从察哈尔移居到阿拉克绰特部的旧地，凡是有依附清的人一概杀死，公开和清作对。于是济尔哈朗和贝勒豪格前往讨伐固特塔布囊，大败其军，将其斩杀，收降了他的部众。

1629年8月，济尔哈朗同贝勒德格类、岳托和阿济格等再次攻打明朝的锦州和宁远，烧毁了明军囤积在那的所有物资粮食，而且还抓获了许多明军士兵。

阿敏 （1586—1640）太祖努尔哈赤弟舒尔哈齐的次子，济尔哈朗的哥哥。阿敏因作战勇敢，战功卓著被封为和硕贝勒。皇太极时期，统兵攻打朝鲜，迫使朝鲜国王李倧求和，战功赫赫。其后数年，数次出师进攻明境。但因桀骜不驯，被皇太极削爵囚禁，不久病卒。

341

花园之冠

郑亲王府

■ 明代士兵铜像

1629年10月，皇太极亲自率军从河北遵化的洪山口进入明境作战。济尔哈朗同岳托奉命攻打遵化的大安口，他的军队乘夜毁掉了水门前进，击退了明军马兰营的援兵。

第二天一早，济尔哈朗就发现明兵立了两座营寨在山上，于是他率军进攻山上的明军，击破了明军的两个营寨，然后督兵追击明军的溃兵至马兰营。这一天济尔哈朗从早上到中午时，连战5次，五战皆捷，迫降了马兰营、马兰口和大安口三营的明军。

之后，济尔哈朗又引军攻打河北石门寨，明军多次派兵救援都被他所败斩杀，寨中的军民只得出城投降。于是济尔哈朗就与皇太极的大军会师于遵化，进逼明都北京。济尔哈朗与贝勒阿巴泰进攻通州，烧毁了明军的船只，攻克了张家湾。

■ 满代骑兵

■ 皇太极调兵信牌

1630年正月，济尔哈朗又随从皇太极出征，兵围永平城。在这之前，内部将领刘兴祚背叛清军归顺了明朝，与明朝巡抚袁崇焕一起进驻永平城，他们听说清军大举来犯，就撤退到了太平寨。路上还杀死了喀喇沁蒙古前往清军大营献俘的士兵。

这一行为惹怒了皇太极，他派济尔哈朗与阿巴泰前往追捕，他们一路追赶至山海关，斩杀了叛将刘兴祚，俘获了他的弟弟刘兴贤。这时大军攻克了河北永平，济尔哈朗与贝勒萨哈璘奉命驻守城中。

在这段时间里，济尔哈朗检查仓库，检阅士卒，设置官吏，又招降了明朝的道员白养粹、废员孟乔芳和杨文魁等。济尔哈朗又派人传檄文书至河北滦州和迁安，降伏永平所属的州县。

于是，滦州同知张文秀和迁安县令朱云台、副将王维城、参将马光远、守备李继全、千户钱奇志等相继投降。3月，皇太极命阿敏和代善之子硕托戍守永

巡抚 官名。中国明清时地方军政大员之一，又称抚台。是巡视各地的军政、民政的大臣。清代巡抚主管一省军政、民政。以"巡行天下，抚军按民"而名。清代巡抚是一省最高军政长官，具有处理全省民政、司法、监察及指挥军事大权。

辉煌壮丽的皇宫王府

■ 被誉为"天下第一关"的山海关

祖大寿 （？—1656）吴三桂的舅舅，1631年，祖大寿筑大凌河城。皇太极兵围大凌河，祖大寿弹尽粮绝，开城投降。但他趁机跑到锦州，又把锦州死守起来。1642年，锦州被清军围困年余，粮尽援绝，祖大寿再次降清，入关后任总兵。1656年病卒。

平，于是济尔哈朗引师还京，路上还招降了滦州西北的榛子镇。

1631年7月，皇太极初设六部，济尔哈朗受命掌管刑部事务。8月，济尔哈朗随同皇太极出兵围困辽东的明朝大凌河城，济尔哈朗督镶蓝旗兵围攻城的西南，不久攻占近城的城堡。

11月，明朝总兵祖大寿献城投降，班师之前，济尔哈朗前往锦州塔山东沿海截隘，俘虏了数百人。

1632年5月，济尔哈朗从征察哈尔，林丹汗逃逸，大军驻扎在穆噜哈喇克沁。济尔哈朗与岳托率右翼兵进攻蒙古归化城，收降了察哈尔部1000余人。

1636年4月，济尔哈朗因军功累积，晋封为和硕郑亲王。1638年5月，济尔哈朗领兵攻打辽宁宁远，明军十分恐惧，不敢出城作战。于是，济尔哈朗转而进攻模龙关及五里堡屯台，并攻克了两地。

1639年5月，济尔哈朗统兵攻略锦州和松山，与明军大战9次，九战皆捷，俘获明兵3000余人。1640年3月，奉命修整义州城，驻扎屯田，以便为攻打锦州作准备。皇太极十分满意，亲自登城视察。

这时，原来依附于明朝的蒙古多罗特部苏班岱和阿尔巴岱，居住在杏山西五里台，派使者托克托前往联系，请求带领30户前来归顺。

皇太极于是命济尔哈朗同多铎郡王和阿达礼率师1500人前往迎降。临行前，皇太极训话说："明兵见我兵少，必定前来交战，我军可分为三队应敌，前队交战，后队接应。"

于是，济尔哈朗等人遵照皇太极的旨意，乘夜经过锦州城南来到杏山，然后派遣苏班岱的使者前去偷偷告诉苏班岱等人携带归顺户和辎重等上路。

天亮时，明军杏山总兵刘周智沿杏山城扎营，与锦州和松山的守将合兵分翼列阵，七千分翼列阵逼攻清师。济尔哈朗纵师杀入敌阵，冲乱明军阵形大败明军，又追杀至城下攻破了两个明军营寨，同时斩杀了明副将杨伦周和参将李得位。

■ 皇太极塑像

辉煌壮丽的皇宫王府

■ 清郑王府

辅国将军 是一种军队职务，始见于汉代末年，明、清代为爵名。汉代末年，汉献帝以皇后伏寿之父伏完任之。南朝宋曾改为辅师将军，旋复旧称。明代用以授郡王诸孙。清代为宗室封爵第十级，在镇国将军下，奉国将军上。

得胜后，济尔哈朗将所获的马匹和器械献给了皇太极，得到了赞扬和赏赐。

9月，济尔哈朗同武英郡王阿济格等人围攻锦州，城中的守军多次出来攻打清军。于是济尔哈朗将计就计在城南设伏，等待明军出城。

明军出城后发现有埋伏就立刻撤退，清军追击斩杀明军数十人。同时济尔哈朗又派辅国将军务达海截获了明军的粮车。

之后，清军再次围困锦州，围绕锦州建立8个兵营，掘壕筑堑，来长久围困祖大寿。祖大寿在城中派蒙古兵守外城，由于济尔哈朗对蒙古军策反，结果，蒙古将领台吉诺木齐和吴巴什等投降，遣人约好时间献出东关。

不过到了预定的时间被祖大寿发觉，清军由蒙古军从城下用绳来上城与蒙古军内外夹击明军，占据了外城，明军被迫退入内城。

接着，济尔哈朗迁城中的蒙古军6000人到义州，收降明将都司、守备以下80余人。皇太极特别在笃恭殿宣布捷报，以示重视。后又败明援兵6万人于松山北岗，斩首2000人。

1643年8月，清世祖顺治帝即位，济尔哈朗奉命与睿亲王多尔衮一同辅政。9月，他们攻打辽宁宁远，攻克中后城，斩杀了明当时的总兵李辅明和袁尚仁。

1644年5月，睿亲王率师入山海关，攻克京师，定都北京。10月，封济尔哈朗为信义辅政叔王，赐金千两、银万两、缎千匹。

1647年2月，济尔哈朗因建筑府第逾制，擅自使用铜狮、铜龟、铜鹤，被罚银2000两，罢免辅政职务。

1648年3月，贝子屯齐、尚善和屯齐喀等诬告济尔哈朗，说当清太宗皇太极初丧时，济尔哈朗不举发两黄旗大臣谋立肃亲王豪格，以及扈从入关，擅自令

逾制 指超越本分，古时指地位低下的冒用在上的名义或器物等等，尤指用皇家专用的。这里的"逾制"是指济尔哈朗在建筑府第时，擅自使用了铜狮、铜龟、铜鹤等只有皇帝能用的饰物。

■ 皇太极腰刀

两蓝旗越序立营前行。

议罪当死，遂兴大狱。勋臣额亦都、费英东和扬古利诸子侄皆受到牵连。后从轻发落，降为多罗郡王，肃亲王豪格则被幽禁。

4月，复其亲王爵。9月，济尔哈朗被授予定远大将军，率师南下湖广。10月，道经山东，镇压了曹县的抗清义军，俘获了义军首领李化鲸和李名让等，同时还得到了降将刘泽清的反叛罪证，将其诛杀。

1649年正月，济尔哈朗从安陆府渡口，进抵长沙。当时，明总督何腾蛟、总兵马进忠、杜允熙、陶养用、王进才、胡一青等，联合李自成余部一只虎以及逃散剩余的农民军占据湖南。

济尔哈朗分军进击，令顺承郡王勒克德浑、都统阿济格和尼堪为前哨，大军断后，循序推进。进抵湘潭，生擒何腾蛟。

4月，又分兵奔永兴，打退杜允熙，到达辰州，

辉煌壮丽的皇宫王府

何腾蛟（1592—1649），字云从，贵州黎平府人。南明重臣，著有《明中湘王何腾蛟集》一卷，兵败被俘自杀，保持了民族气节。传说何腾蛟诞生之时，乡里人"忽见金色双鲤飞入何宅，顷刻消失，人皆以腾蛟为井里神鱼所化生"。传说神异，可见乡里人对腾蛟的敬重。

■ 清朝骑马士兵塑像

■ 清代中式建筑

一只虎看到清军势如破竹就连夜遁走。济尔哈朗派尚阿哈同尼堪攻克宝庆，又派兵连破南山坡、大水、洪江诸路兵马共28营。

7月，分兵镇压靖州，进攻衡州，斩杀陶养用。击破胡一青的7座营寨，一路逐敌至广西全州，分军平定了道州、黎平府及乌撒土司，先后攻克了60余城。

1650年正月，班师还朝，论功行赏，顺治赐给济尔哈朗黄金200两、银2万两。3月，顺治以济尔哈朗年老，免去朝贺、谢恩行礼。1652年2月，晋封叔和硕郑亲王。

1655年5月，济尔哈朗因病去世，葬于北京西直门外白石桥，终年57岁。顺治为此辍朝7日，赐葬银万两，置守坟园10户，立碑纪功。

礼　在中国古代中，礼是社会的典章制度和道德规范。作为典章制度，它是社会政治制度的体现，是维护上层建筑以及与之相适应的人与人交往中的礼节仪式。"礼"作为道德规范，它是领导者和贵族等一切行为的标准和要求。

綜观济尔哈朗一生，可谓是跌宕起伏。他因为从小与清太宗皇太极一起长大，太宗即位后，他更是多次担当重任，仕途一路通顺。

但是随着多尔衮的得势，济尔哈朗的命运又有所转变，所幸的是他并没有和多尔衮有直接冲突，最终依靠军功东山再起。

顺治帝掌权后，对齐尔哈朗更是礼遇有加，官位也是越来越高，直到死后也是极尽哀荣。子孙由此繁荣昌盛，成为舒尔哈齐一支中最强盛的一支。

■ 明末清初士兵用的铁索甲

阅读链接

清朝王公大臣的宅第营建，均有定制，如基址过高或多盖房屋皆属违法。贵族在进入北京之后大兴土木、建造府第，清廷对宗室的封爵和府第建筑有严格的等级差别，并且作了详细明确的规定，对施工加以严格限制："王府营建，悉遵定制。如基过高，或多盖房屋者，皆治以罪。"

不过，与同类案例相比，郑亲王济尔哈朗的府第逾制之罪被处罚甚轻，只是被罢免了辅政王，但不足一年就恢复了王爵的地位并委以重任。

这其中重要的原因是，济尔哈朗一向忠勇，素无谋反之心，况且清朝在开国之初，立足未稳，还需仰仗济尔哈朗在政治和军事上的卓越才干。

被称为"京城第一花园"的郑亲王府

郑亲王一系共有郑、简两个封号，共封袭十代二十六王。济尔哈朗第一子富尔敦于1651年去世。第二子济度曾命为定远大将军，1657年袭爵，改号简亲王。

第五位郑亲王雅布是济度的第五子，于1683年袭简亲王，1690年随恭亲王常宁出征噶尔丹，1696年跟随康熙帝亲征，1699年掌宗人府事，1701年卒，谥"修"。

■ 康熙帝（1654—1722），清圣祖仁皇帝爱新觉罗·玄烨，清朝第四位皇帝，也是清定都北京后的第二位皇帝，年号康熙。是中国历史上在位时间最长的皇帝。他是中国统一的多民族国家的捍卫者，奠下了清朝兴盛的根基，开创出康乾盛世的大局面。

辉煌壮丽的皇宫王府

■ 郑王府的前堂

费扬武（1605—1643）和硕庄亲王舒尔哈齐的第八子，郑献亲王济尔哈朗之弟。1636年，跟从大军伐明，攻克10座城。不久率兵攻伐朝鲜。叙功时，被封为固山贝子。后被追封为贝勒，朝廷予以谥号为"靖定"。因其曾孙德沛承袭简亲王爵位，复追封为简亲王。

第八代郑亲王德沛是济尔哈朗之弟费扬武的曾孙，因前两任简亲王雅尔江阿和神保住先后因饮酒废事和虐待家人被革爵。

德沛于1735年授镇国将军，清世宗雍正帝召见他，问所欲，德沛答道："愿厕孔庑分特豚之馈。"意思就是愿百年后在孔庙中食块冷肉。

雍正帝见其谈吐不俗，胸怀宽广，从此对他格外重视，后逐渐提拔重用，官至兵部侍郎。

乾隆帝即位后，对德沛更加委以重任，先后授古北口提督、甘肃巡抚、湖广总督、闽浙总督等地方要职。

德沛任地方大员期间，操守廉洁、打击腐败、爱护百姓、政绩卓著，而且他尤其注重教育，每到一处必设书院讲学，有"儒王"的美誉。

自郑亲王府建成以后，历代袭王均有所修缮或扩建，但最重要的是德沛在乾隆年间对府邸西部花园的扩建，相传系清初著名文人李渔设计，园名"惠园"，当年曾是京师王邸花园中的佼佼者，有"京城第一花园"之称。

在郑亲王家族中，除始王济尔哈朗和第八代的德沛外，最著名的是十三代郑亲王端华，他作为道光和咸丰两朝的顾命大臣，可谓是声势显赫，权倾朝野，是晚清历史上一位颇有影响的重要人物。

特别是咸丰年间，刚继位的咸丰帝为了打击把持朝政达20多年之久的军机大臣穆彰阿集团，便倚重郑亲王端华等倾向于己的王公大臣，从而顺利地将朝政大权收归己有。

由此，郑亲王端华更加得到咸丰帝的信任，并借机将自己具有干练之才的六弟肃顺推荐给了咸丰帝，以此加强其在咸丰朝的势力。

李渔 明末清初文学家、戏曲家。他一生辛勤笔耕，创作了许多作品。他还是位杰出的园林艺术家，具有独特的园林美学风格。他先后在南京、北京、杭州等地营造过芥子园、惠园、半亩园、层园等，表现了因地制宜、经济实用、崇尚自然、注重变化的园林美学风格。

353

花园之冠

郑亲王府

■ 咸丰帝（1831—1861），爱新觉罗·奕詝，即清文宗，通称为咸丰帝。生于北京圆明园，1850—1861年在位。咸丰帝继位以后，重用汉族大臣，严惩贪污腐败，改革力度超过了嘉庆帝、道光帝两代君主。但最终没能挽救清朝的衰落。

辛酉政变 咸丰帝病死后，慈禧太后联合恭亲王奕䜣发动的一次宫廷政变，以时在农历辛酉年得名。是慈禧太后、恭亲王奕䜣和咸丰帝委托下的以载垣、肃顺为首的八大顾命大臣之间引起。从此，慈禧、慈安两太后开始垂帘听政。实际上，慈禧太后掌握清政府的最高权力达47年。

当然，咸丰帝对于端华和肃顺兄弟二人也十分倚重，特别是在1860年英法联军攻陷北京后，咸丰帝在逃到承德避暑山庄行将驾崩前，就曾任命包括端华和肃顺两人在内的八名"赞襄政务大臣"，也就是通常所说的"顾命大臣"。

然而，端华等八位顾命大臣由于与两宫太后——慈禧太后和慈安太后，及当时留守在京的恭亲王奕䜣在权力分配上产生矛盾，被慈禧太后等人抢先发动"辛酉政变"而遭到逮捕。

随后郑亲王端华和第六代郑亲王载垣被革除爵位并赐自尽，而那位徒有干练虚名的郑亲王六弟肃顺则被押赴北京菜市口斩首示众，其余五位顾命大臣也被革职或充军发配。同时，郑亲王府家产被查抄，府园被内务府收回。

清朝覆亡后，王府失去俸禄，经济随即陷入困

■ 郑王府的府门

境，末代郑亲王昭煦曾以王府为抵押向西什库教堂借款。1925年6月，借款到期，昭煦无力归还，于是，将王府房地产抵押给西什库教堂。

郑王府逸仙堂

郑亲王府现在的准确位置在西城区大木仓胡同35号，西单商场西侧，东邻大木仓北一巷，毗邻辟才胡同和二龙路西街。

二龙路旧称"二龙坑"，因靠近元代郭守敬开掘的引水工程金水河，曾有积水形成的两个大水坑而得名，后改称二龙路。二龙路西街及东邻的大木仓胡同，在清代都是郑亲王府的地盘。

郑亲王府正门虽然朱漆有所剥落，但仍能彰显出深宅大院的气派。王府旧址内现存建筑除二宫门、前殿、后殿等几处大型古建外，整体只东部残留，有街门，面阔三间，正门面阔五间，前出踏步之间，浮雕丹陛犹存。正殿面阔五间，台阶间亦存丹陛，并存东

载垣（1816—1861），康熙帝第十三子胤祥的五世孙，铁帽子王。1825年，他袭爵怡亲王，曾在御前大臣行走受顾命。咸丰帝即位后，渐受重用。咸丰帝死，他与端华、肃顺等八人同受顾命，为赞襄政务王大臣，掌握实权。慈禧太后发动政变，令其自尽，终年46岁。

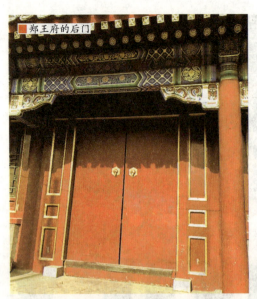
郑王府的后门

配楼面阔五间，西配楼只剩靠北面阔三间。

从院门进去，左侧有一进四合院，是旧王府后寝所在，正房修饰一新。最后为正寝，面阔五间。其中，面阔七间、上覆绿琉璃瓦的后殿的"逸仙堂"保存完好，当年由谭延闿题写的"逸仙堂"匾额仍悬挂在后殿的屋檐下。

府内其余各处仍残存几处建筑，岁月沧桑，府墙已不存。原有的后罩楼和一些附属建筑被拆除。除了正门与正门所见的"和乐堂"的正殿与后院"逸仙堂"，王府里的建筑多被拆除，所剩无几。

郑亲王府的西边就是原王府"惠园"的遗址，曾有"京师第一"美名的王府花园早已荡然无存。再往西边的二龙路西街，旧名王爷佛堂，是郑亲王府的家庙。

王爷佛堂院内尚遗存一株名贵的楸树，足有五层楼高。每逢初夏，这株古楸就开满淡紫色的喇叭状小花，堪称美景。

阅读链接

后来，郑亲王府原有的后罩楼和一些附属建筑已经无存，西部花园现另建二龙路中学。郑亲王府今为北京市重点文物保护单位。

郑亲王府基址现在是一些教育机构办公的所在地。其余部分整修为活动中心和小商店。郑亲王府规模宏大，是清代的"四大王府"之一，即便是现今仍能以现其貌，窥见它当年的雄伟。

豫亲王府位于北京东城区帅府园东口，也就是后来协和医院的位置。该府前身为明代诸王馆址。建于顺治朝。

豫亲王始王为清太祖努尔哈赤的第十五子多铎。多铎秉性刚毅，能征惯战。此后世代绵延有13个王承袭豫亲王爵位。

多铎去世，多尼袭王后改赐号为信，府亦改为信亲王府。因此，在《乾隆京城全图》上只绘有信郡王府，而无豫亲王府。

墙高著称

豫亲王府

特立独行的豫亲王多铎

在《燕京访古录》中能找到豫亲王府前身的记载，这个地方最早是隋朝的燕王府，北平王罗艺的帅府。

后来，唐高祖李渊太原起兵，封他为燕王，并赐姓李。在新中国成立之初，还能见到府前那座遗存千年的大影壁。

元建大都后，规划了北京城。这里紧依皇城，官府衙门众多。此地曾是御史台衙门所在地，明朝初期改为北平按察史司公署。

■ 爱新觉罗·多铎（1614—1649），清太祖努尔哈赤第十子，爱新觉罗氏。1620年为和硕额真，旋封贝勒，统正白旗。屡从出征，赐号"额尔克楚虎尔"。1649年卒，年36岁，谥号"通"。乾隆帝称其为"开国诸王战功之最"。

■ 豫亲王府

　　后来燕王朱棣发动"靖难之役"，在北平即了皇帝位，年号"永乐"，正式定都改北平为北京，这里便成了大明王朝的都察院。

　　1452年，为应付瓦剌军的入侵，兵部尚书于谦建议在这里设立团营，团营总兵武清侯石亨就把都察院改为帅府。由此可见，元明两代，这里一直是皇朝的政治、军事重地，内中活动维系着江山社稷的安危。

　　到了清代，豫亲王始王爱新觉罗·多铎在此建府。多铎是清朝的开国元勋，名列"八大铁帽子王"之一，配享世袭罔替的殊荣。

　　根据清代《乾隆京城全图》记载，当时的豫亲王府坐北朝南，主要建筑有：面阔五间的正门，面阔五间进深三间的大殿、有丹墀，各面阔五间的东、西翼楼，面阔三间的后殿，面阔七间的后寝和面阔十三间的后罩排房。大殿两侧各有三进院落的东、西跨院。中轴线上建筑之大殿和后寝部分，近似紫禁城的外朝与内廷。

　　靖难之役　明太祖朱元璋把儿孙分封到各地做藩王，藩王势力日益膨胀。他死后，孙子建文帝即位。建文帝采取一系列削藩措施，严重威胁藩王利益，坐镇北平的明太祖第四子燕王朱棣起兵反抗，随后挥师南下，史称"靖难之役"。

八王议政 努尔哈赤开创的"八王议政"，实质上都是由极少数的几个皇亲贵胄共同协议一些军国大事，包括推举皇位的继承人。所以在元朝初期和清朝前期，按照当时的"宪法"，皇帝是没有独断专行的传位权力的，即使指定了继承人也要经过"议会"的选举才能成为合法的统治者。

豫亲王始王多铎是清太祖努尔哈赤最年幼的嫡子，大福晋阿巴亥所生的第三子，兄弟中排行十五，与皇十二子阿济格、皇十四子多尔衮为同母兄弟。

多铎秉性刚毅，能征惯战，作为努尔哈赤最心爱的小儿子，多铎自幼恃宠而骄是可想而知的。根据女真族继承权的习俗，未分家的嫡出幺子称为守灶儿子，有权继承父亲所有遗产，因此，多铎从小的地位就相当显赫。

1620年，努尔哈赤废太子代善，宣布八王议政制度，当时年仅7岁的多铎和9岁的多尔衮被立为和硕额真，名列四大贝勒、德格类、济尔哈朗和阿济格之后，成为满洲地位最高的贝勒之一。而其他战功赫赫的兄长们和堂兄弟们反而没有这样的政治地位，可见阿巴亥母子受宠的程度。

1624年元旦朝贺礼，这时朝贺汗王的列次是很能体

■ 豫亲王府

现政治地位的。当时未满10岁的多铎排名第七，随班朝贺大汗，如果排除蒙古来的台吉不算，在贵族中，多铎是第六个单独朝贺努尔哈赤的，仅次于四大贝勒和阿济格，比德格类、济尔哈朗还要靠前，而岳托和杜度并列朝贺，可见多铎地位之显赫。

1629年，多铎随清太宗皇太极攻打多罗特部有功，赐号"额尔克楚呼尔"，意为"勇敢"。1636年，多铎受封豫亲王，掌礼部事。之后，多铎在进攻朝鲜、大明、蒙古等大大小小的战役中屡立战功。

多铎在清朝诸王当中最为特立独行。他之所以率性而为，同他幼年在一昼夜之间丧父丧母，心理遭受极大创伤不无关系。

父死母生殉，给当时只有13岁的他造成心理上的重大刺激，所以一直表现得性情乖张，行为荒唐，使继承汗位的皇太极大伤脑筋。

其后，因为这些悖谬行为以及一次作战失利，1639年，皇太极召诸王大臣历数多铎之罪，降亲王为贝勒，

台吉 是清政府对蒙古贵族封的爵名。台吉分为有执政的台吉，有不执政的台吉，有世袭的台吉，也有不世袭的台吉。内、外扎萨克蒙古的博尔济吉特氏的闲散汗、王、贝勒、贝子、公等均为台吉。

洪承畴（1593—1665）字彦演，号亨九。明朝重臣，松山之败后降清。赠少师，谥文襄，赐葬京师，立御碑。洪承畴于崇祯年间，曾辑有《古今平定略》12册。后人又辑有《洪承畴章奏文册汇辑》及《经略纪要》24卷。

罚银万两，夺所属牛录三分之一给其兄多尔衮，并不准许他参与议政，也不让他插手管理六部事务。这在当时是非常重的处罚。

后来在1644年的松锦大战，清军大胜，破城，俘虏洪承畴，多铎亦立了战功，晋豫郡王。后多铎和阿济格随同睿亲王多尔衮率领满、蒙兵力的三分之二及汉军孔有德、耿仲明、尚可喜各部，由盛京出发，向山海关进军，准备进取中原。

清军抵达辽河时，明山海关总兵吴三桂遣其副将杨坤至清军营乞兵请降。清军与吴三桂部合流后，率精兵18万直逼北京城。

李自成仓皇撤出北京，多尔衮则率军进入北京。多铎与阿济格率八旗精锐绕过北京尾随追击李自成的大顺军至固关，随即返京。

1644年，多铎晋为亲王，恢复了原有的爵位，随即命为定国将军，统领清军南征，连克怀庆、孟津、陕

■蜡像：清朝宫廷

■ 史可法（1601—1645），明末政治家，军事统帅。明南京兵部尚书东阁大学士，因抗清被俘，不屈而死，是中国著名的民族英雄。南明朝廷谥之忠靖。清高宗乾隆帝追谥忠正。其后人收其著作，编为《史忠正公集》。

州、灵宝等城。

1645年，豫亲王多铎率军进攻河南。出虎牢关，并分兵由龙门、南阳三路合围并攻陷归德后，率其八旗大军横扫河南大半地区，河南诸州县皆为其收降。

河南战场，多铎大军捷报频传。清廷获悉中原已定，诏褒多铎功，赐嵌珠佩刀，镀金鞋带，以示嘉奖。

接着，江北诸镇先后被多铎所率军队占领，河南将领史可法急速退守扬州。多铎挥师南下，强渡淮河，用了12天的急行军，兵临扬州城下。

随即强攻扬州城7日，扬州军民势单力薄，但仍拼死抵抗，使得清军攻城受阻。在此情形下，多铎数次派人，连发信函，企图招降明军统帅史可法，但均遭史可法严词拒绝。

多铎下令用红衣大炮攻城，摧毁了城内军民的顽强抵抗，史可法自杀未成，被俘。豫亲王多铎再次劝降，又遭史可法拒绝。

攻陷扬州后，多铎的军队出兵攻陷江南各地，南明临时政府几乎没有什么战斗力，清军一到，便都放弃抵

墙高著称

豫亲王府

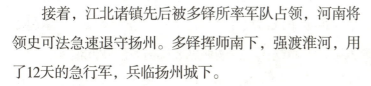

松锦大战 是由皇太极发动，明、清双方各投入10多万大军，1639年至1642年，战争经历了3年，此役是明清双方的最后关键一役。

盛京 后金都城，即今辽宁省沈阳市。1625年努尔哈赤把都城从辽阳迁到沈阳，并在沈阳城内着手修建皇宫。1634年皇太极改称沈阳为"盛京"。1644年清朝迁都北京后，沈阳为陪都。

■ 清代炮兵（蜡像）

抗，迅速投降。清军继续推进。

多铎部队的前锋抵达南京城下，23万守卫的南京军队全部放下武器投降。多铎率军开进南京城，"承制受其降，抚辑遗民"。南明弘光临时政府就此覆灭。

入南京城之前，多铎的部队事先将安民告示在城中四处张贴，南明的大批官僚在多铎率军进入南京时冒着滂沱大雨跪在道边迎降。

第二天，南明临时政府的文武各官员，又簇拥在多铎面前争趋朝贺、媚态百出、气节尽失，他们将官职帖堆成几十座小山，企图在改朝换代后混得一官半职。

随后，多铎在南京实行了一系列收买人心、缓和矛盾的政策。多铎以"定国大将军豫王"令旨遍谕各处，称清军平定东南，乃是"奉天伐罪，救民水火"。

他去拜谒了明孝陵朱元璋墓，对刚刚覆灭的前朝以及它的开国皇帝表示尊重。

　　同时，多铎下令优恤史可法的家属，于扬州为史可法建祠堂，谥"忠烈"，称"史忠烈公"，表彰史可法的忠节。他对弘光小皇帝以礼相待，奉若上宾。他命原南明临时政府的各级官员按照原先编制全部留用。

　　此外，多铎还下令将8名抢劫百姓的八旗兵斩首。另外，多铎下令张榜各城门示谕臣民，严禁胡服辫发："剃头一事，本国相沿成俗，今大兵所到，剃武不剃文，剃兵不剃民。尔等毋得不遵法度，自行剃之。前有无耻官员，先剃头来见，本国已经唾骂。特示。"

　　多铎在清入关后所取得的胜利，可谓空前。多铎率军还京师之际，顺治帝亲自到南苑迎接，后晋封多铎为德豫亲王，晋封册文中称多铎"定鼎中原以来，所建功

弘光 （1644—1645），是弘光帝朱由崧的年号。弘光帝朱由崧是明神宗朱翊钧之孙，明光宗朱常洛之侄，福忠王朱常洵庶长子，是南明首位皇帝。弘光帝是明代政治舞台上一位昙花一现的人物。

■ 清代紫檀家具

勋，卓越等伦"。

1646年，蒙古苏尼特部腾机思、腾机特等叛奔喀尔喀，反出清廷。顺治帝命多铎为扬威大将军，偕同承泽郡王硕塞于克鲁伦河集外藩蒙古兵，北上追剿苏尼特部。多铎大胜回朝，顺治帝出安定门迎接。

1647年，多铎被加封为辅政叔德豫亲王。1649年，多铎患天花，不治而亡，享年36岁。

多尔衮得知弟弟去世的噩耗，立即由前线返京，为其举行隆重葬礼，立碑记功。

1652年，由于多尔衮身后被削爵、掘墓、鞭尸，多铎因是其同母弟之故，被连累追降为郡王。1671年，康熙帝追谥豫郡王为"能"，1778年，乾隆帝昭雪多尔衮，同时命复多铎亲王及封号。

辉煌壮丽的皇宫王府

阅读链接

据《盛京城阙图》记载，清初沈阳也有一座豫亲王府。多铎王府是一座长方形两进院落，正门南向。至今仍保留一座石雕的照壁，石质呈红色，显系本溪一带所产的"红小豆石"，与今沈阳故宫崇政殿前石栏杆中的一些栏板的材质相同。

石照壁为双面透雕，雕工粗犷、严谨，最宽处为410厘米，高200厘米。整个石照壁布置得错落有致，疏密相宜，十分和谐优美。

且用昆虫、走兽、树木、仙人、飞禽、山石等谐音寓意吉祥。如"封侯挂印""福禄寿喜"等，用以赞祝主人万事如意，永为王侯。

壁身之上为石雕脊顶，由脊瓦、兽面形瓦当、海棠叶形滴水等组成。壁身之下是石雕缠枝牡丹花纹的壁座。影壁现藏沈阳故宫博物院。

豫亲王府改称信郡王府

　　第二代豫亲王多尼，是多铎的次子，于1649年袭封为豫亲王，同时改封为"信亲王"。由于多铎在多尔衮死后被牵连获罪，多尼便在1652年被降为郡王，即信郡王，豫亲王府改称信郡王府。直到1778年

■ 改称前的豫亲王府

才恢复了豫亲王爵位名号。

豫亲王府的院墙比别的王府高3尺，但按照清代定制，王府的建制都有明文规定，院墙的高低当然也要有限制，绝不会各行其是。逾制，是要受罚的，甚至有被杀头的危险。那么豫王府由亲王降为郡王后，为何府墙反而加高了呢？

豫亲王府的院墙之高，闻名北京城，它来源于一个年代久远的传说：乾隆时，那一代的信王好棋，棋艺很高，名扬朝野。

乾隆帝也好棋，一日君臣会棋，一比高低。信王请旨，胜负如何奖罚？

乾隆帝说："你赢了，朕赏你；你输了，朕罚你。"

信王问："怎么赏罚？"

乾隆帝说："你输一局，朕就抠你一个大门钉，你赢了，朕就赏你。"

那时王府大门上的金钉依制定数是级别荣誉的明显标志。抠门钉等于降级。君臣下了半日棋，结果各胜五局，胜负对等。怎么奖罚呢？

乾隆帝灵机一动，说："朕也不赏你，也不抠你门钉。这样吧，朕准你府墙加高3尺。"

府墙高低代表了级别，准加高府墙也是赏给荣耀。信王很高兴地接旨加墙。由此北京城就留下了"礼王的房，豫王的墙"之谚语。

与这一民间传说相似的，还有豫亲王府门前的那对石狮子。按说，王公贵族府邸门前的石狮子

棋 是以对弈为主，其中，有互相的博弈。博弈是东方文化生活的重要组成部分。棋艺带来的启悟和内涵被无限拓展，棋盘之外的天地被融合为一，成为中国棋文化的最大特点之一。方寸棋盘，还具有磨炼人的意志，陶冶人的情操，振奋民族精神的作用。下棋不单只是一种活动，它还是一种艺术，一种起源于中国，在中国发展最广的艺术，是中国的国粹。

一般都雕琢得面目狰狞、气势威猛，而豫亲王府门前的一对石狮却前爪屈伸，懒洋洋地趴在地上，其神态简直就是饱食后在晒太阳一般，故被人称之为"懒狮"。

之所以如此，据说是因为多铎为创建大清帝国曾立下汗马功劳，被封为世袭罔替的"铁帽子王"后，不仅其子孙后代世世为王，就连见了皇帝也不用参拜和接送，因此，"铁帽子王"又叫"懒王"。

既然王府的主人是"懒王"，其门前的石狮子也就效仿主人偷懒起来，而不愿没日没夜地昂首挺立在王府门前了。

第三代豫亲王鄂扎，是多尼的次子，于1661年袭封为信郡王。鄂扎也是能征善战的猛将，1675年，命为抚远大将军，讨察哈尔布尔尼，立下战功。1778

石狮 用石头雕刻出来的狮子，是在中国传统建筑中经常使用的一种装饰物。在中国的宫殿、寺庙、佛塔、桥梁、府邸、园林、陵墓以及印纽上都会看到它。但是更多的时候，"石狮"是专门指放在大门左右两侧的一对狮子。其造型并非我们现在所看见的狮子，可能是因为中土人士大多没有见过在非洲草原上的真正的狮子。但也有说法是西域狮与非洲狮体态不同的缘故。

■ 改称后的豫亲王府正门

■ 豫亲王府的墙饰

年，乾隆帝追述多铎为开国元勋，复豫亲王爵。此后，世代绵延，豫亲王家族一直居住于此。

阅读链接

随着清王朝的灭亡，豫亲王的"铁帽子王"爵位也走到了尽头，为了维持家族庞大的开销，1916年末，末代豫亲王将沿用近300年的豫亲王府以极其低廉的价格整体出售给了洛氏基金会。

基金会拆除了王府全部建筑，请中美两国的专家设计，建造了中西合璧的协和医学院及附属医院的宫殿式楼群。

传闻，拆除豫亲王府的时候，曾经挖出大量历代豫亲王藏于地下的金银财宝，其金银财宝的价值远远超过洛氏基金会的投资。协和医院也正是用了这些财宝购置了最先进的医疗设备，成为当时中国最好的大型综合医院。

命运多舛

肃亲王府

　　肃亲王家族命运多舛，始王豪格被多尔衮阴谋陷害，死得很惨。末代肃亲王在新民主主义革命洪流中不知所措，最后，成了没落的满族贵族。

　　肃亲王府位于北京东城区正义路东侧。顺治年间建，历代袭王俱以此为邸。1901年沦为日本使馆，只存垣墙。

　　后末代肃亲王不得不在东城北新桥南船板胡同内重新建造新王府，新府规模不大，仅由几个大的四合院组成。

被陷害致死的始王豪格

　　顺治年间建造的肃亲王府位于后来的东城区正义路东侧，历代袭王均以此为邸。

　　从1750年绘制的《乾隆京城全图》上来看，当时肃亲王府称为"显亲王府"。

清代肃亲王府

在王府中轴线上，由南向北依次是府门、银安殿、东西翼楼、神殿、后罩楼等。西面是花园，北面还有家庙。从图上看，王府基本按照《大清会典》的制度修建，并未逾制。

第一代肃亲王爱新觉罗·豪格是清太宗皇太极长子。生母继妃乌拉那拉氏。白山黑水的孕育，父祖的熏陶，使他从小就练就了一身过硬的骑射本领。初次征战蒙古董夔、察哈尔、鄂尔多斯诸部便立下赫赫战功，被封为贝勒。

1626年，豪格随大伯父代善征讨扎噜特部，杀死扎噜特贝勒鄂斋图。

1627年5月，皇太极率15万大军攻打辽宁锦州。锦州守军从城上扔下巨石，两军酣斗多时，突然后金军阵脚大乱，原来明军援军已经到达，城内明军与援军前后夹击，皇太极只能下令撤退，在这次战斗中豪格由前锋变为后队掩护全军突围。

几天后，盛京后金援军赶到，皇太极下令新军做前锋，乘夜间寂静，偷袭锦州，长途奔袭宁远，在城外与明军开始了一场混战，明军败走，后金军抵达宁

庙　世间的达圣贤人去世之后，都可以建造庙宇，像孔庙、二王庙等都是敬仰圣贤的地方。庙通"妙"，所以庙是妙法真如的地方，应当顶礼进行膜拜。寺庙很庄严，庙内的每一寸土地都不能随意更改，并且有着严格的等级制度。

《大清会典》是清入关后正式颁行的第一部会典。全书以职官为纲，分别记其职司、设置、品级、规章、掌故等，是了解清代行政组织、政治法规、典章制度的重要资料。

远城下。忽然，右侧杀出一支明军，为首的正是袁崇焕。败退的明军再次返身杀回，后金被迫撤退，这就是"宁锦大捷"。

1628年，皇太极命豪格与郑亲王济尔哈朗讨伐蒙古固特塔布昂，全军大获全胜，将其部众收编，蒙古的通道被打通了。1629年10月，皇太极亲自率领大军入塞，他绕开袁崇焕的防区，取道蒙古，攻陷河北遵化，直抵北京城下。

明朝朝野震动，急忙调驻守山西的满桂入援北京，袁崇焕也带兵千里驰援。在广渠门外，豪格率领他所领的镶黄旗迎击宁、锦援兵。"敌伏于右，豪格以所部当之，冲击至城壕，明兵大溃，偕岳讬、萨哈廉围永平，克香河。"

1632年5月，豪格与其叔父多尔衮征讨蒙古察哈尔部，同时移师至明朝边界，攻克归化等地。6月，豪格被晋为和硕贝勒。

1634年，多尔衮出征察哈尔林丹汗之子额哲，豪格作为副将也一起出战，在托里图，额哲献出元顺帝的传国玉玺。

回师抵达归化城的时候，豪格顺手牵羊地劫略了山西边郡，摧毁宁武关，入代州、忻州。1636年4

■ 辽宁兴城袁崇焕雕像

辉煌壮丽的皇宫王府

镶黄旗 清代八旗之一，建于1615年，因旗色为黄色镶红边而得名，镶黄旗是上三旗之一，旗内无王，由皇帝所亲统，兵为皇帝亲兵，侍卫皇室的成员也从上三旗中选。

月，豪格被进封肃亲王，掌管户部。

此后，豪格参加了几乎所有的关外对明战争，可以说在关外的战争中，豪格虽然多次出战，但是，作为每一场战役的执行者或者说是参与者，豪格只是忠实地完成着父亲或叔父多尔衮的指示，并没有展现出自己的军事才能。

和硕贝勒阿敏等人由于功高跋扈而失势，皇太极意识到要培养新一代的人才，他提拔了睿亲王多尔衮、豫亲王多铎等人，但是他对多尔衮兄弟始终放心不下，而他们的两正白旗又是八旗中的精锐部队，所以每次多尔衮出征，豪格总是率领两正黄旗随行，作用是监视多尔衮、多铎的两白旗。

豪格与多尔衮虽然是叔侄，可却比多尔衮年长，面对这个比自己年龄小但辈分高的叔父，他的心里显然是不服气，加之多尔衮是主帅，处处节制豪格，二人由此开始积怨。

在皇太极时期，豪格作为长子，自然也受到了众人的拥戴与恭维，所以他是幸运的，但是随着父亲的辞世，豪格的顺风路也走到头了，在以后与多尔衮集团的一系列政治斗争中，最终也败了下来。

1643年，皇太极辞世，需

375

命运多舛

肃亲王府

■ 爱新觉罗·豪格

李自成石像

李

要再立新君。清朝祖制规定，在皇位继承权上是子凭母贵，豪格的额娘是继妃乌拉那拉氏，所以他虽是长子却没有资格继承皇位，于是他便支持贵妃之子博木果儿，而多尔衮则支持庄妃之子福临，这两位阿哥当时年纪尚小，所以这场争夺皇位的较量变成了豪格与多尔衮两个政治集团之间的较量。

但是豪格集团却远没有多尔衮集团的势力强大，多尔衮不但有自己亲兄弟阿济格、多铎的支持，更笼络了一族之长礼亲王代善支持自己。

相比之下支持豪格只有郑亲王济尔哈朗，结果当然是多尔衮集团以压倒性的优势获胜，福临继承皇位，也就是后来的顺治帝。

吴三桂（1612—1678），字长伯，字月所。辽东人，明末清初著名政治军事人物，吴周政权建立者吴周太祖。1644年降清，引清军入关，被封为平西王。1661年杀南明永历帝，1673年叛清，发动"三藩之乱"，于1678年农历八月十七病死。

多尔衮顺理成章地成为了辅政亲王，虽然豪格的力争也将济尔哈朗推举成另一位辅政亲王，但是军政大权却从此掌握在多尔衮手中，双方的第一回较量还是以多尔衮的获胜而告终。

1644年，明朝的形势发生了重大变化，李自成的农民起义军攻陷北京，明王朝被推翻了。消息传到关外，多尔衮亲率10万大军向山海关进发。

山海关一战，清军和吴三桂联手击败了李自成的农民军。1644年9月，顺治帝迁都北京，从此开始了大清王朝崭新的一页。

这里有个小的插曲，在定都北京以后，代善之子硕托、孙子阿达礼曾劝多尔衮称帝，此事被豪格知道后，告发了硕托和阿达礼，多尔衮无奈只得将此两人处死。这两人是多尔衮的心腹，多尔衮自然对豪格更加恨之入骨，暗中谋划要铲除豪格。

当时，清朝面临的敌人还很多，最主要的是南明弘光政权，败退湖北的李自成农民军和四川的张献忠大西政权。于是多尔衮决定三路出击，由和硕豫亲王多铎攻南明，和硕英亲王阿济格攻李自成，而把最难打的张献忠交给了豪格。

多尔衮此举无疑是想借刀杀人，因为四川路途遥远，张献忠以逸待劳，豪格肯定不敌。豪格心里当然知道多尔衮的用心，但是将令难违，虽然征西的前方危机重重，却成为了豪格一生中最为壮烈的时刻。

张献忠（1606—1647），字秉忠，号敬轩。明末农民起义领袖，曾建立大西政权，与李自成齐名。1646年，清军南下，他引兵拒战，在西充凤凰山中箭而死。其人多有奇闻逸事流传，如入川屠蜀、江中沉宝等。

命运多舛

肃亲王府

■ 一墙之隔的肃亲王府

鳌拜（？—1669）
清初权臣，满洲镶黄旗人，清朝三代元勋，康熙帝早年辅政大臣之一。以战功封公爵。鳌拜前半生军功赫赫，号称"满洲第一勇士"，后半生则操握权柄、结党营私。后康熙帝在大臣的支持下，在武英殿擒拿鳌拜。鳌拜被生擒之后，老死于囚牢中。

1646年，豪格被任命为靖远大将军，率领衍禧郡王罗洛浑、贝勒尼堪、平西王吴三桂等人开始了西征。大军行至陕西，当时明朝的旧将孙守法、王光恩、武大定、贺珍等人，起兵兴安、汉中等地，后来势力坐大，居然攻陷了西安。

豪格下令都督孟乔芳与章京洛辉攻西安，自己率主力攻汉中、兴安，蒋登雷、石国玺、王可成、周克德纷纷投降，陕西平定。豪格留下固山贝子满达驻守陕西，继续扫平余孽。自与吴三桂等人进军四川。

这时候的四川人民，已经被张献忠杀了大半。传说张献忠自从得了四川，没有一天不杀人，其手下兵将以杀人多少论功，张献忠的残暴使部下人人自危，川北保宁守将刘进忠得知清军到来的消息，率领所部兵马到汉中向豪格投降，表示愿为先导。

豪格命正黄旗巴雅喇昂邦鳌拜与刘进忠先行。这

■肃亲王府旧址

时候，成都的张献忠得知刘进忠降清的消息后大怒，下令拆毁成都的宫殿，亲率大军出川北，想一举消灭刘进忠后再与豪格决战。

顺治帝画像

这边的豪格也率领大军向川北进发，日夕催趱，直达四川西充县境内，清军扎下营盘，探马回报，张献忠正在西充，豪格知道这正是消灭张献忠的大好时机，于是下令拔营，催动全军向凤凰山挺进。

这时正是漫天大雾，晓色迷蒙，豪格下令全军逾山而进，大雾中，豪格与张献忠两军突然相遇，两军开始混战，双方都不知对方有多少兵马，浓浓的大雾中只有震天的喊杀声……

霎时间大雾渐开，张献忠左右四顾这才发现手下的兵马已经所剩无几了，满眼都是黄白蓝红的军旗与留着辫子的清兵，连义子孙可望、刘文秀、李定国等人也不知去向。

张献忠到底也算是一代枭雄，从起兵以来也经历了无数的厮杀，他大吼一声，硬是从无数清军中杀出一条血路，往西而逃。

就在这时候，最精彩一幕出现了，镶黄旗章京雅布兰见张献忠要逃走，抽弓搭箭，窥住张献忠直射过去，一声喝着，张献忠翻身落马。

雅布兰纵马上前，挥刀径直砍向张献忠，后面的镶黄旗清兵踊跃随上，刀斩枪戳结果了这个杀人魔王的性命。没有了张献忠的大西军

宗人府 官署名，中国古代管理皇室宗族的谱牒、爵禄、赏罚、祭祀等项事务的机构。分别职掌收发文件、管理宗室内部诸事、登记黄册、红册、圈禁罪犯及教育宗室子弟。

如同一盘散沙，豪格乘胜前进，克遵义、夔州、茂州、荣昌、隆昌、富顺、内江、宝阳诸郡县，四川平定。

四川的平定，是豪格优秀军事才能最淋漓的发挥，他为川民戮杀张献忠，可以说是清朝诸将中最得民心者了。

豪格平定西部，为清王朝立下了头等功勋，可等待他的却是悲惨的结局。回到北京后，顺治帝亲自为豪格接风，赐宴回府。

可是豪格刚刚回府就被多尔衮派人牵入宗人府羁押，轮番审讯，无端地罗列出他在征西时克扣军饷、浮领军费、包庇部下等罪状。豪格想上书为自己辩解，可是他的折子根本出不了宗人府，又得知他的福晋居然被多尔衮招到摄政王府，日夜留住，豪格羞愤交加，后精神错乱，活活被气死在狱中。豪格死后，其福晋为多尔衮所纳。

豪格的一生功勋卓著，不逊于多尔衮、多铎和阿济格，然而最终却成了多尔衮政治阴谋下的牺牲品。

1650年，多尔衮意外身亡。1651年，顺治帝亲政，掘了多尔衮的坟，鞭尸泄

■ 肃武亲王豪格墓垣墙

愤，为兄长豪格平反昭雪，恢复了他和硕肃亲王的爵位，并立碑为他表功。1656年，豪格被追谥，成为清朝第一个被追谥的亲王，称"肃武亲王"。

此后，豪格子孙均以显亲王袭封，至1778年，恢复肃亲王封号世袭，共传10位王爵。

阅读链接

过去，北京人谈起旧时北京的王府，常说："礼王府的房，豫王府的墙，肃王府的银子用斗量。"礼王府和豫王府的建筑的确好于其他王府。

清初第一代肃亲王豪格统兵追杀张献忠，立下大功，为此，他得到的财富也多于一般的王公。但众人都知肃王府银子多，王府内的银子如何收藏却鲜为人知。

肃王府的藏银方法很奇特，是用整张刚剥下的鲜牛皮将银子包好，再用牛筋缝严，待牛皮风干后坚固无比，若想取出银子，必须用刀割破牛皮。

这不但使窃贼无法偷窃，即使府内人等也休想打它的主意。这种方法非常有效，历代肃亲王都使用它。

　　顺治帝为豪格平反昭雪后，豪格的子孙均以显亲王袭封，至1778年才恢复了肃亲王封号世袭。末代肃亲王善耆，字艾堂，1898年继袭肃亲王爵。

　　1902年任步军统领，管理工程巡捕事务。1907年任民政部尚书，对北京近代市政管理做出了一定贡献。

清代木雕建筑装饰

■ 清代王府内生活场景

因为肃亲王府环境优美，富丽堂皇，在第二次鸦片战争后，法国曾经要求将肃亲王府作为自己的使馆。但肃亲王府系"铁帽子王"王府，当时负责谈判的恭亲王不敢轻易许诺，后几经交涉，法国才勉强同意将使馆建造在纯公府，肃亲王府暂时逃过一劫，但它还是没有逃过八国联军那次浩劫。

1900年6月24日，肃亲王善耆携家人趁混乱逃离肃亲王府，与慈禧太后逃往西安。1901年，当他随慈禧太后回到北京时，肃亲王府已经被八国联军烧毁，只存垣墙。

之后，肃亲王不得不在东城北新桥南船板胡同内也就是后来的东四十四条西头路北重新建造新王府，新府原为道光年间大学士宝兴宅，新府规模不大，仅由几个大的四合院组成。

八国联军 通常是指在1900年入侵中国的英、法、德、俄、美、日、意、奥八国联合军队。联军前期由英国海军将领西摩尔率领，开始时总人数约3万人，后来有所增加。1900年6月，清朝向八国联军宣战。八国联军攻占了天津、北京等地后，于1901年强迫清政府签订《辛丑条约》。

■ 清代王府建筑模型

　　肃亲王在此建起两层楼房，安装了发电设备和自来水，还建造了法式客厅。新王府虽有200多间，但已不是按照王府规制建造。

　　新王府有寝室、书房和花园，在花园的最北侧还建有一座二层小楼，楼内装修完全按照法式风格布置，屋内摆放有在西洋定做的钢琴、洋床，连吊灯都完全是从欧洲进口的。

　　20世纪后，肃亲王善耆离开北京前往旅顺居住，1922年病死在旅顺。北新桥南船板胡同内的新肃亲王府也于1947年被善耆十九子宪容和善耆长子宪章一起出面卖给了法国天主教作为神学院使用。

阅读链接

　　清帝退位后，末代肃亲王善耆避居大连，与日本人过从甚密，进行复辟活动，曾策动1916年满蒙独立。

　　"满蒙独立运动"是由日本军部设关东都督府参与策划并实施的旨在分裂中国的阴谋活动，是日本"大陆政策"的重要步骤之一，后因日本对华政策的变化，失去日本政府的支持而以失败告终。

　　最终，善耆的两次"举事"均告失败。

巍峨精致

克勤郡王府

克勤郡王府位于北京西城区新文化街西口路北，现为新文化街第二小学，是清初"八大铁帽子王"王府之一，曾一度是知名人士熊希龄的住宅。

现在王府后半部的后寝门、后寝和后罩房等建筑物尚完整。1984年公布为北京市重点保护文物。

智勇双全的克勤郡王岳托

第一代克勤郡王岳托是礼亲王代善的长子，最初被授予台吉，继而封为贝勒。岳托很早就投身戎马，自幼随祖父努尔哈赤征战各方，功劳卓著，以骁勇善战和擅长谋略名冠后金。

1621年，努尔哈赤率军攻打沈阳奉集堡，将要班师的时候，突然接到谍报，附近发现了明军数百人。岳托于是偕同台吉德格类向明军

克勤郡王府古建筑

发动突袭，击败了明军。

之后努尔哈赤攻克沈阳，清军奋起直追至白塔铺。岳托闻讯后赶至白塔铺，狂追明军40里，歼灭明军3000余人，他这种执着的精神也确有乃父之风。

不久以后，发生了一件事。喀尔喀扎鲁特贝勒昂安把清军使者捉住并送往叶赫，结果使者被杀。于是在1623年，岳托同台吉阿巴泰出兵讨伐昂安，斩杀了昂安以及他的儿子。

■ 克勤郡王府古迹

1626年8月，太祖努尔哈赤病逝，后金面临谁继承汗位的问题。当时四大贝勒全都手握重兵，势均力敌。稍有不慎可能会毁掉后金的百年基业。

在这时岳托从大局着想，与三弟萨哈璘一起劝说父亲支持四贝勒皇太极即位，迅速解决了当时的权力接续问题。

虽然岳托作为代善长子在代善即位后是很可能成为太子的，不过岳托同父亲一样从大局出发，支持皇太极。所以在太宗时期，代善父子一直深受信任，即使犯有错误，两人所掌的两红旗也没有被夺去或削弱，恩宠日隆。

1626年10月，岳托跟随父亲代善攻打内蒙古扎鲁特，斩杀其部长鄂尔斋图，俘虏了他的部众，于是因

四大贝勒　1616年，努尔哈赤在赫图阿喇登基为汗时，就设了四个贝勒，即大贝勒代善、二贝勒阿敏、三贝勒莽古尔泰、四贝勒皇太极。后金国的建立者努尔哈赤死时，皇太极继承大汗位置。但与其他三位亲王一同主持朝政，被称为"四大贝勒时期"。

■ 抚顺汗王宫

袁崇焕 （1584—1630），明末著名政治人物、文官将领，万历进士。1622年，他单骑出关，考察关外形势，还京以后，自请守卫辽东。1629年后金军绕道自古北口入长城，进围北京，袁崇焕闻警星夜入援京师，但明崇祯帝中了皇太极的反间计，以为他与后金有密约，故被崇祯帝处死。

军功封为贝勒。

1627年，岳托偕同贝勒阿敏、郑亲王济尔哈朗讨伐朝鲜。后金军跨过鸭绿江后，连续攻克义州、定州、汉山三城。

回师后，岳托又跟随皇太极伐明，由于大明名将袁崇焕的有力防守，清军一筹莫展，损失惨重。但岳托在战斗中，不光击败了路遇的明军，还在围攻宁远时击败明军挖壕士兵千余，复败明兵于牛庄。

1628年，岳托同阿巴泰侵犯明边境，毁锦州、杏山、高桥三城。又烧毁自十三站以东墩21座，杀守兵30余人。班师，皇太极亲自出迎，赏赐良马一匹。

1629年，岳托进犯明锦州、宁远，焚毁明军积聚的粮草。10月皇太极亲自攻打明朝，岳托与济尔哈朗率右翼军夜攻大安口，毁水门而入，击败马兰营援兵于城下。

第二天，岳托见明兵扎营于山上，分兵让济尔哈朗偷袭，自己驻扎山下等待时机。这时，明军自河北遵化来支援，岳托对济尔哈朗说："我一定会打败他们的。"之后五战皆胜。

11月，岳托率右翼军与阿巴泰所率的左翼军会合于河北遵化，他们首先攻打顺义县，不久击破明总兵满桂等人，进逼明都北京，复跟随父亲代善击败明朝援兵。

12月，岳托和贝勒萨哈璘围困永平，攻克香河。岳托在进攻明朝时进退自如，多次立下战功，在爱新觉罗的第三代中脱颖而出，成为其中的佼佼者。

1630年，岳托同贝勒豪格回守沈阳。1631年3月，皇太极诏询诸贝勒："国人怨断狱不公，何以弭之？"

诏 也叫圣旨，是指中国古代以皇帝名义发布的公文的统称。诏令大体上可分两大类，一是发布重大制度、典礼、封赏的文书；二是日常政务活动的文书。概括起来有制、诏、诰、敕、旨、册、谕、令、檄等。

■清代镂雕酸枝大椅

祖可法 （？—1657）明末清初将领，祖大寿的养子，初为明游击，后升为副将。1631年，随祖大寿降清，后升为汉军正黄旗副都统，遂为正黄旗人。顺治初从入关，击走李自成，官至左都督，镇守湖广总兵，封三等子，死后谥曰顺禧。

岳托奏："刑罚舛谬，实在臣等。请上擢直臣，近忠良，绝谗佞，行黜陟之典，使诸臣知激劝。"

岳托应对自如，在皇太极心中留下了极佳的印象。6月，初设六部，岳托奉命掌管兵部。

7月，皇太极攻打大凌河，岳托偕同贝勒阿济格率兵两万从义州进军，与大军会师。固山额真叶臣包围了城西南，岳托为他接应。

明总兵祖大寿见大势已去，遂向后金请降，以子祖可法为人质。祖可法进入清军营地后，准备拜见诸贝勒，岳托说"作战时则是仇敌，议和了就是弟兄了，为何要拜呢？"

岳托问祖可法为何要死守空城，祖可法回答说："怕城破后受到清军的屠戮！"

岳托巧妙地回答了这个问题，说是力图瓦解明军的战斗力和抵抗，争取汉人的归顺。于是放归祖可法，当他离去时，众人都起身相送。

■ 清代武将塑像

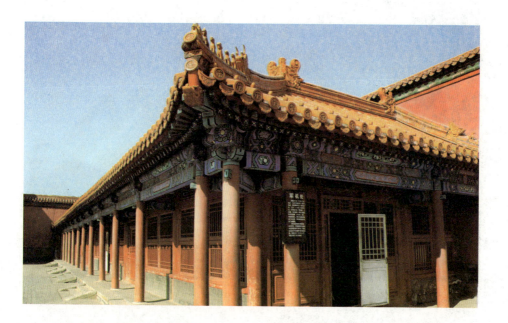

■ 清代兵部旧址

3天之后，祖大寿投降。岳托不仅作战有一套，对于劝降也很有办法，谈吐也很有水平，不同于很多只重武力的满族将领。

皇太极建议攻取锦州，命令岳托偕同诸贝勒统兵4000，改着汉服，同祖大寿假作溃散的明军，夜袭锦州。那晚，恰好有大雾，不能见物，不利作战，只能作罢。

1632年正月，岳托上奏章给皇太极：

前几年攻克辽东、广宁等城时，汉人拒绝投降的人都被杀，之后又屠杀滦州、永平的汉人，所以汉人很恐惧，归顺的人也就很少。如今，我们攻下了大凌河，正好借此机会让天下的汉人都知道我们不是一味用武力征服和屠杀，也是会善待和安抚归顺了的人民的。

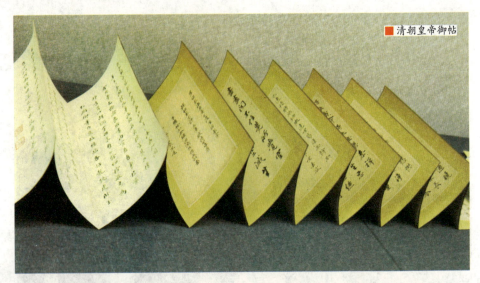

臣以为这样的怀柔政策，前来归顺的汉人必会大大增加。首先应当保全来归者的全家，不能随意将他们罚做奴隶，然后官府发放钱粮赈济他们，让他们安居乐业。

倘如上天眷顾我们后金，让我们后金占有汉人的土地，仍还其家产，他们一定会心悦诚服地接受我们的统治。

应该命令诸贝勒出庄院一座，每牛录取汉男妇二人、牛一头，编为屯，人给二屯。出牛口之家，各牛录仍以官价补偿。

而大明的诸将士远离故乡，成年累月戍守边关，害怕我们的诛戮。而今他们听说我们善待他们，就可能会来归顺我们。我们应善待降兵，不要让他们流离失所，那么人心依附，统一大业就可完成了。

皇太极对岳托的上奏非常满意。对于岳托的政治眼光在这件事中得到充分的表现，而这一政策也成为大清将来的国策，岳托对于大清的建立立下了大功，理应成为铁帽子王。

5月，岳托同济尔哈朗等攻打察哈尔部，行至归化城，俘获以千计，又偕同贝勒德格类开拓疆域，自耀州至盖州南。

1633年8月，岳托又同德格类等攻打旅顺口，攻克后留兵驻守。班师回朝，太宗皇太极亲上郊外犒劳，并以金杯酌酒赐给他。

1634年，皇太极在沈阳阅兵，岳托率领十一旗兵，列阵20里许，军容整肃，旌旗鲜明。皇太极十分高兴并嘉许岳托，对岳托在兵部的工作也很满意。5月，岳托随从皇太极出征察哈尔，中途患病，只能先行返还。

1635年，岳托随军攻打明朝山西，又因有病留在归化城。这期间蒙古土默特部告，博硕克图汗之子俄木布遣人同阿噜喀尔喀及明朝使者到来，准备进攻后金。

岳托于是派遣兵伏击明使，擒住明军使者，令土默特部捕杀阿噜喀尔喀的部下。岳托选出部分土默特青年壮丁，编成队伍，立下条约，安定了一向不平静的河套蒙古各部。

岳托带着病身依旧为大清劳心劳力，立下了平定河套蒙古各部的大功。之后与诸贝勒会师，一同返还。

清代骑兵和步兵（古画）

■ 清代屏风

喀尔喀 清代漠北蒙古族诸部的名称。初见于明代，以分布于喀尔喀河得名。喀尔喀蒙古东接呼伦贝尔，西至阿尔泰山，南临大漠，北与俄罗斯接壤。

1636年，皇太极称帝，改国号为清。4月，封岳托为成亲王。8月，因被指控包庇莽古尔泰、硕托，以及离间济尔哈朗、豪格，于是众贝勒、亲王议定岳托为死罪。

但是皇太极宽恕了岳托，只是降为贝勒，罢免兵部的职务。没过多久，又重新起用，掌管兵部事务。这次事件，很可能是权力斗争的产物，只要看被指控后各贝勒的反应就行了，虽大家都是叔伯兄弟，却想置人于死地。

岳托同他父亲代善一样，因功权过大遭人嫉妒，而皇太极也借此削弱他们的实力及离间与他人的关系，一拉一打，将代善父子牢牢控制。

1637年8月，皇太极命令左右两翼八旗军比较射箭，岳托表示不能执弓，皇太极再三劝说，岳托才不情愿地拉弓，但弓堕地多达5次，于是将弓掷出很远。岳托的举动令众人吃惊不小，诸王贝勒纷纷指责岳托骄慢，应当处死，皇太极再次宽恕了岳托，降为贝子，罚银5000两。

1638年，皇太极又恢复岳托的贝勒地位。这年秋天，岳托随皇太极出征喀尔喀，可是才至博硕堆，就知扎萨克图汗已逃走，于是无功而返。

8月，岳托伐明，授予岳托扬武大将军，贝勒杜度为副，统率右翼军；统左翼军的是睿亲王多尔衮。军队进至墙子岭，明兵已经退入堡，在城外布置了三座营寨作为外线的防线。

岳托率军攻克了外围三寨。但是城堡坚固不易攻打，岳托采用了俘兵的建议，分兵正面佯攻，牵制明师，同时从墙子岭东西两边小道进行猛攻，连克11座烽火台。于是左右两翼军深入关内，进行了长达5个月的掠夺。

箭　又名矢，一种借助于弓、弩，靠机械力发射的具有锋刃的远射兵器。因其弹射方法不同，分为弓箭、弩箭和掷箭。箭的历史是伴随着弓产生的，远在石器时代箭就作为人们狩猎的工具。传说黄帝战蚩尤于涿鹿，纯用弓矢以制胜，这是有弓矢之最早者。

■ 明长城烽火台

清军共攻下60余座城，掠夺了无数人口、财物和牲畜。进抵山东，攻下济南。岳托于济南驻扎时染上天花，薨于军中。

岳托在战斗中极力使用汉军投降将士，这在当时尚属少见，不过确是一条正途，在此事上又能再次看出岳托的高瞻远瞩。以英年死于军中的确令人惋惜，但他那种鞠躬尽瘁的精神很值得尊敬。

1639年，多尔衮率领满载而归的远征军回到盛京，在汇报战绩时，没有岳托的名字。皇太极惊问为何，才知早在济南去世，不仅悲痛万分，辍朝3日，以示哀悼，同时命令不要告知礼亲王代善。

等到岳托灵柩运回，皇太极亲至盛京城外的沙岭遥奠。还宫后，再次辍朝3日。诏封岳托为克勤郡王，赐骆驼五匹、马两匹、白银万两。1688年，清廷为岳托立碑纪功。

辉煌壮丽的皇宫王府

阅读链接

岳托执掌兵部后，诸事办理妥帖，不仅得到皇太极的亲口赞誉，而且在岳托的操持下，举行了后金国第一次声势浩大的阅兵典礼。

1634年，岳托统领满洲八旗、蒙古两旗、旧汉军一旗共计11旗行营兵，排列成5大阵营，第一序列为汉军炮兵，第二序列为满洲、蒙古旗之步兵，第三序列为满洲、蒙古旗之骑兵，第四序列为守城应援之兵，第五序列为守城炮兵，来接受后金国最高统治者的检阅。

当时，皇太极"驻马浦河冈"，检阅着军容整肃、步伐整齐且绵亘长达20里左右的后金国三军队伍。岳托则以战守纪律指示众军，响炮三声，众军呐喊如之，炮声隆隆，旌旗猎猎，八旗军声威震天。太宗大悦，特赏所有参加检阅的"每甲士银一两"。

罗洛浑奉旨建造克勤郡府

　　岳托共有7个儿子，有爵位者5人，克勤郡王世爵共传十三世十七王，其中3人夺爵。

　　岳托第一子也就是第二代克勤郡王罗洛浑，初封贝勒，1644年受

■克勤郡王府大门

■ 克勤郡王府的石狮子

封衍禧郡王，在1646年与肃亲王豪格征四川时去世，罗洛浑的长子罗科铎于同年袭爵，于1651年改封为平郡王，至1778年，为纪念岳托的功绩，恢复克勤郡王号，1888年加亲王衔。

清入关以后，罗洛浑奉旨在宣武门内石驸马大街建造王府。王府造得巍峨而精致，有三进庭院，正殿、配房，还有后花园。

现在，石驸马大街已更名为西城区新文化街，克勤郡王府就位于西口路北。这所顺治年间所建的府邸原占地面积不大，规模远不如礼、郑诸府。

从《乾隆京城全图》可以看到，克勤郡王府平面布局与王府规制尚符，正殿阔五间，前出丹墀，左右配殿阔五间，后殿面阔三间，后罩正房面阔七间。由于地处石驸马胡同，有人认为是沿用明代有功勋的皇

石驸马大街 石驸马大街是明代北京城内的一条老胡同名，是因明宣宗驸马石都尉的宅第在这里，所以称为石驸马大街，就是后来的北京西城区的新文化街。

亲国戚的旧宅，或石驸马府改建。

　　克勤郡王府是清廷封给岳托后人的三处府邸之一，规模是最大的，东与罗科铎第三子诺尼的贝勒府相邻。克勤郡王的后代习惯把西边的平郡王府称为"西府"，把东边诺尼的贝勒府称为"东府"。

　　西府的面积比其他铁帽王府要小，但布局紧凑合理，建筑精致。中轴线上建有大影壁、府门、银安殿、东西翼楼、后罩楼等建筑。

　　西路前后还有三进院落。东路则由五个大小院落组成，有茶房、大小书房、祠堂、花房等，还有护卫、太监、奶妈居住的房屋等。

　　克勤郡王家族好金石收藏，秦汉青铜器、汉唐碑碣石刻拓本、石画、字帖和古玉、陶片最多，室内陈设都是古玩字画。当时的克勤郡

■克勤郡王府围墙

克勤郡王府大门

王书法巧妙绝伦，闻名朝野于一时。

　　但到了20世纪初，最后一代克勤郡王晏森将王府售给了熊希龄为住宅。而晏森自己则搬到了宗帽胡同居住。

阅读链接

　　21世纪初，克勤郡王府修葺一新，恢复昔日风貌。府路南影壁尚存，府前部只存东翼楼。后部的内门、后寝与东西配房、后罩房均保存完整。西部跨院也存大部原有建筑。

　　克勤郡王府原来被用作石驸马二小的校园，王府的修葺完工以后，石驸马二小便更名为第二实验小学。昔日的王府里，传出朗朗的读书声，古色古香的教室里都装有现代化的空调等设施。

　　克勤郡王府的大门，青砖对缝，鲜红的油漆彩画非常耀眼，工程基本复原了王府的旧日景象，阳光在仿古的屋脊上留下斑驳的树影，时光流逝，人物全非。

顺承郡王府

　　顺承郡王府于清顺治初年建府，府址在北京西城区锦什仿街东侧，旧赵登禹路32号。顺承郡王府呈正方形，东起太平桥大街，西至锦什坊街，南起华嘉胡同、留题迹胡同稍北，北抵麻线胡同。

　　1994年按照1:1的比例迁建到朝阳公园南门东面之"郡王府"，为北京市文物保护单位。

军功显赫的始王勒克德浑

顺承郡王府建于清代顺治初年，第一位主人勒克德浑是清太祖努尔哈赤的曾孙。勒克德浑的父亲是代善的第三子萨哈璘。

萨哈璘初授台吉，1625年，察哈尔林丹汗进攻蒙古科尔沁部，萨

顺承郡王府牌坊

顺承郡王府

哈璘统5000精锐骑兵赴援，解其围。1626年，随代善征喀尔喀巴林部和扎噜特部，以军功封贝勒。

1627年，萨哈璘跟随皇太极征明，率巴雅喇精锐骑兵为前队，与贝勒德格类败明军于大凌河、锦州。

1629年，再随皇太极征明，克遵化，薄明都。12月，萨哈璘略通州，取张家湾、围永平，克香河。

1630年，萨哈璘同郑亲王济尔哈朗驻守永平。1631年，直言时政，谏言："图治在人，使贤用能。"7月，皇太极初设六部，受命掌礼部事。

1632年，萨哈璘同济尔哈朗率右翼兵略归化城，俘蒙古千余人，分置蒙古诸贝勒牧地，申约法令。1633年，同贝勒阿巴泰等略明山海关。1634年，随太宗征明，克得胜诸城堡。1635年，同多尔衮收降察哈尔林丹汗子额哲，沿途略明山西府县。

1636年正月，萨哈璘病重，5月去世。萨哈璘死时只有33岁，他深受太宗皇太极的喜爱，病中太宗多次看望萨哈璘，而且禁不住落泪。

萨哈璘死后，皇太极不光前往吊祭，还在灵堂恸哭4次，并罢膳辍朝3日。卒后追赠和硕颖亲王。1671年，康熙帝追谥"毅"。

萨哈璘骁勇善战而且长于智谋，不光明达聪敏，通晓满、汉、蒙文字，且敢于直言时政，多次献上良策，是清朝初年的一代名将。勒克德浑是萨哈璘的第二子。太宗驾崩后的权力斗争中，代善将自己的一儿一孙硕托和阿达礼处死，勒克德浑也被牵连，削爵，贬为庶民。

■ 清代景泰蓝摆件

1644年，清军入关，多尔衮重新笼络起勒克德浑，恢复他的皇室身份，并且册封为多罗贝勒。第二年，勒克德浑被命为平南大将军，接替豫亲王多铎驻扎江苏江宁。在与残明的战斗中，勒克德浑得以尽显他的军事才华。

当时南明鲁王朱以海占据浙东一带，他的军事力量在钱塘江以南的沿江，构筑了一条坚强的防线，使清军难以进犯。这时，南明的大学士马士英与总兵方国安率兵渡过了钱塘江，进攻杭州。

勒克德浑在南京得知后，立刻遣兵奔赴杭州解围，马士英与方国安立刻退兵撤回钱塘江，又分别攻占了杭州西南方的余杭、富阳两地。

勒克德浑派遣梅勒额真珠玛喇攻击余杭、富阳两地的明军，两军合营在杭州城30里外。清军攻势凌

马士英　（约1591—1646）明万历时进士。后因擅取帑银行贿，流寓南京。明亡后，马士英联江北四镇，拥立福王监国，排斥史可法，独断专权，大敌当前，仍忙于内部斗争，致使扬州失陷，清军逼近南京，遂逃至浙江，方国安军中，后被清军俘杀。

厉，马士英与方国安败走。

勒克德浑在江浙战场上频频得胜的时候，清军在中部的湖广战场上却频频告急。11月间，明唐王朱聿键的隆武政权所任命的湖广总督何腾蛟招纳了原李自成的残部李过、高一功、郝摇旗、刘体纯等人，进入湖广战场对清军占领下的军事重镇荆州、武昌发动总攻，使湖广战场上的清军面临全面崩溃的境地。

12月，多尔衮急调勒克德浑移军西去救援湖广战场，于是勒克德浑亲率满蒙精锐，偕同镇国将军巩阿岱一起，从南京逆江而上，驰援武昌。

1646年正月，勒克德浑率军进抵武昌，对明军展开了全面进攻，他首先派遣护军统领博尔辉督军进击岳州解围，自己率主力前往荆州。勒克德浑的主力进至石首，正巧明军渡江进犯荆州。

勒克德浑不动声色，悄悄派出了一队人马渡过南岸，等到明军渡河一半的时候，突然水陆两军同时猛攻，大败明军，消灭了这一支明军的援军。

之后，勒克德浑的大军水陆并进乘夜疾驰，向荆州奔去。

第二天凌晨进抵城下，由于清军行动迅速诡秘，驻扎在城外的明军毫无察觉。

到了晚上，清军将领

朱聿键（1602—1646）明太祖朱元璋八世孙。1644年，崇祯帝在北京自缢，1645年弘光帝亦死，身边大臣扶朱聿键于福州登基称帝，改元为隆武并与同年开铸隆武通宝钱。1646年，清军入福建，隆武帝被掳，绝食而亡，享年44岁。

朱以海（1618—1662），明太祖朱元璋的十世孙，于1644年袭封为鲁王，是南明抗清的重要领袖之一。清兵入关，他被拥立为监国，监国九年。

■ 清代嵌玉石盆景

郎球等人将明军在江中的战舰尽数夺走。之后，又指挥八旗铁骑分两翼杀入明军主营，明军猝不及防，战线全面崩溃，伤亡惨重。

勒克德浑命奉国将军巴布泰等人率军乘胜追击，李自成的残部且败且战，自安远、南漳、喜峰山、关王岭至襄阳等地，与清军多次激战接连战败，主力损失殆尽。

最后，无奈之下，义军将领李自成弟李孜、田见秀、张耐、李佑、吴汝义等带着残部5000余人向勒克德浑投降。到此，轰轰烈烈的大顺军就被勒克德浑给消灭了，在这一战中勒克德浑的军事才能展露无遗，不愧是名将之后。

由于勒克德浑迅速地解除了清军在湖广战场上的危机，清廷对他的功绩十分赞赏，下诏让他班师回南京，并赐以黄金百两、白银两千两。

1648年9月，晋封顺承郡王，成为清朝开国"八大铁帽子王"之一，后获得了"世袭罔替"殊荣。1651年，勒克德浑奉命掌管刑部事务。1652年，勒克德浑去世，时年仅34岁。1671年，康熙帝追谥为"恭惠"。

阅读链接

顺承郡王府在民间被称为"打磨苏王""达磨憎王"等。据顺承郡王的后代介绍，打磨苏王即第二代顺承郡王勒尔锦，1680年讨伐吴三桂时坐失战机被削爵，其子袭爵，后又被革爵。之后，勒尔锦的哥哥袭顺承郡王爵位。顺承郡王府府址一直没有变动，顺承郡王也没有遭到太大的风波，这和其他铁帽子王是不同的。

布局严整的顺承郡王府

根据《乾隆京城全图》记载，顺承郡王府呈正方形，东起太平桥大街，西至锦什坊街，南起华嘉胡同、留题迹胡同稍北，北抵麻线胡同。面积虽不是很大，但布局严整。

顺承郡王府主入口在朝阳公园南路。入口处有一座牌坊。从主路到王府大门要走很长的一段距离，经过一片广场，跨过一条河。河上有汉白玉栏杆的石桥。这个府第有以下几个特点。

第一，按清代制度王府正门前应有大石狮子一对，唯独这个府里没有狮子。

第二，王府的正所即正

清代龙形建筑构件

阿斯门　是王府、宫殿等较大建筑群中的一种旁门或侧门的专有名称。阿斯门的作用是在日常生活中供一些用人出入使用，非正式场合也走这个门。它的建筑规模也相应比王府大门低很多。

殿前都不种树，唯独顺承郡王府的正殿前有四棵高大的楸树。另外，在东所也有同样两棵大楸树。传说这几棵树还是明代遗留下来的。这在清代所有府第里是独一无二的。

第三，各府平时都由一边阿斯门出入，像礼王府只开西阿斯门，郑王府只开东阿斯门，只有这个府东西阿斯门在白天全都开着，除车马不准通行外，普通行人是可以往来穿过的，所以附近的人们称这里是"穿堂府"。

原有府邸四面都是府墙，只有东西两个阿斯门供出入之用。布局自外垣以内分3路，中路是主体建筑，是按大清会典所规定的府第规模建筑起来的。和其他王府形制一样，也是前殿后寝，有正门也就是宫门、正殿和两侧翼楼、后殿、后寝。东路和西路是附属建筑。

■ 顺承郡王府建筑

■ 清代家居摆设

　　大清会典规定，王府的正门应是坐北朝南，由于城市居住条件的限制，不可能都建筑在东西向的街道上。因此在正门以外都要有个宽敞的院落。东西相对各开一个门，东称东阿斯门，西称西阿斯门。

　　这样不管是东西向街道，还是南北向街道，都不会影响正门的南北方向。同时正门外大院里还可以停放来访亲友的车、轿、马匹等，不必停放在街道上影响交通。在两边阿斯门外旁摆放红漆辖哈木一对。

　　顺承郡王府的东西阿斯门分别是3间筒瓦、有脊、有鸥吻的建筑。中央一间是两扇红漆大门，两旁各有一个单间是为值班人用的。这东西相对的4间值班房都是由骁骑校值班。

　　阿斯门的南北两侧连接府墙，最南面从东到西是一段府墙。北面正中央是5间建筑，正中3间是6扇朱漆大门，门上有金漆门钉7排。

　　门钉　是钉于大门扇外面的圆形凸起，是中国古建筑大门上的一种特有装饰。中国古建筑中，尤其在北京的宫殿、坛庙、府邸这些古建筑的大门上，都有纵横排列的门钉。这些门钉不仅是装饰品，而且体现着封建的等级制度。门钉起源久远，中国古代为防御外侵，城门制作十分坚厚，在大门上包有铁板，且用戴帽的门钉钉住。这种方法一直沿用了数千年。

清代北京城
（古画）

六部 指清中央行政机构中直接对皇帝负责的兵部、工部、礼部、刑部、户部及吏部，分别主管军事、农业工程水利、教育文化外交、司法治安、财政经济、人事组织。六部主官叫尚书，副官叫侍郎。

在正门外的门道里东西相对每一边放一个红漆枪架，架上各插5支红漆木杆铁头枪，平时将枪都用蓝布套起来。

两旁各有一间宿卫用房。这个正门的建筑与当时清政府的六部衙门的正门建筑是一样的，所以王府又有"大衙门"之称。

正门两侧各有一段府墙，每边都有一个侧门。正门平时不开，如有婚丧等大事才开正门。平时出入都是走东侧门。

正门内正中央是高出地面约0.6米的一条砖石结构的甬路，直达正殿前的月台。月台宽度相当于5间正殿，长约3.3米，台两旁有石阶可供上下之用。

台后是正殿7间带前后廊子。正殿为双重檐子，琉璃瓦起脊，有鸱吻。这7间殿在1900年八国联军进北京时，被法国军队烧毁了。

之后在殿基上砌了一段墙，正中有两扇大门，平时不开。在殿基下东西各有一段墙，每边有一个门供出入之用。在这个院里，东西两面各有带廊楼房5间，会典里叫翼楼，人们就叫它东楼西楼。

在甬路两旁，东西楼前，每边有两棵高大的楸树。两楼楼上堆放杂物，东楼下层是家务处，西楼下层住着苏拉，也就是杂役。正门两旁各有3间南房。东面是管事的居住，西面是随侍的居住。

正殿基的后面仍然是一条高出地面的甬路直通到二层殿，二层殿是3间建筑。中间开门实际是个穿堂，平时不开，二层殿东西两侧各有一段墙。每边有一个门，平时出入都是从东门走。二层殿西面是段南北墙，东面有带廊东房3间。在这东房之南仍有3间背西向东的房屋，中间是穿堂通到东院。

月台　在古时建筑上，正房、正殿突出连着前阶的平台叫"月台"，月台是该建筑物的基础，也是它的组成部分。由于此类平台宽敞而通透，一般前无遮拦，故是看月亮的好地方，也就成了"赏月之台"。

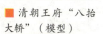

■ 清朝王府"八抬大轿"（模型）

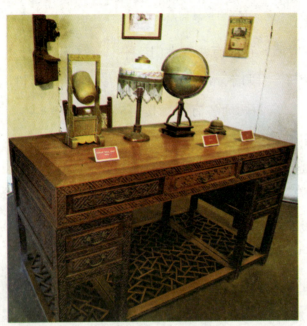

■ 清代皇家摆设

更夫　是指每
天夜里敲竹梆子
或锣的人。目的
是提醒人们现在
是什么时间。更
夫通常两人一
组，一人手中拿
锣，一人手中拿
梆，打更时两人
一搭一档，边走
边敲。打更人一
夜要敲五次，每
隔一个时辰敲一
次，等敲第五次
时俗称五更天，
这时鸡也叫了，
天也快亮了。

　　在二层殿后又是一个院落。北面正中有前后带廊正殿7间，本是原来王府的神殿，因前面正殿已在1900年被八国联军烧毁，所以后来就以这层殿为正殿，这个院东西面均有5间前后带廊的东西配殿。

　　在正殿的东西两侧各有一段院墙，连接东西两配殿，将这个院子格方。两边墙各开一个屏风门。西屏风门外，东面是正殿的西山墙，连接山墙是南北一道院墙直达后府墙。

　　院内有一眼水井是苦水，不能饮用。西面也有南北一段墙，有一个随墙门。这个院里有3间西房，是存放俸米的粮库。正殿东西的屏风门外通到东所。

　　正殿后面是一个东西长的长方院。东、西、北三面都是院墙。北墙正中是一屏风门通到后院。后院有带廊楼房7间，后面就是后府墙了。楼下最西头两间是佛堂。中3间存放杂物。东两间是更夫晚上值班的地方。中路除说明有重檐、起脊、琉璃瓦以外，其他房屋都是起脊有鸥吻筒瓦的建筑。

　　一进东侧门有带廊东房3间，是回事处，相当于传达室，北面是一间垂花门，经常关闭。门的东西两侧各有一段院墙。这两段墙都到正所东楼后北山墙处截止，北面是一段墙，有个大门，车马到此处停止。

门内东面从南到北是一段墙。墙南端有一个随墙门，门内是一个四方院，北房3间，东房2间，是做厨房用的，东墙北端也有一个随墙门通往书房。西面有西房6间。北面3间正中一间是穿堂门。出穿堂门就是正所的二层殿院内。

北面是一段院墙，有一个屏风门。门内有带廊西房3间，也就是正所二层殿的东厢房。这里叫随安堂，是会客的地方。北面是一段院墙，有一个屏风门经常关闭。东面是一段院墙，在北端有一道屏风门通往梧桐院。平时都是从这里出入，虽不是东所的主体，但它是重要的通路。

在东侧门的东面还有一个小门，进门是一个小院，院内有一眼甜水井，全府饮用水都是用这里的。此外府里官员的家属居住在附近的，也都用这个井里的水。

屏风　是古时建筑物内部挡风用的一种家具。屏风作为传统家具的重要组成部分，历史由来已久。屏风一般陈设于室内的显著位置，起到分隔、美化、挡风、协调等作用。它与古典家具相互辉映，相得益彰，浑然一体，成为家居装饰不可分割的整体，而呈现出一种和谐之美、宁静之美。

■ 清代红木家具

■ 清代青花童子祝
寿图插屏

东侧门内垂花门里有一个四方院，四面是墙，只在北墙正中有一道屏风门。从屏风门到垂花门是一条砖甬路，其余都是土地，是为练习骑马用的。四周花木扶疏，东墙下有一水池，是为夏季种荷花之用。

池旁有一株马尾松，枝杈伸展很远，有木架支撑着。正面有带廊瓦房5间，是书房。左右各有一段院墙。书房中3间是明间，一边一个暗间。在书房廊子两头山墙上各开一个小门。

出东小门有一个小院，北房3间叫陈华馆，是会客用的。西面小门外同样有一个小院，有3间北房，是管理书房的人住宿的地方，在这个院的西墙有一个随墙门。

书房正间隔扇后有一个后门，书房后面是一个长方院，院里种些花木。北墙正中是一道屏风门。门外是一个东西长的长方院。

院内有四棵梧桐树，人们叫它梧桐院。西墙有一个屏风门，它是里外出入必经之路。东面有东房一间，堆放杂物，房后是更道。

北面正中是一间垂花门。一进门左右是抄手游廊。正北面是前后带廊北房5间，每边有两间耳房。

屏风门 就是把屏风当作门。屏风，古代建筑内部挡风用的一种家具，所谓"屏其风也"。主要起分隔空间的作用，更强调其装饰性的一面。它融实用性、欣赏性于一体，既有实用价值，又有美学内涵。

辉煌壮丽的皇宫王府

正房是两个明间，西边一个暗间，东边两个暗间。

东厢房3间，南边有一个耳房。西厢房3间，南面有一间耳房，耳房旁有一个小门，门内有一个小院是男厕所，西厢房后面是女厕所。

在东西厢房前面各有一棵柿子树，正房的东耳房后墙有一个后门，通往后院。后面也是四面游廊。北房5间，东厢房5间，南面有一间耳房，这里有炉灶，是烧水的地方，有一个后门通更道。

西厢房五间两面都有廊子，中一间是穿堂，北面两间存放箱笼杂物，院内也有两棵大楸树。树前有假山石，将院落分成南、北两部分。

中央有一条甬路穿假山而过。假山前有两个牡丹花圃，种有牡丹芍药等。这个院的后半部北房前，种有西府海棠、李树、樱桃等。

北房有后门通后院。后院是一个东西长的长方

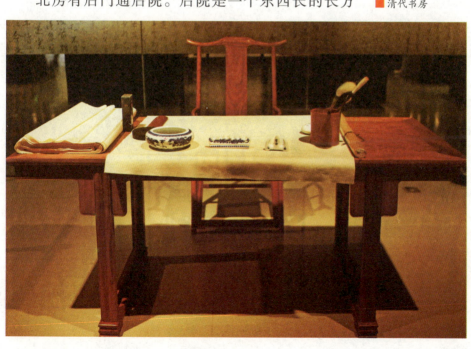

■ 清代书房

轿 一种靠人或畜扛、载而行，供人乘坐的交通工具，曾在东西方各国广泛流行。就其结构而言，轿子是安装在两根杠上可移动的床、座椅、坐兜或睡椅，有篷或无篷。轿子最早是由车演化而来。轿子在中国大约有四千多年的历史。据史书记载，轿子的原始雏形产生于夏朝初期。因其所处时代、地区、形制的不同而有不同的名称。如肩舆、兜子、眠轿、暖轿等。

院，院内有香椿树两棵。东面是一段院墙，墙外是厕所和更道。西面有一段墙，有月亮门通西小院。这个院北面是后府墙，西面有3间西房。

西面有一段西墙，南到牡丹院西厢房的房山角下厢房后廊北头房山，开一个筒子门，这个院就是正所东面墙的屏风门外。

门内有一段假山相隔，西面就是正殿的东房山，院中央有假山做基础，上面有带廊瓦房3间，房后还有假山做基础，上面有一个亭子，题名"梦亭"。后面就是后府墙，东面是一段墙。

西面一段墙有门通往正所的后楼院，这里树木阴森，颇为幽静。在这个院南面假山后有北房3间，院里没有门。门是开在房山，即牡丹院西南角游廊上，这个屋是木板地，是为做库房用的。

南面正中有一个比较厚的木板门从里面锁起来。门旁每边开一个小窗户。门外就是正所东配殿的后面；东所的西墙后面是一个南北长的长条院。南面一段院墙，有一个屏风门从里面紧锁着。

■ 清代红木家具

西侧门里实际就是马号，这里是一个独立的院落。西面都是房屋，有放车的车库，里面放着大小鞍车、方车、马车、轿子、班车等，有马棚，总之这里是一个车马大院，但是在这个院的北面正中一间高大的凸前的房屋里面供着马王神的塑像。

左右的房子是车夫、轿夫、马夫的住所。这个院与里面不通，北房后从东到西是一段高墙与后面隔绝。

马号后部即是西所。这里有单档房，是保管与宗人府等各机关往来公文的地方。西面一段墙有一个门，门内是一个四方大院。只有带廊北房7间，正中有3间厦，这里就是1900年后迁过来的神殿。东两间前窗设有煮肉大锅。西面是神厨，还存放着萨满跳神的用具，如腰铃及其他乐器等。

院子的南面有一个四方木栏杆，其中竖立着神杆子。院的西墙北端有一个门通到西小院，这是一个空院，西墙就是西府墙，北面墙有一个门，门内有一个大院，东面隔墙就是正所。

北面从东到西有一段院墙，这个院空落落的，只有3间西房，是值班人住宿用的。北墙正中有一个屏门，门内是一个东西长的长方院，院内种着松柏

■ 清代皇族狩猎图

神龛 一种放置神明塑像或者是祖宗灵牌的小阁，规格大小不一，一般按照祠庙厅堂的宽狭和神位的多少而定。比较大的神龛有底座，是一种敞开的形式。祖宗龛无垂帘，有龛门。神佛龛座位不分台阶，依神佛主次设位；祖宗龛分台阶按辈分自上而下设位。因此，祖宗龛多为竖长方形，神佛龛多为横长方形。

树等，北房7间是王府的影堂，也就是祠堂。是一通连没有隔断的7间房，每一间都有红漆描金大神龛一座，供着七代祖先。

王府后院是花园，建筑结构虽然与郡王府万米绿地融为一体，但其建筑风格却自成一体。郡王府花园是一处北派风格的王府园林，具有皇家园林的风范。在花园的设计方面，严格依照中国传统造园手法，由水系、建筑、山石、花木构成郡王府花园四大要素，水系与建筑构成全园的骨架，山石和花木是整个园子的画龙点睛之笔。

由于面积较小，因此郡王府花园的整体布局没有太大的起伏，园林设计在细节上下功夫，精雕细琢，突出中国古典园林的特色，充分体现书法、诗词、雕刻等传统文化。

花园一潭1000多平方米的湖面上，四周驳岸以自然山石处理，形成自然蜿蜒之势，湖周边依照春、夏、秋、冬四个季节——形成4个不同的区域，形成"春园""夏韵""秋妆"和"冬姿"4个主题景致。郡王府花园以其"四季有景，步移景异"的园林景观，必将成为中国传统园林的典范之作。

阅读链接

1917年，第十五代顺承郡王讷勒赫去世，其子文葵仍被已逊帝位的溥仪封为顺承郡王，但家境远不如前。

1921年时，顺承郡王府卖给奉系军阀张作霖。张作霖入居北京时，占用王府作为大元帅府，这里是北洋军阀的政治和军事中心，曾经煊赫一时。

1949年后，顺承郡王府成为中国人民政治协商会议常设机构的办公地点。于王府正门外建起政协礼堂，中路主要建筑基本保存完整。东路前后数层院仍保存原有格局。

1984年定为北京市重点保护文物。

恭王府

　　恭王府坐落于北京什刹海畔，它历经了大清王朝乾隆、嘉庆、道光、咸丰、同治、光绪、宣统七代皇帝的统治。

　　这座王府如一面镜子，见证了清王朝由盛而衰的历史进程，承载了极其丰富的历史文化信息，故有了"一座恭王府，半部清代史"的说法。

由和珅府第到恭王府的变迁

　　恭王府坐落于北京内城前海西街17号，左依什刹海，背靠后海，整个府第总计占地约5.3万平方米，相当于中山公园的一半，因清代最后一位府主恭忠亲王奕䜣而得名。

　　目前，府第内和珅府第时期代表性的建筑主要有两处：一为"嘉乐堂"，是后来府第中路的最后一进正厅，五开间，大门正上方现悬

■恭王府内嘉乐堂

曾是和珅府第的
恭王府

有"嘉乐堂"匾额，传为乾隆帝御赐和珅的。

　　另一个是"锡晋斋"，原名"庆宜堂"，源于乾隆帝所赐"庆颐良辅"匾额。锡晋斋是西路院落最后一进的正厅，七开间，前后出廊，后檐带抱厦五间。正厅的东西北三面是两层的楼，上下安装了雕饰精美的楠木隔断。

　　虽然恭亲王是这座府第的最后一任府主，但这座宅院却并不是为他而特地新建的。

　　这所宅院的始建者是清朝乾隆时期权倾朝野的大学士、臭名昭著的大贪官——和珅。和珅出身满洲正红旗，姓钮祜禄氏，没有文韬武略，但却十分善于言辞，深受乾隆帝的宠信，历任御前侍卫、正蓝旗满洲副都统、太子太保、军机大臣、御前大臣、议政大臣、户部尚书、领侍卫内大臣、镶蓝旗满洲都统、四库馆正总裁、大学士等职，并被封为一等忠襄公。

和珅　（1750—1799）曾兼任多职，为皇上宠信至极，官阶之高，管事之广，兼职之多，权势之大，清朝罕有。他还是乾隆帝的亲家翁，其子丰绅殷德被指定为皇帝最宠爱的十公主的额驸。和珅后被嘉庆帝赐死。

■ 恭王府内的嘉乐堂匾额

丰绅殷德

（1775—1810）自号天爵道人，乾隆时期权臣和珅的长子，钮祜禄氏，满洲正红旗人。1780年，乾隆帝赐名丰绅殷德，指其为固伦和孝公主的额驸，历官御前大臣、护军统领兼内务府总管大臣、总理行营事务等。

甚至，乾隆帝还将自己最宠爱的十公主固伦和孝公主赐婚给和珅的儿子丰绅殷德。和珅用他聚敛的大量钱财修建了府第，无论在规模还是豪华程度上都不亚于后来的恭王府。

如今，恭王府中的"锡晋斋""葆光室""嘉乐堂"等建筑据说就是和珅时期留下的。

和珅死后，这座府第被一分为二，一部分仍由和珅的儿子丰绅殷德与和孝公主居住，另一部分则被赐给了嘉庆帝的兄弟庆郡王永璘。

永璘是乾隆帝的第十七子，他对和珅的府第心仪已久。据说在做皇子的时候，诸王兄弟聚会，说到和珅都十分痛恨，纷纷表示今后要将其绳之以法，只有永璘说：我没有什么大的志向，只希望日后分府的时候能够得到和珅的府第我就心满意足了。一位皇子竟将得到和珅的府第当作自己的最大愿望，足以说明此宅的华贵。嘉庆帝登基后，扳倒了和珅，果然将其府第赏给了永璘。

在永璘住进去之前，内务府按照郡王府的规制进行了改建。由于府内还居住乾隆帝最小的女儿固伦和孝公主和只准在京闲住的散秩大臣、额驸丰绅殷德。

庆王永璘只能占用一半或多一半作为府第。这样，这座府第也就因此一分为二，西为庆亲王府，东为公主府。

1823年和孝公主死去，整座府第才全归了庆亲王府。而丰绅殷德已于1815年死去，这时永璘已经死去3年多了。

按照清制，除世袭罔替的王外，亲王、郡王需递降等级承袭，当世袭递降到与原封爵所赏赐的府第不相符合时，皇家如果需要，可以收回原来府第，根据现有封

423

■ 恭王府内的葆光室匾额

■ 亲王骑马画像

辉煌壮丽的皇宫王府

奕䜣 （1833—1898）道光帝第六子，咸丰帝同父异母兄弟，道光帝遗诏封"和硕恭亲王"，统称"六王爷"。清末洋务派、总理衙门首领，保守派对其鄙称"鬼子六"。身后谥"忠"。

奕劻 （1833—1898）清末大臣。爱新觉罗氏。乾隆帝第十七子永璘的孙子，辅国公绵性长子。1898年慈禧太后封世袭罔替庆亲王。清末新政时期领班军机大臣，废军机处后，首任内阁总理大臣。

爵另行赏赐。永璘于1820年临终前才得亲王称号。

永璘病卒后，其子绵愍降袭郡王。1836年，绵愍卒，继子奕綵袭郡王爵。但他于1842年以服中纳妾交宗人府议处，其向宗人府官员行贿之事又被道光帝知道了，而被革爵退回本支。以永璘第五子镇国公绵悌奉永璘祀，后又生事，降至镇国将军。

1849年，绵悌卒，以永璘第六子绵性之子奕劻为后，承袭辅国将军。辅国将军级的奕劻已不适合住在原来的庆郡王府内，于是，他遵照内务府的安排，迁往定阜大街原大学士琦善的空闲府第中。

1851年，咸丰帝封同父异母弟奕䜣为恭亲王，同年，将辅国将军奕劻的府第赏给奕䜣居住。1852年，奕䜣迁入府第。奕䜣在迁入府第之前，内务府在原庆郡王府的基础上进行了整修，以便更符合亲王规制。

府第的中路轴线上有两进宫门，一宫门，即王府的大门，三开间，前有石狮一对。二宫门五开间，二门内就是中路正殿及东西配殿，这是王府最主要的建筑，只有逢重大节日、重大事件时方打开。由于府主的一次不慎失火，目前正殿和东西配殿现已无存。其后为五开间硬山顶前出廊的后殿及东西配殿，后殿即为"嘉乐堂"。

东路轴线上后来只剩下两进院落，正房和配房都是五开间硬山灰筒瓦顶，头进正厅名为"多福轩"，用小五架梁式的明代建筑风格，是奕訢会客的地方。后进正厅名为"乐道堂"，是奕訢的起居处。

西路建筑小巧精致，中进院正厅五开间，名为"葆光室"，两旁各有耳房3间，配房5间。后进院正厅即是"锡晋斋"，东西配房各5间，东房名为"乐古斋"，西房名为"尔尔斋"。

在葆光室和锡晋斋之间，为"天香庭院"。再往后，便是收三路院落为尽头的后罩楼。后罩楼高两层，呈门形，东部为"瞻霁楼"，西部为"宝约楼"，东西贯连100多间房屋。

恭王府花园名叫萃锦园，正门坐落在花园的中轴线上，是一座具有西洋建筑风格的汉白玉石拱门，名为"西洋门"。门额石刻：外为"静含太古"，内为"秀挹恒春"。门内左右都有青石假山。

石刻 是造型艺术中的一个重要门类，在中国有着悠久的历史。石刻属于雕塑艺术，是运用雕刻的技法在石质材料上创造出具有实在体积的各类艺术品。中国古代石刻种类繁多，古代艺术家和匠师们广泛地运用圆雕、浮雕、透雕、减地平雕、线刻等各种技法创造出众多风格各异、生动多姿的石刻艺术品。

■ 恭王府内建筑

■ 恭王府锡晋斋

蝙蝠 由于蝙蝠的"蝠"字与福气的"福"字谐音，因此在中华文化中，蝙蝠是幸福、福气的象征。蝙蝠的造型也经常出现在很多中华传统图案中，如"五福捧寿"就是五个艺术化的蝙蝠造型围绕着一个寿字图案。

正对着门耸立的是一长形太湖石，谓为"独乐峰"，其后为一蝙蝠形水池，称"蝠池""蝠"通"福"也。园内也基本分作东、中、西三路。

和珅自称是万福之人，因此特别中意"福"字，蝙蝠就是取"福"字的意思了。据不完全统计，恭王府内有9999只蝙蝠样式的雕刻和装饰，建于石山上的福厅更像一只展翅的蝙蝠，中厅像蝙蝠的身子，侧厅像蝙蝠的翅膀。

中路轴线上在"蝠池"之后就是一座五开间的正厅，名为"安善堂"，东西配房各3间，东配房为"明道堂"，西配房为"棣花轩"。

安善堂后为众多太湖石形成的假山，山下有洞，名曰"密云洞"，恭王府的福字碑为康熙帝御笔之宝，就隐于密云洞中。

福字碑，高约1米，谓之"洞天福地"，综观康熙皇帝亲笔所书的这个"福"字刚劲有力，颇具气势，右上角的笔画像个"多"字，下边为"田"，而左偏旁极似"子"和"才"字，有偏旁像个"寿"字，故整个"福"字又可分解为"多田多子多才多寿多福"，巧妙地构成了福字的含义，极富艺术性，且意味深长。更为珍贵的是碑的右上方，刻有康熙帝的玉玺以镇福，因此，此"福"字被誉为"天下第一福"。

关于"福"字有个传说，说康熙帝为了给母亲治病，写了个"福"字，母亲拿到字后身体日渐恢复。

后来"福"字失踪，在和珅被抄家时，发现被刻在恭王府的石碑上，石碑连着山底，上盖着房子，山成两条龙的形状，如果把"福"取走，只有把山拆掉，但山上有两条龙，就是说"山倒龙倒皇帝倒"。"福"字最终没被取走，永远留在了恭王府中。

假山上有3间敞厅，名为"邀月台"。中路最后有正厅5间，其状如蝙蝠之两翼，谓为"蝠厅"。

东路第一进院落有垂花门，门的右前方有亭，是为"流杯亭"。垂花门内有东房8间和西房3间，院北即为"大戏楼"。

西路最前面有一段20多米左右的城墙，其门称"榆关"。榆关内有3间敞厅，名为"秋水山房"。东面的假山上有方亭一座，名为"妙香

假山　是园林中以造景为目的，用土、石等材料构筑的山。从中国现存的皇家园林到私家园林，无一例外的都有假山的堆筑。石质假山和土质假山的堆筑，以它特有的美的方式表达出来，成为表现自然山水园的特征。

■ 恭王府内康熙御笔"福"字碑

■ 恭王府内拱门

"亭"，西侧有西房3间，名为"益智斋"。

榆关正北有方形大水池，池心有水座3间，名为"观鱼台"。池北有5开间卷房，名曰"澄怀撷秀"，其东耳房为"韬华馆"，西耳房已不存。

恭王府在鼎盛时期，府中除了王爷和王族成员以及法定官员外，还有众多的差役、管事，分别为：佐领处20多人，管理领取、发放钱粮等事。每季要到禄米仓去领取王爷禄米700余石，每石150斤，一年合42万斤，并发放用人工资，每人最多不超过五两银子。

随侍处10余人，管理府内日常杂事，此外就是接迎王爷。王爷外出，他们穿上官服，在府门外排班跪送。王爷回府时，站在大门外排班迎接。见到王爷的乘轿或骑马到了，齐声高喊："爷回来了"。

外账房10多人，管理对外开支。此外，还有档子房、回事处、煤炭房、内茶房、大厨房、书房、后花

禄米 用作俸禄的粟米，古代官员俸禄，以米粮计算，故称"禄米"。清代发俸银与禄米两种，按不同身份和职司可分为八大系列。每年春秋两季发给，春季以正月二十为限，秋季以七月二十为限。

园、马圈等，每处都有用人和役工。府内还有太监30多人和为数众多的丫鬟、婢女、奶妈等。

这样庞大的王府，开支自然是惊人的，如果仅靠朝廷给王爷的俸禄自然是不够的。王府主要经济来源是地租。

恭王府在关内共有土地约4.7万公顷，分布在直隶省即后来河北省的200多个县内。在关外有4个大庄园，每个庄园有地数千顷，共计万余顷。这些土地除一部分是皇帝赏赐外，大多是王府逐年添置的。

王府设有庄园处来专门管理王府所拥有的土地，每年收租一次。王府收租在八月节之后，除庄园处20多人全要下去外，还要从内账房、外账房、管事处、回事处抽人，每次收租人员达100多人。

这些人分头到各县，先给县官送一份礼物，由县里或打或罚限期交款。恭王府每年的地租收入大约是

地租 是指凭借土地所有权从土地使用者那里获取的收入、租给别人使用的权利，土地所有权在经济上的实现形式。在春秋战国时期，自中原地区开始，劳役地租逐渐衰落而被实物地租取代，残余却保持到清末，有的到民国年间。

■ 恭王府趣园

430

■ 恭王府蝠厅

18万元现洋。

　　恭王府后来的主人奕䜣，是道光帝六子，咸丰帝异母弟。他是咸丰、同治、光绪三朝的名王重臣，洋务运动的领导者，为中国近代工业创始和中国教育的进步做出了贡献。

　　奕䜣是晚清新式外交的开拓者，建议并创办了中国第一个正式外交机关，即总理各国事务衙门，使清朝外交开始步入正轨并打开新局面。他积极出谋献策镇压太平天国起义，挽救清朝危局，迎来同治中兴。

　　然而奕䜣命运坎坷，他支持慈禧太后北京政变，得到了委以重任的报答，但随即而至的是慈禧太后的不安和打击。后期他在统治集团内部浮浮沉沉，意志消沉，无所建树。

　　1851年，奕䜣封恭亲王。1853年在军机大臣上行走。1854年，连封都统、右宗正、宗令。

■ 恭王府银安殿

1855年，其母孝静成皇后去世，奕䜣为其母争封号，被免去军机大臣、宗令、都统的职位，1857年才恢复他的都统，1859年又授内大臣。

1860年，英法联军进攻北京，咸丰帝逃往承德，奕䜣临危受命，担任议和大臣。9月15日、16日两日，奕䜣分别与英使、法使签订《中英北京条约》与《中法北京条约》，挽救了清王朝的命运。

奕䜣主持议和以及进行的大量善后事宜赢得了西方对他的好感，为他以后外交活动创造了条件。在议和期间他笼络户部侍郎文祥、文华殿大学士桂良、总管内务府大臣宝鋆、副都统胜保，形成了一个新的政治集团。这是他通过议和捞到的政治资本。

1860年12月初，奕䜣、文祥、桂良上《通筹夷务全局酌拟章程六条折》，分析了各列强国特点，认为太平天国和捻军是心腹之患，英、俄是肢体之患，应以灭内患为先，然后对付俄国和英国。这媚外之策为

衙门 旧时称官署为衙门。其实衙门是由"牙门"转化而来的。衙门的别称是六扇门。猛兽的利牙，古时常用来象征武力。"牙门"系古代军事用语，是军旅营门的别称，营中还出现了旗杆端饰有兽牙、边缘剪裁成齿形的牙旗。于是，营门也被形象地称作"牙门"。

■ 恭王府佛楼

后来借师助剿，镇压太平天国奠定了理论基础。

根据奕䜣自己的观察，他认为外国人并非"性同犬羊"，英国"并不利我土地人民，犹可以信义笼络"。清政府把列强只当作"肢体之患"，认为"可以信义笼络"。

折子还提出要成立总理各国事务衙门；设南北口岸管理大臣；添加各口关税；要求将军督抚办理国外事件互相关照，避免歧误；要求广东、上海各派两名懂外语的人到京以备询问；将各国商情和报纸汇集总理处。

12月10日，总理各国事务衙门设立，出现了军机处以外的另一中枢政府机构。自此，清朝有了专门的外事机构，使清代的外交产生重大突破。衙门还领导了后来的洋务运动。

咸丰帝去世后，奕䜣成为实力派人物。1861年，

曾国藩（1811—1872），晚清重臣，湘军的创立者和统帅者。清朝军事家、理学家、政治家、书法家、文学家，晚清散文"湘乡派"创立人。洋务运动主要领导人之一，晚清"中兴四大名臣"之一。

他协助慈禧太后，发动了辛酉政变，处治了咸丰帝临终前立的8个顾命大臣，载垣、端华、肃顺、景寿、穆荫、匡源、杜翰、焦佑瀛。

其中，怡亲王载垣和郑亲王端华被勒令自尽，大学士肃顺被斩首示众，军机处里原来的顾命大臣穆荫、匡源、杜翰、焦佑瀛全部免职，换成文祥等人，全面控制了中枢机关。

由于奕訢在辛酉政变中的出色表现，他被授予议政王大臣，在军机处担任领班大臣。从咸丰帝授权恭亲王办理与各国换约事宜的上谕同治元年开始，他又身兼宗人府宗令和总管内务府大臣，从而控制皇族事务和宫廷事务大权。他以总理各国事务衙门王大臣的职务主管王朝外交事务，自此总揽清朝内政外交，权势赫赫。

19世纪60年代至90年代，为了求强求富，增强镇压太平天国和抵御外侮的能力，奕訢支持曾国藩、左

咸丰帝（1831—1861），道光帝第四子，是中国历史上最后一位掌握实际统治权的皇帝。在位时，太平天国起义如火如荼，又遭遇英法联军侵略中国，他依靠湘军，抑制住了太平天国起义。对英法联军也派兵抵抗了，但是缺乏精力，最后失败，1861年在承德病故。

433

半部清史

恭王府

■ 恭王府编钟

■ 恭王府龙王庙

宗棠、李鸿章等大搞洋务运动，以兴办军事工业为重点，也兴办民办工业，近代工业从此起步。

为了洋务事业，兴办新式学校，派出留学生，促进近代教育事业发展。奕䜣奏请两宫皇太后重用曾国藩，与列强极力维持和局，借师助剿，终于镇压了太平天国，赢得了同治中兴，奕䜣获得"贤王"美称。

奕䜣是洋务派领袖。但他为清流派所鄙视，被呼为"鬼子六"。奕䜣支持曾国藩等办洋务，但他又主张削弱地方势力，引起湘淮势力的不满；奕䜣办洋务，清廷中倭仁等顽固派不满；由于奕䜣权力受限，不能满足列强的要求，列强对他也开始不满。

慈禧太后利用了奕䜣，也给予奕䜣巨大的权力。但随着奕䜣地位高升和声名鹊起，恭亲王奕䜣又引起了慈禧太后的不安。于是慈禧太后利用一切机会对他进行打击，使奕䜣一直浮浮沉沉。

1865年，编修蔡寿祺弹劾奕䜣，说他揽权纳贿，徇私骄盈，太后命令查办，就以其目无君上，免去议政王和其他一切职务。朝中大臣求情，慈禧太后才允许他在内廷行走，并管理总理各国事务衙门，但免去了议政王职务。这是奕䜣遭受的第一次打击。

1869年，奕䜣支持杀掉慈禧太后亲信安德海，为慈禧太后所恨。1873年，奕䜣劝谏同治帝不要修治圆明园，触怒了慈禧太后。1881年，慈安太后去世，奕䜣更为孤立。反复浮沉磨平了奕䜣往日的棱角，挫伤了他的锐气，遇到大事他不敢提出应对的策略。

中法战争中，奕䜣为首的军机处对于战与和拿不定主意，军队节节败退。1893年，慈禧太后借口奕䜣"萎靡因循"免去他的一切职务，奕䜣集团全班人马被逐出军机处和总理各国事务衙门。

1894年，清廷又起用奕䜣为总理衙门大臣，并总理海军，会办军务，内廷行走，但毫无作为。1898年奕䜣病故，终年66岁，谥"忠"。奕䜣病逝以后，王

■ 恭王府爬山廊

北京辅仁大学

爵由奕䜣次子载滢之子溥伟为载澂嗣承袭，继续住在府中，其胞弟溥濡携眷住在园中。

清室覆亡后，小恭亲王溥伟于1914年住到青岛开始从事复辟活动。由于开支巨大，年年入不敷出，不得已由溥伟将所绘王府蓝图作抵押，无法偿还巨额债款，府第部分则全部抵给了教堂。后由有教会背景的辅仁大学，用108根金条代偿了全部债务，府第的产权遂归了辅仁大学。

辅仁大学将府第部分作为女院，并把后罩楼通向花园的通道砌死，府邸和花园开始分隔开了。"七七事变"后，溥濡也将花园部分地面建筑卖给辅仁大学。

辅仁大学将大戏楼改为小型礼堂，并将花园中的花房和花神庙拆掉，建起了司铎书院楼。自此，花园成了辅仁大学神职人员居住和活动的地方。

阅读链接

新中国成立后，恭王府作为北京艺术师范学院校舍及中国艺术研究院办公和教学地点。1982年被国务院列为全国重点文物保护单位，1982年建立修复管理机构。

1988年6月，恭王府花园部分对外开放。2008年经修复后全部对外开放，恭王府目前是中国首个王府博物馆。

保存最完整的清代王府

　　恭王府前半部是富丽堂皇的府第，后半部为幽深秀丽的古典园林。其府第建筑庄重肃穆，尚朴去华，明廊通脊，气宇轩昂，仅次于帝王居住的宫室。

　　恭王府府后的萃锦园衔水环山，古树参天，曲廊亭榭，富丽天

恭王府建筑布局模型

■ 恭王府大门

四合院 是华北地区民用住宅中的一种组合建筑形式，是一种四四方方或者是长方形的院落。一家一户，住在一个封闭式的院子里。四合院建筑，是中国古老、传统的文化象征。"四"代表东西南北四面，"合"是合在一起，形成一个口字形，这就是四合院的基本特征。

然；其间景致之变幻无常，开合有致，实为中国园林建筑的典范。

恭王府南北长330米，东西宽180米。作为清朝皇族的古建园林，由府第和花园两部分组成，总占地面积约6万平方米，其中，府第约3.2万平方米，花园占地2.8万平方米。

恭王府内的建筑分东、中、西三路，由南向北都是以严格的中轴线贯穿着的多三进四合院落组成，布局分明；东路去朴尚华、中路庄严肃穆、西路古朴典雅，三路自成一体又和谐统一。

在这些房屋中既有体现皇家气派和威严的建筑，又有来自民间精巧的建筑和装饰风格，构成了王府文化的最大特点。花园融江南园林与北方建筑格局为一体，汇西洋建筑及中国古典园林建筑为一园。

恭王府既是清代王府建筑的重要代表之一，也是中国传统建筑及造园技艺最成熟时期的重要表现。

王府的正殿，俗称"银安殿"，是王府内举行重要礼节性活动的场所，在殿内中心位置摆放一组屏风和亲王的宝座，与故宫的金銮殿相对应的。

最初的银安殿连同东西配殿在内的整个院落于1921年农历正月十五元宵节夜因烧香失火被毁。

银安殿是按照当时严格的清廷建筑规制、王府建筑中的最高规格屋顶——歇山顶修复而成的。王府正殿的屋顶覆盖绿色琉璃筒瓦、屋脊上绿色琉璃吻兽，配殿屋顶为灰筒瓦，这是明示亲王的地位。

在古建筑里，门钉只在板门上使用。当初用来提防敌人用火攻城，所以在涿弋上涂满了泥，起防火作用。门钉一般是铜制的。清朝对门钉的使用有一定的规制。皇家建筑，每扇门的门钉是横竖各九路，一共是九九八十一颗钉。

九是阳数之极，象征帝王最高的地位。因为帝王庙是供奉历代帝王的，所以也是横竖九路门钉；王府

金銮殿 是北京故宫三大殿中的太和殿，俗称"金銮殿"，是皇帝登基和举行大典的地方，是世上最高的重檐庑殿顶建筑。1420年建成，初名为"奉天殿"，1562年更名为"皇极殿"。"皇极殿"一直沿袭使用到清代第一个入京皇帝顺治帝，1645年始改称为今名的"太和殿"。

■ 恭王府银安殿

穿堂 指宅院中座落在前后两个庭院之间可以穿行的厅堂。工字殿前后殿之间的连接部分，又称柱廊。

七路乘七路，但是亲王府七路乘九路；再往下就是五路乘五路。

东路前院正厅名 "多福轩"，此院俗称 "藤萝院"。正殿在和珅时期称 "延禧堂"，是和珅之子与公主的居所。恭亲王时期称 "多福轩"，是王府的穿堂客厅，主要用于主人日常接待来客、亲友或前来回禀公事的下属，兼用作存放皇帝送来的礼物。

"多福轩"的匾为咸丰帝所题。意为幸福很多的殿堂。殿内正中悬挂 "同德延禧" 匾额，意在告诫主人：你与皇帝同德才能延禧，"禧" 即吉祥如意、福寿绵长之意思。殿内四壁靠近天花板的地方皆悬挂福寿字匾，这些福寿字均写于红色方纸之上呈梭形摆放，一福一寿成对制成匾额。

清代自康熙以后，每年入冬，皇帝都要亲自书写 "福" "寿" 字，颁赐给王公大臣和后妃。逢重大生日庆典，还会加赐 "寿" 字。按惯例，旧年的福寿字

■ 恭王府乐道堂

■ 恭王府多福轩内
的匾额

斗方不能揭去，而是将新赐的福寿字斗方直接贴在旧的上面，取"增福添寿"之意。

屋梁上有保留下来的乾隆时期的凤和玺彩画，虽然仅残留局部的凤尾图案，却有特殊的价值，它的存在证实了府邸东路曾为公主府。

乐道堂是东路建筑中最大的一处，也是最后一进院落，正房名"乐道堂"。室内梁上至今保存了200多年前清中期包袱锦地彩画和凤凰主题彩画，表明和珅时期这里曾是公主的居所。到了恭亲王时期这里是王爷的居室。现在室内按恭亲王居住时的原样陈列。

"乐道堂"的匾额是道光帝亲笔所书赐给奕訢的，"安身乐道"表达了一位父亲希望儿子顺心如意、幸福吉祥的美好心愿。

乐道堂之后的嘉乐堂是和珅时期的堂号，"嘉乐堂"此匾相传是乾隆帝赐给和珅的。恭亲王时期为"神殿"，即王府举行萨满教祭祀活动的地方。

包袱锦地彩画
又由包袱彩画演变而来。包袱画，是苏式彩画图案的叫法。在古建筑每间的水平构件的中间部位设计的半圆形图案称为包袱，这是苏式彩画绘画的重点部位。包袱锦地彩画的色彩比包袱画更斑斓、更鲜艳。

辉煌壮丽的皇宫王府

■ 恭王府锡晋斋

府第西路的四合院较中、东路更为精致，主体建筑为葆光室和锡晋斋，此路建筑初为和珅的住所。

"葆光室"在和珅和庆王时期据推测应为客厅之用，在恭亲王时期，是一处比多福轩更为私密的客厅，能来这里的应该都是王爷的至亲好友。1852年，咸丰帝陪奕䜣的生母前来探望恭亲王的新府时，在此停留并题写了"葆光室""多福轩"匾额。

"锡晋斋"是府第西路的最后一进院落，因为"天香庭院"的匾额而得名。"天香庭院"为慎郡王所题，院内正房锡晋斋不仅是恭王府建筑中的精品之作，其精美程度在整个京城的清代居室建筑中也是数一数二的。

锡晋斋面阔七开间，前后出廊，后檐带五间歇山顶抱厦，平面成"凸"字形。内部正中的三开间是敞厅，而东西北三面都有两层仙楼，上下安装了雕饰精

慎郡王（1711—1758），名允禧，是康熙帝的第二十一个儿子，雍正时封贝勒，乾隆朝晋升为郡王。是清朝皇族中书画造诣最高者，也是清代著名画家、书法家、诗人。

美的楠木隔断，名贵的金丝楠木千年不朽，高超的木雕工艺精美绝伦。

殿内铺地为清代故宫都不多见的方块花斑子母石。天花板高达屋梁下，为海墁天花，色彩艳丽。柱础为覆莲柱础，雕刻之精美为恭王府所仅见。

据说，当时和珅特意买通太监去查看故宫的建筑，然后命令工匠完全仿造故宫宁寿宫的格局施工，屋内隔断用金丝楠木打造。

金丝楠，是非常珍贵的优质良材，而其生长旺盛的黄金阶段需要 60 年。由于木材的光泽很强，即使不上漆，也越用越亮。其清香千年不散，其材质千年不腐，虫蚁不侵。纹理顺而不易变形，所以名列硬木之外的白木之首，其木质价值也在一些硬木之上。

历史上金丝楠木专用于皇家宫殿、少数寺庙建筑和家具，古代帝王龙椅宝座都要选用优质楠木制作。

海墁天花 天花，我国古代把吊顶称为"天花"。海墁天花是天花的一种，以木条为骨架，再在表面贴上花纹纸或钉上彩绘薄板成为平整的天花。清式建筑中也称"井口天花"。

443

半部清史

恭王府

■ 恭王府锡晋斋内摆设

444

恭王府花园又名锦翠园，园内布局、设计具有较
高的艺术水平。造园模仿皇宫内的宁寿宫。全园以
"山"字形假山拱抱，东、南、西面均堆土累石为
山，中路又以房山石堆砌洞壑，手法颇高。山顶平
台，成为全园最高点。居高临下，可观全园景色。

恭王府的"三绝一宝"是最著名的景点。园内的
"罩楼"是恭王府的第一绝，所谓"绝"是指其长度
为各清代王府建筑规制中后罩楼之最，且楼的后沿墙
上层有形状各异的砖雕什锦窗44扇。

罩楼为两层，每层45间，两层共计90间，拐角
处有10多间未计在内，全长150多米，是国内王府类
建筑最长的楼，被形容为"九十九间半"。"九十九间
半"一说取紫禁城9999间的尾数，另说"谦受谥、满
招损"，百为满。

后檐墙上每间上下两层各开一扇窗，下为长方

■恭王府后罩楼

■ 恭王府后罩楼

形，二层的窗户形式各异，竟然没有一扇是相同的，有圆形、方形、石榴形、卷书形、磬形、鱼形、蝙蝠形，等等，寓"福庆有余"之意，人称"什锦窗"。

据说罩楼是和珅的仓库，称"藏宝楼"，当年内藏金银财宝、珍珠玉器、绫罗绸缎不计其数。在乾隆帝死后嘉庆帝降旨，逮捕和珅，宣布和珅二十大罪状。抄得和珅的财产有多少，有不同的版本，不同抄家的清单，最多的记录抄没他的全部家产约有10亿两白银。当时清政府一年的总收入才7000万两，相当于10多年的国库收入之和。

和珅的家产比同时期法国国王路易十四多40多倍，是当时当之无愧的首富。当时流传"和珅跌倒，嘉庆吃饱"。

恭王府花园的正门西洋门就是第二绝，造型采用舒展流畅的西洋风格，是建筑中的精品。它仿圆明园

圆明园 坐落在北京西郊海淀区，始建于1707年，由圆明园、长春园、绮春园三园组成。有园林风景百余处，建筑面积约16万平方米，是清朝帝王在150余年间创建和经营的一座大型皇家宫苑。圆明园有"万园之园"之称。1860年，遭到英法联军的洗劫和焚毁。

■ 恭王府西洋门

辉煌壮丽的皇宫王府

影壁 也称照壁，古称萧墙，是中国传统建筑中用于遮挡视线的墙壁。影壁也有其功能上的作用，那就是遮挡住外人的视线，即使大门敞开，外人也看不到宅内。影壁还可以烘托气氛，增加住宅气势。影壁可位于大门内，也可位于大门外，前者称内影壁，后者称外影壁。

的大法海圆门制，由于圆明园已在1860年时被英法联军烧毁，所以这道门是流传至今保存最完好的汉白玉石拱门，因为两边的转花纹和花窗很有西洋建筑的味道，所以叫西洋门。

西洋门是恭亲王奕䜣时期建，恭亲王奕䜣是洋务运动的倡导者之一，他希望通过学习西方国家先进技术来拯救清王朝。门额石刻外为"静含太古"，内为"秀邑恒春"，取喧闹中存太古之幽静，满园秀色永为春的意境，是主人建园的指导思想。

进门迎面而来的是一块巨大的太湖石，名"独乐峰"，传为恭亲王奕䜣离园时所刻。这块秀丽的巨石高5米，不但点缀了园内景色，又起到了中国传统的住宅建筑中"影壁"的作用，挡风水，使福气不出浊气不入。

抬头仰望，只见"乐峰"二字，而"独"字隐于石的顶端，这种方法耐人回味。"独乐峰"由于多年风化已经形成一种自然美，像软水漩涡，像淡云舒卷，古朴典雅而又富有诗情画意。

据说此石为和珅在南方所见，因其正面看像鱼，而背面看像送子观音。当时和珅膝下无子，于是将此石立于园中，不久便得了儿子。

绕过"独乐峰"这块大石，视野豁然开朗，正中有一凹字形的水池，因形似蝙蝠名为"蝠池""蝠"与"福"同音，有祈福的寓意。池四周种植榆树，又叫"摇钱树"。每年春末，榆钱纷落蝠池，寓意"福财满池"。"福"和"财"共佑主人吉祥富贵。为了福财不外流，所以蝠池的水为死水。

蝙蝠是和珅最喜欢的动物，所以王府的墙壁上、栏杆上、花园里、屋顶上……到处都雕刻着或描画着蝙蝠。

旁边的小桥原为木桥，似虹卧波，横跨于园中小河与蝠池，冬季曾有豢养的仙鹤伫立其上，就木取暖。

正面是主人接待外宾的地方，叫"安善堂"。中路上的正房均应为南房，在此却为北房。因为有句话叫"前出廊后出厦"指前有走廊，后出厦是和房子连在一起的一面连房三面抱柱的亭子。此房正面朝

雕刻 对雕、刻、塑三种创制方法的总称。指用各种可塑、可雕、可刻的硬质材料创造出具有一定空间的具有可视、可触的艺术形象，借以反映社会生活、表达艺术家的审美感受、审美情感和审美理想的艺术。

■ 恭王府独乐峰

北，正对着康熙帝的福字碑，以表尊敬。

流杯亭，又名"沁秋亭"，是主人约文人雅士们饮酒的地方。流杯亭取东晋大书法家王羲之的《兰亭集序》中"曲水流觞，修禊赏乐"之意，"曲水"指亭内青石地面上刻有约10厘米宽的弯弯曲曲的流水渠道，水源就是假山后的二龙戏珠古井，"觞"是古人喝酒用的四角酒杯。

地上的水渠东西看像流水的"水"字，南北看像长寿的"寿"字，取"水常流寿常有"之意，也叫水寿亭。主人坐北朝南是正座，他脚下是收水口，也叫收财口，水不能停也不能浪费，要顺着地下的管道一直流到刚才看到的聚宝盆蝠池里，肥水不流外人田。

流杯亭的说法也是有来由的。据说，和珅每次约请好友到此饮酒，酒酣之时，就要吟诗作对，酒杯漂流到谁的面前停下，谁就必须作诗，不能作诗的人，就要被罚酒。可以想象，当年的和珅也算是一个风雅之士。

还有人说，流水出口的位置坐北朝南，主人和珅就坐在这里。过小寿的时候，杯子停到哪位客人跟前，客人就把备好的礼单放在

辉煌壮丽的皇宫王府

恭王府假山龙头

■ 恭王府沁秋亭

杯中，最后杯子漂到和珅跟前，和珅在出水处坐收财礼。

　　亭内外装饰彩画，画面逼真，有虎虎生威、赶快归来图，北面是《二十四孝》中的小故事。亭子旁边是矮竹篱隔的一块菜地称艺蔬圃，是当年和珅仿皇上"亲耕"的地方。过去八旗子弟有朝廷的俸禄，不事劳作，所以皇帝给大家做一个表率。

　　菜园的北侧是一处设计精巧的中式小院怡神所，院正中是一道垂花门，雕刻得极为精细，两边短柱像倒垂的花苞要迎风怒放，整个门像佛祖戴的毗卢帽，是等级最高的"毗卢帽式"垂花门，只有皇家专用，所以是和珅逾制的死证。门前东边两棵珍贵的龙爪槐据说有三五百年了。

《二十四孝》全名《全相二十四孝诗选》，是元代郭居敬编录，一说是其弟郭守正，第三种说法是郭居业撰。由历代二十四个孝子从不同角度、不同环境、不同遭遇行孝的故事编集而成。由于后来的印本大都配以图画，故又称《二十四孝图》。为中国古代宣扬儒家思想及孝道的通俗读物。

■ 恭王府蝠厅

进入垂花门，小院布局严谨，西厅为"明道斋"，曾挂康熙帝所书"怡神所"匾，东为香雪坞，是女主人的休息处，有许多翠竹，相传这就是《红楼梦》潇湘馆的原型。

再往里是牡丹院，院内种有牡丹和紫藤萝架。牡丹是花中之王富贵的象征，而紫藤花开一串一串的，象征子孙兴旺。

院子北边就是著名的大戏楼，是恭王府的第三绝。建于同治年间，是恭亲王及其亲友看戏的场所。建筑面积685平方米，可容纳200多人，高大宏伟，气势不凡。

戏楼内厅堂很高大，分3部分，一是戏台、后台；二是中厅，亲朋好友坐的地方；三是后包厢，主人、女眷、贵宾坐的地方。

潇湘馆 为曹雪芹所著《红楼梦》大观园中的一景，位于大观园西路，与怡红院遥遥相对，从其名称上就能看出这是一处带有江南情调的客舍，是林黛玉客居荣国府的住所。引用舜的潇湘二妃娥皇、女英的典故命名。

音响效果非常好，处在大堂最边远的贵宾席，戏台上的唱词也听得清清楚楚，这在设计上确实到了绝妙的境地，传说舞台下有9口大缸，排成V字形，起到了拢音和扩音的作用，俗称土音响。

恭亲王营造这样一座大戏台，可谓煞费苦心，单看台上的匾额就与众不同：中间的巨匾写的是"赏心乐事"，两侧的上场门和下场门上写的是"始作"和"以成"。

园内的长廊像一条纽带衔接山水，有机地把各处的建筑物串联在一起，构成一个整体，而且还能遮日避雨。园内的抄手长廊的特点是窄，又做瘦，取意长长寿寿，叫长寿廊。在王府中的长廊可以看到檐上有两排小方块是椽子，上层的彩绘是佛教万字，下层的彩绘是蝙蝠，连起来就是万福。

园中路的最后一座建筑，原名"云林书屋"，又

451

半部清史

恭王府

■恭王府大戏台

■ 恭王府蝠厅

太湖石 又名窟窿石、假山石，是一种石灰岩，最早宛转险怪势，形状各异，姿态万千，通灵剔透的太湖石，其色泽最能体现"皱、漏、瘦、透"之美，其色泽以白石为多，少有青黑石、黄石。尤其黄色的更为稀少，特别适宜布置庭院景色等，有很高的观赏价值。

名"寒玉堂"，因其形状像展翅飞翔的蝙蝠，故名"蝠厅"，也是出于祈福的用意。正厅5间，硬山卷棚顶，前后各出3间歇山顶抱厦。正厅两侧，各接出3间折曲的耳房。蝠厅的梁檐柱凳都是彩绘上的斑竹，笔功精作，以假乱真，寓意主人官位"节节生高"。听说该建筑的造型和彩绘斑竹在古建筑中只此一例。由于此建筑构成一个蝠形平面，因此有人说"此厅自早至暮皆有日照"。

蝠厅的特点是从早至晚每个房间都有充足的光线，环廊建在四周又使外面的阳光不会直射到房间内。过去是主人的书房和密室，内挂"寒玉堂"匾，溥心畬夫妻曾住蝠厅。

和珅府邸的最高处叫"邀月台"。山上有3间敞厅，过去这上面也有两根大大的紫藤，绿绿的叶子遮天蔽日，又称叫绿天小隐。这也是和珅家最高的一只蝙蝠。站在那里就可以发现这座府邸有老北京四合院的建筑特色。

邀月台总体分为三大部分，东路以大戏楼为主要建筑，西路则以方塘水榭为主要建筑，最重要的建筑都集中在中路，比如，西洋门、独乐峰、蝠池、安善堂、蝠厅、福字碑，前有蝠池，后有蝠厅，取福福相印之意。

恭王府花园的假山是用许多太湖石和糯米浆砌筑成的，非常坚固。过去每天会有人担水倒在两边的两口水缸里，缸底有小洞，水慢慢侵入石头，湖石吸水，长年累月就长出一层绿绿的苔，青翠欲滴，所以叫滴翠岩。不仅美观，还起到了降温、增加院中湿度的作用。

石头下面有一个十几米的小山洞，传说洞中藏有仙云，叫秘云洞。洞正中是恭王府内第三绝即镇府之宝"康熙御笔福字碑"，取意为"洞天福地"。

恭王府的西路建筑以水为主，中心是方塘水榭，约有2000平方

■ 恭王府方塘水榭

■ 恭王府渡鹤桥

米，中间是一个方形小岛，岛上是湖心亭，又叫观鱼台、诗画舫，取自庄子濠上观鱼之乐的典故，是主人泛舟垂钓赏鱼的地方。

"一池绿水逐浪，回廊树影交相辉映"，同时也是和珅二十条死罪之一，因为当年公主、王爷的府第要引水入园，必须得到皇帝特旨钦赐。而和珅在乾隆年间，未经皇帝同意，私自引水入园。

南端的两山之间有一段城堡式的墙，墙顶砌成雉堞状，墙心辟券洞，券洞北面嵌石额，上刻榆关。

当年，清代皇帝就是从榆关入关，在园中设此足以表示主人不忘记清祖从山海关入主中原的丰功伟绩。是最早的立交桥，用的是中国传统园林中典型的"移天缩地在君怀"的艺术手法。

妙香亭是一个像慈禧礼帽的亭子，原来周围种满丁香花，花开时芳香四溢，故得名妙香亭。它为木质

榆关 商属孤竹，汉属辽西郡。榆关地处北部高山背牛顶与南部渤海之间，形胜险要，进可攻，退可守。公元583年筑关，名临渝关。唐设临渝关守捉。明初建关设卫时，因其依山面海，故名山海关。素有天下第一关之美称。

结构海棠式方亭，两层12根柱，底为八角形，上为莲花形平顶，上圆下方代表天圆地方天地人间，全国少有。恭亲王奕䜣之孙溥儒常在此写诗作画。

附近靠山的亭子叫秋水山房，是王府主人练功的地方。据说在恭亲王时代，秋水山房雕之上绘满蝙蝠图案的油漆苏彩画；而靠南的墙上，则彩画着巨幅的萃锦园全景图，蔚为壮观。

王府的西北边是"龙王庙"，该庙建筑十分精巧，内供龙王坐像。房前有一口古水井。"龙王庙"的建筑充分显示府主人的独具匠心。龙是驭水的，花园中罗织着庞大的水系，整座恭王府蕴含着五行中水的意象。

榆关城墙上还有一座更小巧的门楼式"山神庙"，据说是祭"四神"的，即四种动物：刺猬、黄鼠狼、蛇、狐狸。传说这四种动物自古就经常出没于府园之中，府中历代主人都敬之如神，待之如宾，每当府中有人生病或遇不测时，在庙前跪拜烧香或上供品，以求四神助其病除和平安。

从以上建筑可以看出恭王府花园全园的地形起伏不大，游廊也少曲折，显现出过于追求居住、游宴的生活排场，而

■ 恭王府妙香亭

缺少曲折变幻、移情换景的园林气息。这原是北京王府花园的共性，不过恭王府花园更加突出，因而更具有王府花园的代表性。在建筑风格上，以庭院式组合，全部"小式做法"建造。

在园林小品表现手法上，园林甬路曲折掩映，景随步移，步步有景。它集北方建筑与江南造园技艺为一体，又具有北方私家园林的独特风格，在清代诸多王府中是少有的。

阅读链接

"月牙河绕宅如龙蟠，西山远望如虎踞。"这是史书上对恭王府的描述。就其选址而言，它占据京城绝佳的位置。

古人修宅建园很注重风水，北京据说有两条龙脉，一是土龙，即故宫的龙脉；二是水龙，指后海和北海一线，而恭王府正好在后海和北海之间的连接线上，即龙脉上，因此风水非常好。

古人以水为财，在恭王府内"处处见水"，最大的湖心亭的水，是从玉泉湖引进来的，而且只内入不外流，因此更符合风水学敛财的说法。

醇亲王府位于北京后海北沿，前身是清初大学士明珠的府第。1789年，乾隆帝封其十一子永瑆为成亲王，并将明珠府赐永瑆。随即按王府规制改建。此府传至第六代成亲王毓橚时，被赐予醇亲王奕譞。

奕譞的原王府在西城区太平湖东里。因光绪帝生于此府，成为潜龙邸，故光绪帝继位后醇王必须迁出。为区别，醇王原在太平湖的王府称南府，后海北沿的新王府称北府。

两度潜龙

醇亲王府

诞生光绪帝的醇亲王南府

    醇亲王南府位于太平湖东里。说起这座南府的历史可真是悠长，清朝初年，此处为"八大铁帽子王"之一的克勤郡王岳托第三子、贝勒喀尔楚珲的府第。至1859年，咸丰帝将其赐给了赫赫有名的醇亲王

醇王府古建遗迹

■ 醇亲王府建筑

奕譞。奕譞是道光帝的第七个儿子，出生在紫禁城内，从小就以皇七子的身份住在皇宫，被称为"七王爷"。他是慈禧太后亲自选定的妹夫，结婚以后就搬到此府居住了。

奕譞是光绪帝生父。光绪帝登基后，光绪十六年奕譞去世，太平湖的醇亲王府前半部改建为醇亲王祠，后半部仍作"潜龙邸"。潜龙邸就是清代的太子如果登基，原来的住所不能成为后代皇帝居所，需挪作他用。著名的雍和宫曾住的就是雍正帝。因此，雍和宫也算是北京一个著名的潜龙邸了。

醇亲王南府在民国期间，曾经先后作为中华大学和民国大学的校舍使用。新中国成立后，分给了中央音乐学院和北京三十四中学使用。

内城西南角本有一个小湖，名为太平湖，湖水流入王府的水池中。现如今太平湖早已填平。原来，20世纪70年代前后为修路，不仅西南城墙、角楼被相继

水榭　是指供人休息、观赏风景的临水园林建筑。中国园林中水榭的典型形式是在水边架起平台，平台一部分架在岸上，另一部分伸入水中。平台跨水部分以梁、柱凌空架设于水面之上。平台临水围绕低平的栏杆，或设鹅颈靠椅供坐憩凭依。

仪仗 古代用于仪卫的兵仗。指帝王、官员出行时护卫所持的旗、伞、扇、兵器等。现指国家举行大典或迎接外国首脑时护卫所持的武器，也指游行队伍前列所举的旗帜、标志等。仪仗在神农始为仪仗，秦汉始为导护，五代始为宫中导从。

拆除，太平湖也被填埋。

醇亲王南府坐北朝南，分中路和东、西路及花园。中路原来由南往北依次为府门、宫门、银安殿、启门、神殿、后罩楼。

府门面阔三间，两侧有"八"字影壁，内有东西二门至东西院。中路后来新建了一座礼堂，尚保存二进四合院。东西两路各有六进院落。西侧花园引太平湖水入园，并建有亭台、水榭、船坞等建筑。

1875年，18岁的同治帝得了天花，一命呜呼了。由于同治帝没有儿子，大清王朝立时面临没有合适人选继承王位的严重问题。

突然丧子的慈禧太后根本来不及悲痛，为了继续把持统治大权，这位权欲熏心的皇太后立即宣布：由

■ 醇亲王南府大殿

醇亲王的儿子载湉继承皇位，也就是后来的光绪帝。

1875年初的一个深夜，太平湖畔的醇亲王府突然喧闹异常。门前兵丁林立，仪仗庄严，王公大臣列队恭候；宅内灯火通明，气氛紧张，慌乱的家人把睡梦中的载湉叫醒，匆匆给他穿上从皇宫里送来的龙袍。接着，载湉被人抱上早就停在府门外面的暖轿，这样，载湉就此糊里糊涂地永远离开了自己的家。

当年慈禧太后选光绪帝进宫的时候曾经假惺惺地立下诺言："一俟皇帝典学有成，即行归政。"身为皇太后，说话总要算话。1889年，光绪帝的亲政典礼如期举行。

光绪帝并非同治帝的直系后代，在其出生的时候没人会料到他后来会成为皇帝。由于醇王府成了一代皇帝的"发祥地"，所以，他原先的住所就被称为"潜龙邸"了。

按照清朝成例，在皇帝入宫以后，这住宅必须"升格"为特殊的

辉煌壮丽的皇宫王府

游廊 附在建筑外部盖有顶的敞廊或门廊，也指连接亭台楼阁的走廊。正房、厢房与垂花门之间，一般都有游廊连接。凡有游廊连接的房子，其前檐都有廊子，在廊子两尽端的山墙部分留有洞口，通向游廊，叫作廊门筒子。游廊不仅有通行功能，还丰富了内宅建筑的层次和空间。

■ 遗留下来的醇亲王南府

宫殿或者索性闲置，而不能再由家人居住。所以，在光绪"继承大统"以后，慈禧太后便把什刹海北岸的一座贝子府赏给光绪帝的父亲老醇亲王，也就是后来的醇亲王北府。

在清朝，出了皇帝的王府，就会被改成"潜龙邸"。清政府被推翻以后，"潜龙邸"开始跟学校结下了不解之缘。这里先是成了民国大学的校舍，后改为私立新中中学，之后又成了北京市34中，在后来北京电子电器职业高中又跻身王府，紧接着又是燕京职工大学。

随着历史变迁，"潜龙邸"逐渐变得血肉模糊。为扩大使用面积，游廊变成教室，一排排小平房拔地而起。1976年的唐山大地震更是让其落毛的凤凰不如鸡，被震塌的屋墙改用红砖头重砌，哪儿坏了再凑合补上。

醇亲王南府大殿

2006年，当社区学校进驻这里时，一点"潜龙邸"的模样都没有了。经过历时一年半的大修，"潜龙邸"终于恢复了当年的辉煌。

东、西路建筑采用墨线大点金的彩绘，而最重要的中路则采用和故宫一样最高等级的金线大点金彩绘，共用去金箔数万张。

当大功告成时，装有西城区文委撰写的《醇亲王府南府修缮纪事铭》的"宝匣"被郑重地放置在后罩楼正脊处，作为一种社会财富，为备后人阅览，可以世世代代流传下去。

阅读链接

在中国古代，皇帝被称为真龙天子。按照清朝规定，皇帝从王府内继承帝位，登基前居住的王府要上升为宫殿，称为"潜龙邸"。北京共有三座潜龙邸，分别是：

位于安定门内的雍和宫——雍正帝登基前居住的雍亲王府，也是乾隆帝出生地；

位于新文化街西口鲍家街的醇亲王南府——光绪帝载湉的出生地；

位于后海北岸的醇亲王北府——宣统帝溥仪的出生地。

诞生宣统帝的醇亲王北府

　　醇亲王北府在康熙年间是大学士纳兰明珠的府第，其子纳兰性德为清著名诗人，是《红楼梦》研究专家注意的对象。王府中的花园也可能建造于那时，但面积只有后来花园的东半部分。

■ 醇亲王府内景

■ 醇亲王府箕亭

到了1790年，纳兰明珠后裔承安得罪了和珅被抄家，据记载他们家有房屋989间。和珅罗织罪名将这座府第没收后，便成了自己的别墅。

和珅被嘉庆帝抄家后，此宅就赐给乾隆第十一子成亲王永瑆，1794年修缮竣工入住。格局与后来的醇亲王北府差不多，最大的改变就是扩展了明珠时代的花园部分，开挖河道、湖泊、假山等，据说纳兰明珠时代的渌水亭就是如今的恩波亭。

成亲王的爵位是世袭递降的，之后，慈禧太后将这座王府赐给了奕𫍯，赏银10万两修治，还赏银1万两作为原府主贝子毓橚搬迁至西直门内半壁街的费用。

醇亲王奕𫍯于1888年9月开始整修，务求精致，所费不赀。

第二年正月，10万两银用完后，过于浩大的工程仍未完成，于是慈禧太后又复增银6万两修葺。1889年

纳兰明珠　是康熙年间最重要的大臣之一，荣称"相国"，在议撤三藩、统一台湾、抗御外敌等重大事件中起到了积极作用。后来却因为朋党的罪名被罢黜职位，后虽官复原级，却再也受不到重用了，最后郁郁而死。

■ 醇亲王府正殿

硬山顶　即硬山式屋顶，是中国传统建筑双坡屋顶形式之一。房屋的两侧山墙同屋面齐平或略高出屋面。屋面以中间横向正脊为界分前后两面坡，左右两面山墙或与屋面平齐，或高出屋面。高出的山墙称风火山墙，其主要作用是防止火灾发生时，火势顺房蔓延。然而从外形看也颇具风格。常用于中国民间居住建筑中。

下半年，修府工程结束后，醇亲王奕譞由老府迁入。

醇亲王北府基本上是复制南府的建筑规格，因为是亲王北府坐北朝南，布局广阔，可以分为中、东、西三路。

中路的宫殿式建筑是主体。由南而北的中轴线上依次建有：临街大门，面阔五间，灰筒瓦歇山顶，门两翼延建有东西角房，月街即后海水面；大宫门，面阔五间，绿琉璃瓦歇山顶；银安殿，面阔五间，绿琉璃瓦歇山顶；小宫门，面阔三间，绿琉璃瓦硬山顶，两侧为面阔五间的东、西耳房；神殿，面阔五间，两翼是东、西朵殿；遗念殿，是面阔九间的二层后罩楼，内供奕譞生前衣冠以存后人遗念而名。

东路建筑主要是两组祠堂、佛堂和四进雇工住房，现仅存南大门和最北的五间神厨，东路东墙外的又一组院落为王府的马厩。

西路建筑是王府的住宅部分和日常起居活动的处

所，由并排的两组院落组成，西组院落原建有面阔五间的房子。

第一进院子叫宝翰堂，也叫大书房，是王府会客的地方。据说当年孙中山进京，冒着漫天飞雪拜访醇亲王时，会谈地点就在宝翰堂。1个月后，孙中山病逝，载沣在宝翰堂设灵堂祭拜。

第二进院子叫九思堂，是太妃居所。第三进院子叫思谦堂，是王妃住所。其东组院落原建有儿辈读书处的任真堂、溥杰的住处树滋堂、信果堂，此两组院落后为面阔九间的后罩楼。

王府西部为花园，内有箑亭、恩波亭、濠梁乐趣、戏台、乐寿堂、畅襟斋、观花室、听鹂轩、听雨屋及南楼等建筑。抄手游廊为灰筒瓦顶，油漆彩画，恩波亭为六角攒尖顶的亭子。

进入大门以后，左侧是一座假山，在山上面有一

醇亲王府内的西院花园

载沣 （1883—1951）生于北京太平湖醇亲王府。为醇贤亲王奕譞之第五子，清光绪帝载湉的胞弟，宣统帝溥仪的生父。奕譞死后，袭醇亲王爵位。溥仪入承大统后任监国摄政王。后因多年老病感受风寒，于1951年初病故。

座"扇亭"，匾额是醇亲王亲笔题写的，其匾额上正名为"箑亭"。从这里临高而望，可一览后海的旖旎波光。

从扇亭下来北行，竹林掩映间就是抄手游廊，引人到一个六方亭，上有篆书题字"恩波亭"，寓意是"皇恩浩荡"。此亭两面临水，因为奉旨引玉泉水进园，是京城唯一引用玉泉水的花园，这个亭子就是为了谢恩而建的。所以，这个园里的水都是活水，与北海、后海、故宫的水相通。

还是在纳兰明珠拥有此府邸时，在文坛声名斐然的公子纳兰性德就经常在这里高谈阔论。南楼前有两株二三百年树龄的夜合花树，是纳兰性德亲手栽植。

草坪的北面即是园内的主体古建筑群。其中，前厅"濠梁乐趣"，原址是"益寿堂"。后厅是"畅襟

■醇亲王府南楼

■ 醇亲王府花园

斋"，全园中的主房。

东厢房是"观花室"，西厢房是三卷棚勾连搭的"听鹂轩"。二层主楼的原址上曾有一座四方古建庭院，三排房舍，同前面提到的"益寿堂""畅襟斋""观花室""听鹂轩"都是醇亲王府的原有建筑。

醇亲王北府修好2年之后，奕譞就去世了。之后，奕譞的第五子，也就是光绪帝的胞弟载沣成为第二代醇亲王。1906年，载沣的长子溥仪于北京什刹海边的醇王北府降生。

1908年10月，慈禧太后和光绪帝同时病重。在光绪帝临死前一天，慈禧太后也行将不起，由于光绪帝无后，慈禧太后在中南海召见军机大臣，商量立储人选，军机大臣认为内忧外患之际，当立年长之人。

慈禧太后听后勃然大怒，最后议定，立3岁的溥仪为帝，并让溥仪的亲生父亲载沣任监国摄政王。大臣

溥仪 （1906—1967），是道光帝的曾孙，光绪帝胞弟载沣的长子，中国历史上最后一个皇帝。在位时年号"宣统"，1911年宣布退位。抗战时由于充当日本扶持的伪满洲国傀儡皇帝，被定为战犯，后被特赦，成为中华人民共和国的普通公民，1967年在北京病逝。

醇亲王府一角

将此事告知光绪帝后，因为溥仪是自己的亲侄子，又让自己的亲弟弟监国，光绪帝十分满意。接着，光绪帝、慈禧太后在两天中相继死去。

半个月后，溥仪在太和殿即位，由光绪皇后隆裕和载沣摄政。第二年改年号为"宣统"。就这样溥仪登上了大清王朝末代皇帝的宝座。在30多年的时间里，醇亲王府居然接连出了两个皇帝。这一下，"北府"也成了"潜龙邸"。

阅读链接

醇亲王府的第三座府邸也就是监国摄政王府，在"北府"成为宣统帝潜龙邸后，光绪帝的皇后隆裕命人在中海西岸集灵囿地区修建监国摄政王府，有官门、银安殿、神殿、后罩殿。还有东西两个跨院，共有房屋1500多间。

辛亥革命之时，这座监国摄政王府的工程仍未竣工。袁世凯时期，为国务院，后为总统府，今为国务院办公用地。

由此说来醇王府实在荣耀：两度"潜龙"、一朝摄政、三修府邸，在历史上也算是一件很特殊的事情了。